课程、学习与技术前沿系列教材

学习科学与技术

李　艳　陈娟娟　著

ZHEJIANG UNIVERSITY PRESS
浙江大学出版社
·杭州·

图书在版编目（CIP）数据

学习科学与技术 / 李艳，陈娟娟著. -- 杭州 : 浙
江大学出版社，2024.10
ISBN 978-7-308-24781-8

Ⅰ．①学… Ⅱ．①李… ②陈… Ⅲ．①学习方法－研
究 Ⅳ．①G791

中国国家版本馆CIP数据核字(2024)第066830号

学习科学与技术
XUEXI KEXUE YU JISHU

李 艳　陈娟娟　著

策划编辑	黄娟琴　李　晨
责任编辑	李　晨
文字编辑	沈巧华
责任校对	汪荣丽
封面设计	周　灵
出版发行	浙江大学出版社
	（杭州市天目山路148号　邮政编码310007）
	（网址：http://www.zjupress.com）
排　　版	杭州林智广告有限公司
印　　刷	杭州宏雅印刷有限公司
开　　本	787mm×1092mm　1/16
印　　张	11
字　　数	254千
版 印 次	2024年10月第1版　2024年10月第1次印刷
书　　号	ISBN 978-7-308-24781-8
定　　价	42.00元

浙江大学出版社市场运营中心联系方式：0571－88925591；http://zjdxcbs.tmall.com

总　序

　　课程、学习与技术前沿系列教材共 11 册，由浙江大学教育学院课程与学习科学系的十余位老师编写。该系列教材的内容涉及课程与教学论、教育技术学、学习科学、脑科学等多个学科领域，具有前沿、多元、交叉等特点。

　　由课程教学论专业盛群力教授担任主编的《教学设计——学与教的模式》将面向课堂探讨教学设计理论和程序、帮助学习者更有效地进行课堂学习作为全书核心，以学习过程研究的理论为依据，探究教学活动的有效性，突出学与教过程的统一；以学习结果分类理论为依据，讨论教学策略的选择运用，强调教学目标、教学过程和教学评价三者的一致性。

　　由课程教学论专业刘正伟教授担任主编的《语文课程、教材与教学国际比较研究》对 21 世纪以来发达国家母语课程、教材及教学改革进行了比较研究，阐述了数字化时代国际母语教育形成的共同理念、教学模式，以及教学传统与个性特色。

　　由课程教学论专业刘徽教授担任主编的《课堂问答的智慧与艺术》与教师课堂问答实践中的真实困惑和现存问题紧密对接，从什么是有效的课堂问答、怎样设计好的问题、怎样提问、怎样解答、怎样教会学生提问五大方面全方位解答了"如何构建促进学生深度思考的课堂回答"。

　　由课程教学论专业刘徽教授担任主编的《走向深度的合作学习》基于对合作学习在教学实践中重要作用的深思，立足于对合作学习内涵、定义、机制等的深入探讨，围绕合作学习的小组构建、策略方法、课堂实施、评价方式等全面阐述了"如何设计促进学生深度思考的合作学习"。

　　由教育技术学专业李艳教授和百人计划研究员陈娟娟博士所著的《学习科学与技术》重点介绍了学习科学与技术领域的基本概念和国内外现状，具体内容包括学习科学的基础、教与学中的技术、多媒体学习理论、学习科学方法论、学习设计与学习工程、计算机支持的协作学习、学习评估以及未来的学习。

　　由课程教学论专业屠莉娅副教授担任主编的《创意课程与学习》聚焦当前课程与学习改革的新理论、新实践与新策略，以素养导向下重构知识与超越学科的学习、非认知性学习和环境、媒介与学习变革为主要模块与主题，分析当前课程与学习变革的繁杂的理论和改革新取向，以推动课程与学习转型的实践。

　　由课程教学论专业何珊云副教授担任主编的《项目化学习的理论与实践》聚焦教与

学方式的改革，从概念理解、学习价值、学习过程、核心要素、实践深化等方面，梳理了项目化学习的理论与发展，呈现了其多样的实践框架，为拔尖创新人才培养提供了有效的落实路径。

由教育技术学专业百人计划研究员耿凤基博士担任主编的《大脑可塑性与教育》融合教育学、心理学和神经科学，解析认知学习的神经机制并将其应用于教学实践。内容包括注意力、记忆、执行控制、思维能力、社会情绪和动机的认知神经基础及其发展规律，并基于此总结了可以通过哪些教育干预策略提升个体的认知学习能力。

由教育技术学专业百人计划研究员欧阳璠博士担任主编的《教育学中的数据科学》介绍了三个教育学中的数据科学的基本应用领域，分别是学习分析、教育数据挖掘和人工智能教育，阐述了这三个领域中的概念、技术、教学和研究应用，以及这三个领域面临的问题和发展趋势，旨在促进数据科学驱动的教育研究。

由教育技术学专业特聘研究员翟雪松博士和教育技术学专业李艳教授担任主编的《智能教育的理论与实践》探讨了人工智能技术与教育教学融合应用的发展与趋势。教材分析了不同历史时期智能技术对教育发展的重要推动价值，并在此基础上分析了利用智能技术进行教育教学的理论基础，以及智慧学习环境、智能教学工具、智能评价等应用维度。

由课程教学论专业百人计划研究员汪靖博士担任主编的《基于核心素养的教学设计与实践》主要围绕核心素养的内涵、框架、要素，以及支持核心素养培养的课程和教学实践展开深入探讨，为"培养什么样的人，如何培养人，为谁培养人"这一系列教育根本问题提供理论依据和实践指导。

感谢本系列教材编写团队的所有人员，他们在教材编写过程中投入了大量的时间和精力。也特别感谢浙江大学本科生院和浙江大学出版社对本系列教材出版的大力支持。

课程、学习与技术前沿系列教材全体作者

于浙江大学紫金港校区

2024 年 8 月 10 日

前　言

学习科学是一个研究教学和学习的跨学科领域，兴起于20世纪90年代，是一个不断发展的领域。学习科学的目标是使人们更好地理解人是如何学习的，并利用获得的知识重新设计课堂和其他学习环境。学习环境是多种多样的，不仅包括学校课堂，还包括社区、家庭、工作场所，以及支持学习活动的各种计算机应用程序等。

党的二十大报告提出到2035年建成教育强国的目标。教育是培养人的活动。培养什么人是教育的首要问题。如何培养人，是教和学的需要考虑的重要议题。今天我们生活在一个创造性时代，在这样的时代，仅仅记住一些事实和程序性知识是不足以取得成功的。受教育者需要对复杂概念有自己深入的理解，并有能力创造性地运用这些概念产生新的想法、新的理论、新的产品和新的知识，同时要能够批判性地评价所阅读的内容，能够清晰地用口头和书面形式表达自己的观点。因此，理解人是如何学习的，显得尤为重要。

学习科学家们就以下有关学习的基本事实达成了共识。

1. 更深层次的概念理解的重要性

专家知识包括事实和程序，但仅仅掌握这些事实和程序并不能使人创造性地使用这些知识。只有当一个人知道在哪些情况下应用这些事实和程序性知识，以及如何根据每种新情况修改这些知识时，这些知识才会更有用、更深刻，并能迁移到现实环境中。

2. 连接学习

每一小块知识都与同一学科和跨学科的许多其他知识联系在一起，形成一个相关知识网络。学习科学将专业知识组织成复杂的知识网，而不是孤立的简单列表。

3. 除了教学外，还要注重自己的学习

学生无法仅仅在教师指导下学习更深层次的概念内涵。学生只有通过积极参与自己的学习，才能发生有效的学习。新的学习科学关注学生的学习过程。

4. 设计学习环境

学习科学已经确定了帮助学生学习更深层次概念内涵的学习环境的主要特征，包括教师的引导、工具和材料的支持等。工具可以是简单的纸笔，也可以是复杂的新技术。

5. 小组和情境的重要性

当学生与教师、同伴一起参与合作活动，在教师的指导下即兴进行知识建构时，他们的学习往往更有效。

6. 基于学习者已有知识的重要性

学习者不是等待填充的空容器。他们带着对世界如何运作的先入之见来到课堂；其中有些先入之见基本上是正确的，有些则是错误的。如果教学不能调动学生已有的知识，那么学生学到的信息往往只够通过课堂上的考试，而在课堂外又回到他们的错误观念中。

7. 反思的重要性

当学生通过交谈或撰写论文、报告等表达他们正在形成的知识，并有机会对自己的知识状况进行反思分析时，他们的学习效果会更好。

人们对计算机技术促进学习的潜力的兴趣可以追溯到 20 世纪 80 年代末。在使用技术来支持学习方面，学习科学家们发现，只有将对学习方式的理解融入技术设计，以及将师生在课堂上的互动与计算机紧密结合时，技术才会对学习有益。传统的运用教育软件的教学方法往往以教学理论为基础，计算机扮演的是传统意义上由教师扮演的角色，计算机软件只是充当专家权威，向学习者提供信息。自动评估——无论是对多项选择测试进行评分，还是通过人工智能文本识别技术对简短的一句话答案进行评分——也同样侧重于教授主义的肤浅学习；要对深度学习进行自动评估，难度可想而知。与此相反，学习科学建议计算机更多地扮演促进者的角色，帮助学习者经历深度学习，例如，帮助他们合作或外化和反思自身建构的知识。

本书共包含八章。

第一章是"学习科学的基础"。本章侧重学习科学的概念、核心问题及缘起，并介绍了国内外有代表性的学习科学研究组织和研究期刊。

第二章是"教与学中的技术"。介绍了学习技术的基本概念、学习的基本类型及相应的技术支持，着重介绍了正式教育（包括基础教育和高等教育）和非正式教育（如场馆学习）中常用的技术，特别是有望提高学习效果的相关技术。

第三章是"多媒体学习理论"。多媒体学习理论是教育技术领域中的重要理论，本章对其进行了全面的概括。根植于认知理论，多媒体学习认知理论包含三个基本假设，即双重通道、容量限制和主动加工。本章还介绍了多媒体教学设计的主要原则。

第四章是"学习科学方法论"。本章描述了一种在学习科学研究中广泛采用的新的混合方法，即基于设计的研究。

第五章是"学习设计与学习工程"。学习科学研究的重要目标是提高学习者的学习效果，学习设计因此而产生，即利用适当的工具设计学习活动。学习工程是一个聚焦于用工程方法改进学习技术和学习环境的新兴领域，旨在探索利用全新的系统思维和有效工具来测量数字空间中的学习行为和学习效果。

第六章是"计算机支持的协作学习（CSCL）"。大量教育研究发现，协作有助于学习。本章介绍了协作学习的理论基础和开展形式，重点介绍了如何设计学习环境（包括技术的支持或策略的使用），以促进更有效的学习会话。

第七章是"学习评估"。本章对各种学习评估方法进行了全面的概括。话语分析既是评估方法也是研究方法。本章重点介绍了学习分析和教育数据挖掘的方法。

第八章是"未来的学习"。学习科学的研究向我们展示了如何设计未来的学习。未来的学习必须以学习科学研究为基础。本章探讨了当我们将学习科学的研究成果用于改革学校、课堂和教师实践时，可能会发生什么。

总之，学习科学为学习如何发生提供了解释，并为如何设计这些环境以实现更有效的学习提供了建议。学习科学的优势在于，它让我们了解教育基础的深层次复杂问题和复杂性。所有学生的成功都有赖于学习科学的不断进步及其研究成果的传播和实施。

感谢浙江大学教育学院几位在读的和已经毕业的博士生（陈新亚、孙丹、朱雨萌、金皓月、陈凯亮等），他们为本书收集了大量的资料。在此也特别感谢浙江大学本科生院和浙江大学出版社对本教材出版的大力支持。

由于时间和精力有限，本书在内容、结构与体例等方面可能存在诸多不足之处，希望广大师生提出意见与建议，以便我们后续修改完善。

李　艳　陈娟娟
于浙江大学紫金港校区
2024 年 7 月 2 日

目 录

第一章　学习科学的基础

第一节　学习科学的概念、核心问题、缘起和未来发展趋势　001

第二节　国内外有代表性的学习科学研究组织　010

第三节　国内外重要的学习科学研究期刊　014

• 课后思考题　018

• 参考文献　018

第二章　教与学中的技术

第一节　相关概念界定　019

第二节　基础教育技术应用的趋势分析　024

第三节　高等教育技术应用的趋势分析　029

第四节　场馆教育技术应用的趋势分析　035

• 课后思考题　038

• 参考文献　038

第三章　多媒体学习理论

第一节　多媒体学习理论概述　041

第二节　多媒体学习认知理论的三个假设　045

第三节　多媒体学习认知理论　047

第四节　多媒体教学设计原则　053

• 课后思考题　056

• 参考文献　057

第四章　学习科学方法论

第一节　科学研究中的方法论　058

第二节　学习科学的方法论　061

第三节　学习科学研究方法的主要类型　064

第四节　代表性学习科学研究方法案例介绍　066

• 课后思考题　067

• 参考文献　068

第五章　学习设计与学习工程

第一节　学习设计的概念与内涵　069

第二节　学习设计案例　075

第三节　学习工程的概念与内涵　089

- 课后思考题　092
- 参考文献　092

第六章　计算机支持的协作学习（CSCL）

第一节　CSCL 概述　096

第二节　支持 CSCL 的脚手架　105

第三节　CSCL 的典型案例　112

- 课后思考题　112
- 参考文献　113

第七章　学习评估

第一节　学习评估的概念　119

第二节　学习评估的类型　120

第三节　学习评估的方法　122

第四节　学习分析与教育数据挖掘　125

- 课后思考题　134
- 参考文献　135

第八章　未来的学习

第一节　未来的学习方式　137

第二节　未来的学习空间　141

第三节　未来的教师　144

第四节　国内外代表性大学的学习科学研究　159

- 课后思考题　163
- 参考文献　163

学习科学的基础

通过本章的学习，学习者能够：

1. 理解学习和学习科学的定义及其内涵；

2. 结合自身经历反思学习科学的核心问题及价值；

3. 了解国内外学习科学的历史、现状及未来发展趋势；

4. 熟悉国内外有代表性的学习科学组织、学术活动和学术期刊。

第一节　学习科学的概念、核心问题、缘起和未来发展趋势

学习是所有教育工作者和学习者最熟悉的一个词语或概念。每个人从出生之后，每天除了吃饭睡觉，最常发生的活动之一可能就是学习。从小到大，我们通过学习，知晓很多知识，掌握很多技能，为工作和生活提供了必要的支持。我们向身边的人学习，也向周遭环境学习。有些学习发生在正规的教学场所，比如在中小学校或大学校园；有些学习发生在非正式场所，比如在家，在职场，在旅游景点，在场馆（科技馆、博物馆等）。有些学习是有意识的，而有些学习是无意识的。"活到老，学到老"，可以说，学习是人类最重要的活动之一。为什么有些人学得快、学得多、学得好，而有些人学习知识和技能时容易遇到各种困难？人在什么情况下学习状态和学习效果最好？哪些因素会影响学习的效果和效率？所有这些问题的回答，都是学习科学关注的话题。

一、学习科学的概念

当代著名教育心理学家、学习科学家、认知心理学家理查德·E. 梅耶（Richard E. Mayer）在其 2011 年出版的代表作《应用学习科学》中，将学习科学（science of learning，SOL）定义为一门研究人是如何学习的科学，它旨在提出一些有实证依据的、可被检验的有关"如何学习"的理论[1]。学者萨莎·巴拉布（Sasha Barab）等人指出，学习科学是一个涉及教育学、心理学、认知科学、脑科学、计算机科学等多学科的综合性研究领域，它通过利用人类科学中的多种理论观点和研究范式，实现对人的学习、认知和发展的属性与条件的理解[2]。国内学者尚俊杰等也指出，学习科学主要研究"人究竟是怎样学习的，怎样才能促进有效的学习"[3]。

　　学习科学的研究对象是各种情境下各类人群的学习活动，包括发生在学校里的课堂学习与课外学习，以及发生在校外各种环境中的学习，如居家线上或线下学习、基于各类场馆的学习、职场培训中的学习、无处不在的泛在学习或移动学习等。学习科学的目标是根据科学证据创建一种有关人是如何学习的理论，让人们可以因此更好地理解和总结各种情境下学习的规律以及影响学习效果的诸多因素，以此帮助教育者更好地开展教学设计和学习设计，让学习者有更好的学习体验和学习效果。

二、学习科学的核心问题

　　由学习科学的概念可知，学习科学关注以下几个核心问题：① 什么是学习？② 人是如何学习的？③ 如何促进人的学习？

（一）什么是学习？

　　根据梅耶的界定，学习是归因于经验的知识变化（Learning is a change in knowledge attributable to experience）[1]。由此可见，学习涉及学习者的变化。这种变化表现为学习者知晓或掌握了一些新知识，而且这种变化是由学习者在学习环境中的经验所引起的。根据学者安德松（Anderson）和奎思沃（Krathwohl）2001 年提出的分类，学习涉及的知识共有五种类型，分别是事实、概念、程序、策略和信念[4]，表 1.1 呈现了这五类知识的定义以及示例。其中，事实和概念可称为陈述性知识，程序和策略可称为程序性知识，信念可称为态度性知识。大多数复杂任务都包括这五种类型的知识。

表1.1　五种类型的知识

知识类型		定　义	示　例
陈述性知识	事实	有关事物或事件特性的知识	两点之间直线距离最短；三角形三内角之和为 180 度
	概念	有关类别、原理或模型的知识	在同一平面内，不相交的两条直线叫做平行线
程序性知识	程序	特定步骤逐步展开的知识	如果距离为 100 米，走路的速度为 0.2 米 / 秒，那么可以根据公式：时间（t）＝距离（d）/ 速度（v），计算需要多长时间走完 100 米
	策略	有关如何行动以实现目标的一般方法知识	根据"总分总"的策略书写议论文
态度性知识	信念	有关自我或思考学习效果如何的知识	我的逻辑推理能力很好

　　迁移是学习过程中的一个重要概念。它指的是已有学习所得在新的学习或表现中产生的效果。迁移分三类：① 特定迁移，即特定的已有学习所得（事实、程序、策略等）应用在新的学习或表现中。例如，中文写作要点的学习有助于学习者更好地学习英文写作。② 一般迁移，即虽然已有学习所得和新的学习或表现之间没有明显关联，但已有的学习的经历本身对新的学习或表现有一定的影响。例如，长跑训练会提升一个人的耐力，并使其树立做事坚持不懈的信念，这种学习经历和信念上的改变对学习者在各学科的学习都有帮助。③ 混合迁移，即已有学习和新的学习都需要用到的通用原则或策略。例

如，学会朗读的技巧可以更好地学习母语和外语。

（二）人是如何学习的？

关于人是如何学习的，在20世纪，学习科学领域先后出现过三种代表性的观点，即反应强化观、信息获取观和知识建构观。20世纪初，反应强化观是比较有代表性的学习观。该观点认为，学习就是刺激和反应两者关系的加强或削弱，学习者是奖励或惩罚的被动接受者，教师是奖励或惩罚的实施者。进入20世纪中叶，学界认识到反应强化观的局限，提出了信息获取观，强调学习是一个不断向个人记忆（好似一个空的容器）中添加信息的过程，学习者是信息的被动接收者，教师是信息的发布者。到了20世纪末，越来越多的学者开始拥护知识建构的观点，认同学习是学习者构建其心理表征过程的观点，学习者是积极的意义建构者，而教师是认知引导者[1]。表1.2呈现了三种观点的核心内容，由表可知，不同的学习观看待学习活动的视角是不一样的，同时，在不同的学习观中，学习者和教师所扮演的角色也有很大差异。

表1.2　有关学习的三种观点

年　代	观　点	概　念	学习者角色	教师角色
20世纪初	反应强化观	刺激和反应联结的加强或削弱	奖励或惩罚的被动接收者	奖励或惩罚的实施者
20世纪中叶	信息获取观	向记忆中添加信息	信息的被动接收者	信息的发布者
20世纪末	知识建构观	构建认知表征	积极的意义建构者	认知引导者

1. 反应强化观

学习的反应强化观产生于20世纪初，它强调学习就是加强或削弱刺激和反应的联结。支持该观点的代表性学者是当代"教育心理学之父"爱德华·L. 桑代克（Edward L. Thorndike）。在20世纪初，桑代克曾经开展过一项著名的"饿猫开迷笼取食"的实验。

桑代克将一只饿猫关入一个迷笼之中，笼外有食物，饿猫需要打开笼门才能取到食物。迷笼安装了一个门栓，栓和门连在一起，饿猫需要拉动门栓才能打开门。桑代克每天把猫放进迷笼，然后仔细观察猫的开门行为，记录它打开门栓出逃的时间，持续观察了24天，绘制出著名的"猫的学习曲线"。

他在实验研究的基础上提出了学习要遵循的三条重要原则，即著名的桑代克三大学习定律，包括准备律、练习律和效果律[5]。

准备律（law of readiness）是指在进入某个学习活动之前，如果学习者做好了与相应的学习活动相关的预备性反应（包括生理和心理的），学习者就能比较自如地掌握学习的内容。

练习律（law of exercise）是指重复练习一个学会了的反应将加强刺激（stimulus）和反应（response）之间的联结，即刺激-反应（S-R）联结。练习和使用越多，S-R联结就越强；反之，S-R联结就越弱。S-R联结的应用会增加这个联结的力量，S-R联结的失用（不练习）会导致联结的减弱或遗忘。在桑代克后期的研究中，他修改了这一规律，因为桑代克发现，没有奖励的练习是无效的，联结只有通过有奖励的练习才能增强。

效果律（law of effect）是指如果一个动作会跟随一个令人满意/愉悦的变化，那么在类似的情境中这个动作重复的可能性将增大；但如果该动作跟随着一个令人不满意/不愉悦的变化，那么这个动作重复的可能性将减小。这导致带来满意变化的行为被加强，带来不满意变化的行为则被削弱或消失。后来，桑代克发现惩罚并不一定削弱联结，其效果并非与奖励相对，于是，他取消了效果律中消极的或让人产生烦恼的部分。

2. 信息获取观

信息获取观产生于20世纪中叶，它强调学习就是不断地向记忆中添加信息。该观点包含一个重要的内容，即如何防止信息被遗忘。1885年，德国心理学家赫尔曼·艾宾浩斯（Herman Ebbinghaus）提出一种遗忘曲线，即著名的艾宾浩斯遗忘曲线（Ebbinghaus Forgetting Curve）。艾宾浩斯的研究发现，遗忘在学习启动之后立即开始，遗忘的进程并不是均匀的。最初遗忘速度很快，之后逐渐缓慢，这就是遗忘的发展规律，即先快后慢。艾宾浩斯认为"保持和遗忘是时间的函数"，他用无意义音节（由若干音节字母组成，能够被人读出，但内容无特定意义，即不是词的音节）作为记忆材料，用节省法计算保持和遗忘的数量，并根据实验结果绘成描述遗忘进程的曲线，即艾宾浩斯遗忘曲线[6]。如图1.1所示，竖轴表示记忆保留比率，横轴表示时间，曲线表示随着时间的推移，所学内容的记忆保留情况。

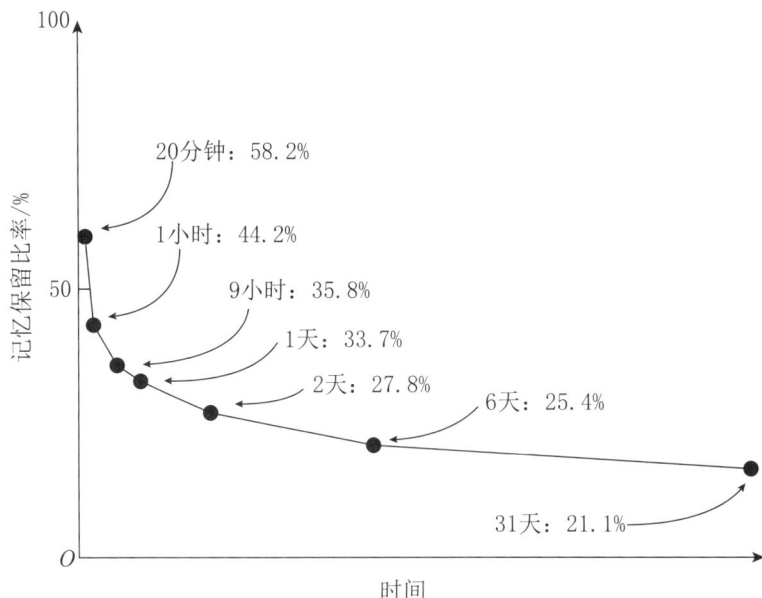

图 1.1 艾宾浩斯遗忘曲线

由艾宾浩斯遗忘曲线可知，学到的新知识在一天后，如果不抓紧复习，就只剩下原来的三分之一左右。随着时间的推移，遗忘的速度减慢，遗忘的数量也减少。最开始的记忆材料是无意义音节，之后，艾宾浩斯针对有意义的内容做了记忆实验。研究发现，对于有意义的记忆材料，基于理解的记忆所需时间较短，遗忘也较慢。遗忘曲线描述了人类大脑对新事物遗忘的规律，是人类大脑对新事物遗忘的直观描述。人们可以从遗忘曲线中掌握遗忘的规律并加以利用，从而提升自我记忆能力。艾宾浩斯的记忆实验充分证实了一个道理：学习要勤于复习，同时，记忆的理解效果越好，遗忘的速度也越慢。该曲线对人类记忆认知研究产生了重大影响。

3. 知识建构观

知识建构观兴起于 20 世纪末，该观点强调学习就是学习者对所学知识的自我建构，代表性学者是佛雷德里克·巴特利特（Frederick Bartlett）。他认为，在知识建构过程中，人们重构记忆时容易产生内容扭曲的三种行为分别是趋平、精锐化以及同化[1]。趋平指的是简化故事；精锐化指的是突出和过分强调某些细节；同化指将细节变得更符合参与者自己的背景或知识。

在知识建构观下，关于人是如何学习的，学习科学领域有三个重要的原则，即双重通道原则、容量有限原则以及积极加工原则。双重通道原则指的是人们通过两个彼此独立的通道（听觉通道和视觉通道）来加工声音材料和图像材料。容量有限原则指的是人们在特定的时间里在每个通道中加工的信息有限。积极加工原则指的是学习者在学习过程中如果能参与合适的认知过程（例如，选择相关的材料，将其组织到一致的表征中，同时将其整合到相关的先前知识中），意义学习（meaningful learning）将发生。

（三）如何促进人的学习？

教学科学（science of instruction，SOI）是关于帮助人学习的科学研究，它旨在提出有实证依据的有效教学方法，指出在哪种教学环境下用哪种教学方法传授知识比较有效，以此帮助学习者更好地学习，这些教学方法也是有实证依据的。

三、学习科学的缘起

（一）国外学习科学的发展历史与现状

国外学习科学的形成可以追溯到 20 世纪 80 年代，当时国际上传统认知科学领域的一些颇有声望的研究者逐渐意识到，传统认知科学领域的实验室研究成果很难解决现实中的学习问题，认知科学领域总结的理论和规律不能真正有效指导真实世界中复杂多变的学习场景和学习问题[7]。理论与教学实践不匹配问题让一群有志于改进教学实践的研究者从传统认知科学研究中走出来，转向研究真实学习情境下的学习行为和学习问题。随着越来越多的研究者和实践者投入学习科学的实践和研究中，相关论文日益增多，专业期刊的创办提上了日程。1991 年，《学习科学杂志》（*Journal of the Learning Sciences*，*JLS*）正式发行。同年，第一届学习科学国际会议在美国西北大学召开。专业杂志的创刊以及专题国际学术会议的举办，标志着现代意义上的学习科学的形成。整体而言，国际上学习科学领域对"学习"的研究大致经历了三个发展时期。

1. 过渡转型期（1991—1995 年）

这个时期对学习科学的研究探索明显还有很多认知科学研究的特点，不过，研究已跨出实验室，开始关注真实学习情境中的问题。第一届学习科学国际会议中发布的研究内容并不完全符合学习科学的本质要求，表明该阶段的研究处于新旧理论的过渡转型阶段，但这一阶段为学习科学步入正轨作了重要的铺垫。

2. 快速发展期（1996—2006 年）

1996 年，第二届学习科学国际会议再次在美国西北大学召开，主题为"真实世界中的学习"（Learning for the Real World），会上分享的研究成果多为开创要义的学习研究，这也标志着学习科学正式转入真实世界中的学习研究。该时期的学习科学研究吸收了其他学科的诸多理论和方法，比如情境认知、建构主义、社会文化理论等。同时，20 世纪90 年代中后期，以计算机和网络为代表的信息技术开始对教育系统产生深入的影响，基于计算机和网络的教学实践日益广泛，也因此，研究者们开始关注技术因素对学习过程和效果的影响。

3. 崭新发展期（自 2007 年以来）

日益成熟的脑成像技术使得人们对认知的研究实现了从宏观行为到微观神经联结的重大突破。在此趋势的影响下，认知神经心理学家开始使用该技术研究人类真实情境中的学习问题，基于脑认知机制的教育实践研究和基于认知神经结构的学习科学研究逐渐兴起。2007 年，经济合作与发展组织（Organization for Economic Cooperation and Development，OECD）出版了两本著作——《理解脑：新的学习科学的诞生》和《理解脑：走向一门新的学习科学》，由此宣告了将脑功能、脑结构与学习行为结合起来研究的一门新的学习科学——教育神经科学（Educational Neuroscience）的诞生。同年，国际心智、脑与教育学会创办了《心智、脑与教育》（*Mind, Brain and Education*）杂志。2016 年，《自然》（*Nature*）杂志专门设立了电子期刊《自然合作期刊–学习科学》（*npj Science of Learning*）。基于认知神经结构的学习科学研究的逐渐兴起，促使人们从神经科学视角思考如何更科学地促进人类有效学习[8]。

由德国慕尼黑大学的弗兰克·费舍尔（Frank Fisher）教授、美国印第安纳大学的辛迪·赫梅洛-西尔弗（Cindy Hmelo-Silver）教授、美国伊利诺伊大学的苏珊·戈德曼（Susan Goldman）教授和澳大利亚悉尼大学的彼得·赖曼（Peter Reimann）教授共同主编，全球 110 余位研究者共同参与编写的《国际学习科学手册》（*International Handbook of the Learning Sciences*）于 2018 年正式出版。2022 年，赵建华、尚俊杰、任友群、蒋银健等学者将其翻译成中文出版。该手册包含三部分内容，共有 51 章，全书较系统和全面地介绍了国际学习科学研究与实践的进展与概况。探讨的核心问题有三个：① 学习者如何理解无处不在的信息并与之交互？② 如何设计对于学习者而言具有一定挑战性的学习环境？③ 如何有效设计、分析和评估教学和学习以促进学习者的学习？

手册第一部分介绍学习科学的历史基础和理论地位，包括学习科学领域的起源、人类的知识传统、整合这些传统的方法、人类学习的过程和机制。相关章节的内容尝试探索以下问题的答案：学习过程中人和人的互动有什么作用？文化是什么？文化对学习有何影响？学习时个体如何使用自己的身体？身体又是怎样与外部世界互动的？个人的信念（关于自己、关于世界和关于他人）是如何影响个体学习的？个体的目标、兴趣和情感如何影响学习的时间分配和注意力分配？个体如何形成表征？表征形成过程会受到哪些因素影响？人如何理解世界的复杂性？所有这些因素（互动、目标、个体使用身体的方式、信念、表征等）又如何影响个体的认知加工过程？

手册第二部分聚焦学习环境的设计、研究和评价，特别是怎样设计学习环境，从而让学习者在投入热情的同时，形成新的理解，发展新的能力。这部分既关注教学方法，又关注能吸引学习者并帮助他们学习的技术设计和使用；既关注教师，关注怎样帮助他们教学，又关注各个年龄段的学习者，关注他们个体和群体的学习方式。

手册第三部分关注学习科学领域的研究、评价和分析方法，探索在无比复杂的学习场景中开展研究的方法，探索复杂环境下理解人的学习方法，探索开展设计以促进学习路径有效达成的方法。这部分重点关注基于设计的研究（design-based research，DBR）和参与式设计等。评价方面关注学习有效性评估、学习进程、能力模型和能力测量等。分析方法包括混合方法、多源分析、民族学方法论、民族志、视频分析、量化分析、学习分析和认知网络分析等。

（二）国内学习科学的发展历史与现状

中国的学习科学研究兴起于 20 世纪 70 年代末。当时国内一些教育学者，如叶忠海、钟祖荣等人，提出建立"自学学""学习方法学""读书学"等相关学科的设想。1979 年 10 月，河南平顶山市心理学会的一些成员在中学开展了"中学生学习心理教育"教学实验，随后，北京市第八中学、哈尔滨市第九中学校、福建省龙岩第一中学、上海黄浦区、武汉硚口区等学校和地区先后开设了学法指导课。同时，一些高等院校也开设了学习指导课程，如上海农学院梅松龄开设的治学方法论课程、山西大学林明榕开设的大学生学习方法课程、西安交通大学林毓琦开设的大学学习导论课程等。之后，一批探讨学习理论和学习方法的论著与教材也相继问世，如徐惟诚的《祝你学习好》、冯忠良的《学习心理学》、燕国材的《智力与学习》、王燕生的《学习方法纵横谈》、林毓琦的《大学学习论——大学生学习与成才指导》、梅松龄的《青年治学方法》等[9]。

1986 年 9 月，由山西大学林明榕教授、华东化工学院马千里教授、曲阜师范大学宋琨度教授等发起，在南京召开了一个小型学术讨论会，就学习科学的有关理论和学科建设问题进行了探讨，会上成立了全国学习科学研究会筹备组。1987 年 6 月，全国第一届学习科学学术研讨会在南京召开，来自 24 个省、自治区、直辖市的 126 名代表第一次就学习科学的有关问题进行了讨论和交流；在该研讨会上还举办了第一期学习科学理论讲习班，培养了第一批学习科学研究骨干分子；会上成立了全国学习科学研究会筹委会（后改名为中国学习科学学会筹委会，以下简称"筹委会"）。这次会议的召开标志着中国学习科学的研究进入了有组织研究的阶段[9]。

之后，筹委会先后召开了几次全国性的综合学术讨论会，包括成都会议（1988年10月）、黄山会议（1991年10月）、北京会议（1995年8月）和"全国首届学习（学法）指导与教育改革学术讨论会""全国中等学校学生心理与创造力开发现场实验交流会""全国中小学校长办学育人会议"等专题讨论会。1995年8月，在北京召开了全国第四届学习科学学术讨论会暨"八五"课题结题会，当时的中宣部常务副部长徐惟诚作了题为"学习科学是一项大有希望的事业"的报告。中央电视台、北京电视台分别在《新闻联播》和《晚间新闻》节目中报道了这次会议。《中国教育报》在头版重要位置刊登了这次会议召开的消息。筹委会于1997年4月向国家教育委员会递交了一份关于成立中国高等教育学会学习科学学会的申请报告，经国家教育委员会高等教育司批准同意后，上交中国高等教育学会秘书处，得到高教学会批准。2000年1月，在北京召开的第五届学习科学学术研讨会暨会员代表大会上，中国学习科学学会筹委会正式归属中国高等教育学会，更名为中国高等教育学会学习科学研究分会[9]。

20世纪90年代，国内学习科学相关的研究会和专业委员会陆续成立，涉及的领域包括记忆科学、学习教育、心理教育、学习科学研究成果应用与推广、语文学习、外语学习、中师学习学、现代教学艺术、中小学课程导学、创造学习、创新学习、小学学习科学研究中心、参与性学习、中专学习等。早期的国内学者重点关注从幼儿到小学生、中学生、大学生、成人（职工）各个阶段学习的特点、规律等理论问题，构建了各阶段学习学、自学学、学习教育学、学习检测学、学习心理学、记忆科学、学习思维学以及各学科学习学等，并进行了初步探讨和研究。在研究中，提出了"以学为本""因学论教""学为元本教育论""优化学习论""自主学习论"等新理论，以及"学习教育""学习素质""素质学习""素质建设""创新学习"等新观点，为发展学习科学和深化教育教学改革作出了贡献。国内早期学习科学领域的代表性论著包括《学习学通论》《学习学概论》《论学习——学习科学与学习指导的探索》《学习与发展——中小学生心理能力发展与培养》《幼儿学习学》《小学生学习学》《中学生学习学》《大学生学习学》《学习的科学》《论学习教育》《学习检测学》《中国古代学习思想史》《学习心理学》《创新学习论》等。

1998年6月，筹委会组织编纂并出版了大型学术科学辞书《学习科学大词典》。该辞典收录了20年来国内学习科学领域主要的理论和应用研究成果，共2000余词条，90多万字。之后，中国教育科研工作者和一线教师创造出不少优秀的学习指导教学方法，总结出许多行之有效的教学模式，出版了一批著作和教材。代表性的作品包括《学法指导简论》《学海开慧》《工科大学生学习指导》《军校大学生学习论》《普通中学学习概论》《自学入门》《高中各科学习方法指要》《初中分科学习法》《小学各科学习方法指导》，以及高中各科学习指导丛书、特级教师谈学习策略丛书等[3]。

进入21世纪后，学习科学的研究和实践受到更多国内高校和学者关注。2002年，华东师范大学出版社出版了《人是如何学习的——大脑、心理、经验及学校》；2010年，徐晓东等翻译出版了《剑桥学习科学手册》；2022年，赵建华、尚俊杰、任友群、蒋银健等学者翻译出版了《国际学习科学手册》。当前，学习科学研究领域中最突出、最吸引人的两类研究分别是技术支持下的学习研究和脑科学与学习研究[3]。

国内一些高校，如东南大学、北京大学、北京师范大学、华东师范大学等，相继成立了学习科学相关的研究中心或实验室。2002 年，教育部原副部长、中国工程院院士、东南大学教授韦钰创办了国内第一个从事学习科学的研究机构——东南大学学习科学研究中心，作为东南大学儿童发展与学习科学教育部重点实验室的依托单位[10]。2004 年 7 月，北京师范大学脑与认知科学研究院（原认知神经科学与学习研究所）成立，作为认知神经科学与学习国家重点实验室的依托单位。2006 年，华东师范大学终身教授高文博士领衔成立了华东师范大学学习科学研究中心[11]。2015 年，浙江大学教育学院成立了课程与学习科学系，致力于课程与教学论、教育技术学、教育心理学、计算机科学等多学科交叉的学科建设和人才培养[12]。2016 年 6 月 7 日至 8 日，华南师范大学举办了第四届学习科学国际研讨会。2017 年 7 月 12 日，北京大学教育学院学习科学实验室开展了"人是如何学习的——中国学生学习研究及卓越人才培养计划"（简称"中国学习计划"）课题研讨会。进入 21 世纪以来，国内学习科学研究热点包括教育技术、学习环境、教学设计、设计研究以及教育神经科学等[13]。

四、学习科学的未来发展趋势

根据 2018 年出版的《国际学习科学手册》的描述，国际学习科学领域的实践和研究有以下六大趋势[8]。

（1）越来越多的人认识到学习是一种复杂的系统现象。学习和学习机制在不同层次上运作，是半独立的自组织系统。个人是社会历史文化系统的一部分，因此深受社会历史文化系统的影响。尽管学习是在个人层面上发生的活动，但因为个人会受所在社群的影响，其学习过程和效果也会受社群的影响。目前我们尚无理论、经验或分析工具来调查这些多层次系统中多系统间的联系，多层次分析和潜在增长模型等统计方法正朝着更适合现实世界中学习科学家感兴趣的复杂动态多层次现象的方向发展。

（2）学习科学越来越强调研究者和设计者需要给学习者一些明确的信息，包括他们应该知道什么、能够做什么以及哪些指标能提供与目标能力相关的证据等。对不同领域的学习进展研究将在确定目标能力方面发挥重要作用，其结果是促成学习环境设计与学习评估之间的紧密联系，而学习环境的设计旨在支持和促进学习。而评估从一开始就应该是学习环境设计的重要组成部分。以这种方式定位的评估可以在个人和学习者群体中培养批判性反思实践，并有助于增强能动性和自我指导。基于设计的研究是将这一观点纳入评估的极好工具。此外，学习分析方法和技术正在受到越来越多的关注，通过分析与学习过程和学习结果有关的各种过程性和结果性数据（例如谈话、动作、问题解决方案、书面报告），确定学习效果的影响因素和作用机制，可以更好地理解学习者的学习行为。在很多情况下，学习分析方法将越来越依赖于计算机的自动化或半自动化分析。

（3）更多地使用适应性技术来支持学习。学习科学融合了各种技术来支持个人和小组协作学习。在学习和解决问题的活动中，对反映个人或小组行为、认知和情感过程的反应模式的自动分析变得越来越复杂；它们可以为个人和学习者群体提供更具适应性的反馈，也可以支持教师对学生学习的监控和干预。这种自动化分析可能会根据检测到的模式对教学支架进行战略性选择，及时提供关键信息，或为学习者提供指导/提示，供其思考，促使其就下一步学习作出决策。要激发这些潜力，需要将这些算法与学习和教学知识结合起来。如果能够实现这些组合，学习分析可能会成为一个成功案例。学习科学领域的跨学科合作是应对这一挑战的最佳先决条件。

（4）在研究方法方面，学习科学一直致力于开发一种将民族志方法、对话分析以及实验研究等相结合的混合方法。作为跨学科研究中"混合方法"策略的一部分，学习科学领域的研究将越来越多地使用定性和定量混合的研究方法，包括案例研究、对话分析、学生作品分析、实验研究和准实验研究等。

（5）研究人员在开展基于设计的研究时越来越强调以设计为基础，而不是为了设计而设计。从教育实践的历史上看，学习科学和更广泛的教育研究中的研究设计和改进工作在很大程度上都是在一线教学实施的外围开展的，与负责教学实施的师生协商不够。尽管基于设计的研究旨在解决此类问题，但研究的设计仅部分地解决了"为设计而设计"而非"基于设计"的问题。学习科学已经开始通过更多地使用参与式设计和咨询、学生发起的和学生主导的设计，以及专注于理解研究人员/设计师、教师和学生的学习过程的研究来解决这些问题。参与式设计对可持续变化有积极影响，也因此，它在之后的学习科学研究中越来越流行。

（6）加强对社会公正和公平问题的关注。学习科学研究者通常不能充分审视学习的具体情境，缺少对权力如何在学习空间中循环、学习者来自何方以及学习者将走向何方的关注。不断发展的学习科学需要考虑到学习领域的公平和权利问题。我们需要考虑特定学科内容、认知实践和结果评估是否加强了和如何加强现有的权力结构，是否有益于一些人，而不是所有人。

第二节　国内外有代表性的学习科学研究组织

一、国际学习科学协会

国际学习科学协会（International Society of the Learning Sciences，ISLS）成立于2002年9月，是一个专业的、跨学科的学会，致力于对现实环境中的学习进行实证研究，以及研究如何在有技术和无技术的情况下促进学习。

ISLS将那些对学校、家庭、工作场所和社区的学习经历感兴趣的教育研究者和教育实践者聚集在一起，一起探讨知识、工具、网络和社会结构如何促进协作和学习。ISLS致力于扩大学习科学的影响力和它变革未来学习和协作的巨大潜力。通过国际会议、期刊、协会网站、社交平台、专业委员会以及其他会员服务，ISLS为计算机支持的协作学习和学习科学领域的人员提供对话渠道。ISLS的会员来自多个学科领域，包括认知科学、教育心理学、教育技术学、计算机科学、信息科学、人类学、社会学等。ISLS为身处学习科学研究和实践各个阶段的会员（本科生、硕士研究生、博士研究生以及教师）提供职业发展机会，以使他们应对职业不同阶段的挑战和需求。

ISLS赞助两个很有影响力的国际会议，一个是学习科学国际会议（International Conference of the Learning Sciences，ICLS），另一个是计算机支持的协作学习（Computer-Supported Collaborative Learning，CSCL）会议。前者通常在偶数年份召开，后者通常在奇数年份召开。所有投稿的会议论文均在同行盲审（peer blind review）后，以电子版会议论文集的形式出版。

（一）学习科学国际会议

学习科学国际会议（ICLS）始于20世纪90年代初，各次会议的时间和基本信息如表1.3所示。

表1.3　学习科学国际会议（ICLS）时间和基本信息

时间	会议基本信息
1992 年	美国伊利诺伊州埃文斯顿（Evanston, IL, USA）
1994 年	第 1 届 ICLS 会议，美国加利福尼亚州洛杉矶（Los Angeles, CA, USA）
1996 年	第 2 届 ICLS 会议，美国伊利诺伊州埃文斯顿（Evanston, IL, USA）
1998 年	第 3 届 ICLS 会议，美国佐治亚州亚特兰大（Atlanta, GA, USA）
2000 年	第 4 届 ICLS 会议，美国密歇根州安阿伯（Ann Arbor, MI, USA）
2002 年	第 5 届 ICLS 会议，美国华盛顿州西雅图（Seattle, WA, USA）
2004 年	第 6 届 ICLS 会议，美国加利福尼亚州圣莫尼卡（Santa Monica, CA, USA）
2006 年	第 7 届 ICLS 会议，美国印第安纳州布卢明顿（Bloomington, IN, USA）
2008 年	第 8 届 ICLS 会议，荷兰乌得勒支（Utrecht, Netherlands）
2010 年	第 9 届 ICLS 会议，美国伊利诺伊州芝加哥（Chicago, IL, USA）
2012 年	第 10 届 ICLS 会议，澳大利亚悉尼（Sydney, Australia）
2014 年 6 月 23—27 日	第 11 届 ICLS 会议，美国科罗拉多州博尔德（Boulder, CO, USA） 主题：实践中的学习与成长（Learning and Becoming in Practice）
2016 年 6 月 20—24 日	第 12 届 ICLS 会议，新加坡（Singapore） 主题：变革学习，赋能学习者（Transforming Learning, Empowering Learners）
2018 年 6 月 23—27 日	第 13 届 ICLS 会议，英国伦敦（London, UK） 主题：反思数字时代的学习：让学习科学发挥作用（Rethinking Learning in the Digital Age: Making the Learning Sciences Count）
2020 年 6 月 19—23 日	第 14 届 ICLS 会议，美国田纳西州纳什维尔（Nashville, TN, USA） 主题：学习科学的跨学科性（Interdisciplinarity in the Learning Sciences）
2022 年 6 月 6—10 日	第 15 届 ICLS 会议，日本广岛（Hiroshima, Japan） 主题：面向全民教育创新的国际合作：总体研究、发展和实践（International Collaboration toward Educational Innovation for All: Overarching Research, Development, and Practices）

续表

时间	会议基本信息
2024年6月10—14日	第16届ICLS会议，美国纽约州布法罗（Buffalo, New York, USA） 主题：学习是治愈、恢复力和社区的基石（Learning as A Cornerstone of Healing, Resilience, and Community）

（二）计算机支持的协作学习会议

计算机支持的协作学习（CSCL）从经验、理论、概念和基于设计的方法等方面关注技术支持环境中协作学习的本质。CSCL会议自1995年起每两年举行一次，重点讨论通过协作开展学习和在计算机、其他通信技术帮助下促进富有成效的协作等相关议题。2003年6月，CSCL会议在挪威卑尔根举行。ISLS干事在该会议上提出希望CSCL会议能成为ISLS旗下的一个重要学术会议，并借此加强CSLS和ISLS的国际化。该次会议决定，CSCL会议将会在欧洲、亚洲和北美洲轮流举行。每次CSCL会议都包括主题演讲、专题讨论会、研讨会、小组讨论、提交论文、海报和口头报告等内容，涵盖了CSCL社区感兴趣的重要问题和重要研究成果。CSCL会议官方网站上有各次会议的信息和近些年会议的网站链接。表1.4呈现了CSCL会议的时间和基本信息。特别值得一提的是，2005年，CSCL会议在我国台湾的台北召开，这是该会议首次在欧美以外的地区举办。2011年，CSCL会议在我国的香港大学召开，恰逢香港大学100周年校庆，因此，该会议也是香港大学的校庆活动之一。2011年，CSCL会议由ISLS和香港大学教育应用资讯科技发展研究中心（Centre for Information Technology in Education，CITE）联合主办，会议旨在为CSCL在各级正规和非正规教育领域的政策和实践带来新启示。会议安排了教育决策者参与和对话，以在制度层面改善教育创造条件，并通过媒体宣传教育，以引起教育界和关心教育发展的民众对学习科学的认识和兴趣。除了在香港安排会议，CITE还在华南师范大学、华东师范大学和北京师范大学安排了会后研讨活动，目的是让国际CSCL和学习科学学术界对中国该领域的研究和发展有更深刻的认识，也为中国CSCL领域的学者提供一个与国际学者加强对话和协作的平台。

表1.4　计算机支持的协作学习（CSCL）会议时间和基本信息

时间	会议基本信息
1991年	CSCL工作坊（Workshop on CSCL），美国伊利诺伊州卡本代尔（Carbondale, IL, USA）
1995年	美国印第安纳州布卢明顿（Bloomington, IN, USA）
1997年	第1届CSCL会议，加拿大安大略省多伦多（Toronto, ON, Canada）
1999年	第2届CSCL会议，美国加利福尼亚州斯坦福大学（Stanford University, CA, USA）
2001年	第3届CSCL会议，荷兰马斯特里赫特（Maastricht, Netherlands）
2002年	第4届CSCL会议，美国科罗拉多州博尔德（Boulder, CO, USA）
2003年	第5届CSCL会议，挪威卑尔根（Bergen, Norway）
2005年	第6届CSCL会议，中国台湾台北（Taipei, Taiwan, China）

续表

时间	会议基本信息
2007 年	第 7 届 CSCL 会议，美国新泽西州新不伦瑞克罗格斯大学（Rutgers University, New Brunswick, NJ, USA）
2009 年 6 月 8—13 日	第 8 届 CSCL 会议，希腊爱琴大学罗德分校（University of the Aegean, Rhodes, Greece） 主题：CSCL 在教育实践中是否以及如何能够带来深刻的变化 聚焦三个领域内技术支持的协作学习实践：① 典型教育机构中的学习；② 日常生活中的学习；③ 工作场所中的学习
2011 年 7 月 4—8 日	第 9 届 CSCL 会议，中国香港大学（University of Hong Kong, China） 主题：计算机支持协作学习的研究与教育政策和实践的链接
2013 年 6 月 15—19 日	第 10 届 CSCL 会议，美国威斯康星州麦迪逊（Madison, WI, USA） 主题：见世界和见沙粒：跨空间、时间和规模的学习（To See the World and A Grain of Sand: Learning Across Levels of Space, Time, and Scale）
2015 年 6 月 7—11 日	第 11 届 CSCL 会议，瑞典哥德堡（Gothenburg, Sweden） 主题：探索学习的物质条件（Exploring the Material Conditions of Learning）
2017 年 6 月 18—22 日	第 12 届 CSCL 会议，美国费城（Philadelphia, PA, USA） 主题：与众不同：在 CSCL 中优先考虑公平和访问权（Making A Difference: Prioritizing Equity and Access in CSCL）
2019 年 6 月 17—21 日	第 13 届 CSCL 会议，法国里昂（Lyon, France） 主题：广角镜头：将具身学习、生成性学习、延展性学习和嵌入式学习融入协作环境中（A Wide Lens: Combining Embodied, Enactive, Extended, and Embedded Learning in Collaborative Settings）

二、美国国家科学基金会学习科学中心

2004 年，美国国家科学基金会启动了规模庞大的学习科学研究资助计划——学习科学中心项目，目的是让学习科学研究逐渐成为美国科学研究战略中的重要组成部分。该计划自主设立了七大学习科学中心：① 教育、科学与技术中的卓越学习中心；② 匹兹堡学习科学中心（Pittsburgh Science of Learning Center）；③ 正式与非正式环境中的学习中心；④ 视觉语言与视觉学习学习研究中心；⑤ 学习的时序动力学研究中心；⑥ 空间智力与学习中心；⑦ 认知与教育神经科学中心。美国国家科学基金会下设的一个专门的"STEM 教育局"（Directorate for STEM Education），包括正式和非正式情境下的学习研究部门（Division of Research on Learning in Formal and Informal Settings）、研究生教育部门（Division of Graduate Education）、本科生教育部门（Division of Undergraduate Education）、STEM 卓越公平部门（Division of Equity for Excellence in STEM）等四大研究部门。

三、中国高等教育学会学习科学研究分会

中国高等教育学会学习科学研究分会始于 1986 年 9 月成立的全国学习科学研究会筹备组。2000 年 1 月，中国学习科学学会筹委会正式归属中国高等教育学会，更名为中国

高等教育学会学习科学研究分会，并将原有的大学学习科学研究会、中学学习科学研究会、小学学习科学研究会、职工学习科学研究会、解放军学习科学研究会等五大系统研究会和二十余个省、自治区、直辖市的地方学习科学研究会加以整合，围绕"学习科学"研究主题共同开展研究活动。

学习科学研究分会的主要工作包括：在理论研究方面，探讨研究有关学习的基本理论问题，构建各阶段的学习科学理论基础的基本框架。在应用咨询方面，与高校广泛开展学习科学合作研究，建立学习科学研究基地，指导学校在教会学习与创新学习方面进行各种有关尝试和探索。通过大面积开展学习指导实验，培养学生的学习能力，提高学生的学习成绩，促进学生的全面发展。在学术交流方面，分会以高校为平台积极开展多项学术交流活动，通过举办专题论坛、学术会议、小型研讨会、开展培训活动等多种形式，加大学术交流，繁荣学习科学研究。2021 年和 2022 年，受新冠疫情影响，中国高等教育学会学习科学研究分会学术年会均以线上方式召开，其主题分别聚焦"学习科学与教育变革"和"学习科学与未来教育"。

第三节 国内外重要的学习科学研究期刊

一、国外关注学习科学的代表性期刊

国际学习科学学会支持了两份高影响因子期刊，一份是《学习科学期刊》（*Journal of the Learning Sciences*，*JLS*），另一份是《计算机支持的协作学习国际期刊》（*International Journal of Computer-Supported Collaborative Learning*，*ijCSCL*）。ISLS 的会员可以享受这两份期刊的免费数字资源和打折的纸质资料。

（一）《学习科学期刊》

JLS（Print ISSN: 1050-8406; Online ISSN: 1532-7809）创刊于 1989 年，目前也是一份社会科学引文索引（Social Science Citation Index，SSCI）收录的期刊，一年有五期，2022 年的影响因子为 5.0，属于 Q1（best quartile）类期刊（影响因子最高的前 25% 期刊）。*JLS* 为教育和学习研究提供了一个多学科交流的平台，为人们如何学习和学习环境如何设计提供理论上的依据。它发表的研究阐明了学习过程与技术、教学实践和学习环境在不同环境中支持学习的方式。

在 *JLS* 上发表的论文会借鉴认知科学、社会文化理论、教育心理学、计算机科学和人类学等不同领域的理论框架。研究中所采用的研究方法可以多元化，但必须基于严格的分析，这些分析为探究人们如何学习和/或如何支持和加强学习提供了新的见解。研究应详细描述其所使用的研究方法，并证明其适用于研究中的研究问题。

JLS 关注各种环境下有关学习的研究，包括正式环境和非正式环境中的学习，如发生在各级各类学校、社区、场馆、工作场所、游戏空间、家庭生活以及在线和虚拟空间中的学习。学习的内容既包括语言、数学、科学、历史等学科知识，也包括教学专业知

识、医学诊断知识或工艺知识等领域知识。同时，*JLS*也非常欢迎探讨学习科学学科边界的研究和为学习开展创新技术设计类的研究。*JLS*关注各种学习环境下学习的过程、工具、环境以及结果。

（二）《计算机支持的协作学习国际期刊》

2006年，美国德雷塞尔大学信息科学学院格里·斯塔尔（Gerry Stahl）教授创办了*ijCSCL*期刊（Print ISSN:1556-1607; Online ISSN:1556-1615）。该期刊旨在促进人们深入探究计算机支持的协作学习的本质、理论和实践，期刊主要发表原创的实证研究、理论与方法创新以及系统评论等。重点关注如何设计技术环境支持协作以及人在协作活动中如何学习。*ijCSCL*会关注CSCL在教育、商业和社会领域的应用，也会关注CSCL对个人、团队和社会产生的心理、社会和技术影响。该期刊为来自教育学、计算机科学、信息技术、心理学、传播学、语言学、人类学、社会学、商学等学科领域的专家提供交流和研讨的平台。*ijCSCL*被多个数据库收录，包括SSCI，一年有四期，它2022年的影响因子为5.2。

二、国内关注学习科学的代表性期刊

鉴于中国知网收集了较为全面的国内学术文献，我们在知网中开展某个研究主题的搜索，其检索结果具有一定的代表性。在知网中以"学习科学"为主题进行学术期刊论文搜索，以下分别对文献来源较多的期刊进行说明。

（一）《中国电化教育》

《中国电化教育》创刊于1980年，是由教育部主管、中央电化教育馆主办的专业学术性刊物。它以研究学校电化教育为主，兼顾职业技术教育、成人教育和远程教育方面的研究，主要宣传电化教育的有关方针政策，报道国内外电教研究的新成果、电教技术发展的新动态及相关信息。期刊的主要栏目有理论与争鸣、教育信息化、远程教育、学习资源、教学实践与研究、技术与应用。

《中国电化教育》是中文社会科学引文索引（Chinese Social Sciences Citation Index，CSSCI）来源期刊。多年来，学习科学最新的研究成果及其教育应用研究都是该期刊的年度重点关注选题。期刊已经发表多篇关于学习科学的文章，主题包含技术环境下学习科学与教学设计、学习科学推动教育深层变革的本质分析、学习科学领域的发展历程、学习科学的研究热点等。

（二）《远程教育杂志》

《远程教育杂志》创刊于1983年，是由浙江省教育厅主管、浙江开放大学主办的中文核心期刊，主要发表中国国内外现代远程教育、教育技术及相关领域论文。期刊设有特稿、学术观点、学习新论、专题研讨、调研分析、深度阐述、设计之路、新颖领域、海外之窗、学者随笔等栏目。

《远程教育杂志》是CSSCI来源期刊。多年来，国内外有关学习科学的研究成果都是该期刊的年度重点关注选题，期刊已经发表多篇关于学习科学的文章，主题包含国际学习科学研究的现状、学习科学关注的研究问题剖析、学习科学与教育技术创新发展的创新融合等。

（三）《电化教育研究》

《电化教育研究》创刊于 1980 年，是由西北师范大学、中国电化教育研究会主管并主办的教育与电教领域学术期刊。期刊关注国内外电化教育理论的新发展、电化教育研究的新动态、中国各地教育改革的进程、中小学信息技术教育研究的新成果、具有广泛指导意义的经验总结等，主要有理论探讨、网络教育、学习环境与资源、课程与教学、学科建设与教师发展、中小学电教、历史与国际比较等栏目。

《电化教育研究》是 CSSCI 来源期刊。学习科学是该期刊关注的一个主题，期刊已经发表多篇关于学习科学的文章，主题包含学习科学与深度学习的融合、学习科学视角下的教学设计、学习科学中核心主题的演化与变迁等。

（四）《开放教育研究》

《开放教育研究》（曾用名为《文科月刊》《文科季刊》，1995 年正式更名）创刊于 1983 年，是由上海市教育委员会主管、上海远程教育集团与上海开放大学主办的国家级远程教育期刊。期刊的主要栏目有高阶访谈、本刊专稿、发展战略、理论探究、研究报告、学习支持、技术支撑、国际论坛、国际交流和外国教育。

《开放教育研究》是 CSSCI 来源期刊。多年来，学习科学最新的研究成果和代表性学者访谈是该期刊的重点关注选题。期刊已经发表多篇关于学习科学的文章，主题包含国内外学习科学、设计、技术研究前沿与趋势，数字时代重思学习，联结学习技术与学习科学，学习科学新近十年，学习科学视域中的社会性学习，学习科学的发展历程与展望等。该期刊的高阶访谈栏目中刊登了多篇国际学习科学知名学者的访谈内容，国际论坛栏目刊发了多篇国际学习科学领域的会议综述。

（五）《现代远程教育研究》

《现代远程教育研究》创刊于 1988 年，是由四川省教育厅主管、四川广播电视大学主办的远程教育综合类期刊，主要设专题聚焦、理论经纬、学术时空、实践研究、技术应用等栏目。期刊报道先导性、及时性或综合性的文章，侧重教育基础理论研究或理论性分析和探讨的文章，理论联系实际的问题研究，构建终身教育体系、研究终身学习政策和促进学习型社会实践的文章，关注教育技术开发、应用和评价的新课题研究成果，涉及国内外相关领域学术成果的介绍、分析和研究，包括国内外学者译文、教育比较、对外远程教育和国际学术会议综述等内容。

《现代远程教育研究》是 CSSCI 来源期刊。近年来，期刊主要关注国际前沿发展研究、国内外教育信息化、学习科学、远程教育、在线与混合学习和终身教育的重要政策、战略、报告解读等。期刊已经发表多篇关于学习科学的文章，主题包含学习科学领域课堂视频研究的方法论审视、基于证据启发的学习设计、学习技术典型案例、多媒体学习的科学体系及其历史地位、以科学的方法研究学习、知识整合教学理论解读等。

（六）《现代教育技术》

《现代教育技术》创刊于1991年，由中国教育部主管，清华大学主办，是教育技术协会会刊和教育部在线教育研究中心学术刊物。期刊关注国际教育技术最新动态、教育信息化2.0实践研究、人工智能教育应用、智慧校园及其建设、信息技术教学研究、信息技术助力教育公平、学习科学与技术、在线教育与混合式教学、融合现实技术及应用等，主要有特别策划、专家访谈、基本理论、教学研究、网络与远程教育、技术开发与应用、教师教育、教育教学管理、精品课程建设、语言教学、实验实训实习、计算机教育、摄影与摄像、工作交流等栏目。

《现代教育技术》是CSSCI来源期刊，学习科学是该期刊关注的一个主题。期刊已经发表多篇关于学习科学的文章，主题包含学习科学未来发展趋势、国际教育研究领域学习投入度研究的焦点与转向、脑科学研究与儿童数学学习、学习科学中"4E+S"认知理论模型的内涵与应用、虚拟场馆学习行为识别及干预机制研究、学习科学到教学实践变革、基于脑科学的数学深度学习与教学、学习科学如何教、从学习科学到教学实践变革等。

（七）《中国远程教育》

《中国远程教育》创刊于1981年，由教育部主管，国家开放大学主办。期刊的主要栏目包括学术论坛、国际论坛、开放学习、实践探索、信息化教育、技术应用、媒体聚集、新闻观、专家论坛、学习化社会等。

《中国远程教育》是CSSCI来源期刊。近年来，期刊发表了多篇关于学习科学的文章，主题包含学习科学视角下的分数游戏设计与应用研究、学习科学视域下的无缝学习研究与实践创新、学习科学视域下我国创客教育开展的重新审视等。

（八）《现代远距离教育》

《现代远距离教育》创刊于1979年，是由黑龙江广播电视大学主管，黑龙江广播电视大学、黑龙江省远程教育学会主办的学术期刊，主要反映远程教育成果，总结推广远程教育经验，报道远程教育信息等内容，设理论研究、教育技术、教学探索、远教之窗、比较研究等栏目。

《现代远距离教育》是CSSCI来源期刊。近年来，期刊已经发表多篇关于学习科学的文章，主题包括学习科学视域下的协作脚本、面向深度学习的课堂教学结构化变革研究、移动学习在中学科学课程学习中的应用研究等。

第一章相关网址

❓ 课后思考题

1. 从学习科学的实践和理论层面谈谈你对学习科学概念的理解。实践层面学习科学能"做什么"和"如何做"？在理论层面学习科学"研究什么"？

2. 尝试从自身学习经历出发，提出几个有关学习的研究性问题，并与老师和同学交流可能的研究思路。

—————————— 参考文献 ——————————

[1] Mayer R E. Applying the Science of Learning[M]. Boston: Pearson, 2011.

[2] Barab S, Squire K. Design-based research: Putting a stake in the ground[J]. Journal of the Learning Sciences, 2004(13): 1-14.

[3] 尚俊杰，庄绍勇，陈高伟. 学习科学：推动教育的深层变革[J]. 中国电化教育，2015（1）：6-13.

[4] Anderson L W, Krathwohl D R. A Taxonomy for Learning, Teaching and Assessing: A Revision of Bloom's Taxonomy of Educational Objectives: Complete Edition[M]. New York: Longman, 2001.

[5] 陈琦，刘儒德. 当代教育心理学[M]. 北京：北京师范大学出版社，2007.

[6] 黄希庭. 心理学导论[M]. 北京：人民教育出版社，2007.

[7] 赵健，郑太年，任友群，等. 学习科学研究之发展综述[J]. 开放教育研究，2007，3（2）：15-20.

[8] 弗兰克·费舍尔，辛迪·赫梅洛-西尔弗，苏珊·戈德曼，等. 国际学习科学手册[M]. 赵建华，尚俊杰，任友群，等译. 上海：华东师范大学出版社，2022.

[9] 中国高等教育学会学习科学研究分会. 分会历史[EB/OL].（2022-07-21）[2023-03-12].https://fzzl.ysu.edu.cn/lsra/info/1005/1076.htm.

[10] 东南大学儿童发展与学习科学教育部重点实验室. 实验室简介[EB/OL].[2023-03-12].https://bme.seu.edu.cn/cdls/about/list.htm.

[11] 华东师范大学学习科学研究中心[EB/OL].[2023-03-12].https://baike.baidu.com/item/华东师范大学学习科学研究中心/5416440?fr=ge_ala.

[12] 浙江大学教育学院. 课程与学习科学系[EB/OL].（2018-08-16）[2023-03-12].http://www.ced.zju.edu.cn/2018/0816/c26959a1026270/page.htm.

[13] 缪蓉，董倩. 国内学习科学现状研究[J]. 开放学习研究，2018，23（3）：20-26，42.

教与学中的技术

通过本章的学习，学习者能够：

1. 辨析教育技术、教学技术和学习技术这三个概念的异同；

2. 熟悉不同教育领域（基础教育、高等教育和场馆教育）的技术应用趋势；

3. 将相关技术运用在教育领域（基础教育、高等教育和场馆教育）的教学设计之中。

第一节　相关概念界定

一、教育技术和教学技术的概念

根据《教育大辞典》的定义，教育技术是人类在教育活动中所采用的一切技术手段和方法的总和[1]。教育技术包括有形技术（物化形态）和无形技术（智能形态）。物化形态的技术凝固和体现在有形的物体之中，例如传统的黑板、粉笔和现代的计算机、多媒体等设施及相应的软件；智能形态的技术也称软技术，是指那些以抽象形式呈现出来的，以功能形式作用于教育实践的科学知识与方法，如系统方法、学习模式等[2]。

1994 年，美国教育传播与技术协会（Association for Educational Communications and Technology，AECT）出版了芭芭拉·西尔斯（Barbara Seels）与丽塔·里齐（Rita Richey）合著的《教学技术：领域的定义和范畴》一书，书中提出了教学技术的定义：教学技术是关于学习过程和学习资源的设计、开发、运用、管理和评价的理论与实践（Instructional Technology is the theory and practice of design, development, utilization, management, and evaluation of processes and resources for learning）。该定义即为 AECT94 定义，其强调教学技术聚焦两大对象（学习过程和学习资源）和五大范畴（设计、开发、运用、管理和评价）。该定义在全球教育技术领域受到广泛的认同。

在 AECT94 定义的基础上，我国教育部在 2004 年颁布的《中小学教师教育技术能力标准（试行）》中将教育技术的定义描述为"运用各种理论及技术，通过对教与学过程及相关资源的设计、开发、利用、管理和评价，实现教育教学优化的理论与实践"。

之后，AECT 又相继于 2005 年和 2017 年提出了 AECT05 定义和 AECT17 定义。教育技术 AECT05 定义的表述为：通过创造、使用、管理适当的技术性的过程和资源，促进学习和改善绩效的研究与符合伦理道德的实践（Educational technology is the study and ethical practice of facilitating learning and improving performance by creating, using, and managing appropriate technological processes and resources）。AECT05定义将AECT94定义中的概念名称"教学技术"（instructional technology）改为"教育技术"（educational technology）。AECT05 定义强调教育技术聚焦两大领域（研究和实践）和三大范畴（创造、使用和管理），强调教育技术具有双重目的（促进学习和改善绩效）。AECT05 定义将 AECT94 定义中的"设计"和"开发"两个范畴合为一个范畴（创造），将 AECT94 定义中的"运用"范畴改成了"使用"范畴，将 AECT94 定义中的"管理"与"评价"两个范畴合成一个范畴（管理）。AECT94 定义强调教学技术的对象是"学习过程"和"学习资源"，而 AECT05 定义强调教育技术的对象是"适当的技术性的过程与资源"。

教育技术 AECT05 定义的主要贡献包括：① 将企业绩效纳入教育技术研究范畴；② 首次明确提出教育技术的实践应符合伦理道德的要求；③ 首次将"创造"作为教育技术领域的三大范畴之一，强调教育技术创新；④将对一般的教学过程和教学资源的研究限定为对"适当的技术性的过程和资源"的研究，突出了专业特色和工作重点。

教育技术 AECT17 定义的表述为：通过对学习与教学过程和资源进行策略设计、管理和实施，加强知识、调解和改善学习与绩效的研究以及对理论、研究、符合伦理道德的最佳实践（Educational technology is the study and ethical application of theory, research, and best practices to advance knowledge as well as mediate and improve learning and performance through the strategic design, management and implementation of learning and instructional processes and resources）。

由以上几个定义的演变可知，教学技术是美国 AECT 20 世纪 90 年代关注的概念。1994 年的定义关注与学习过程和学习资源的设计、开发、运用、管理和评价相关的理论与实践。进入 21 世纪后，AECT 开始关注教育技术的概念，AECT05 定义强调教育技术通过三大行为（创造、使用和管理），达到双重目的（促进学习和改善绩效）。相较于AECT94 定义将教学技术聚焦于学习领域，AECT05 定义将企业绩效纳入教育技术研究范畴，范围上得到了扩大。

二、学习技术的概念

随着技术越来越多地影响学习过程，国内外教育研究者和实践者对学习技术的概念日益关注，英国学习技术协会（Association for Learning Technology，ALT）将学习技术界定为"系统地引用一种整体性知识来设计、执行、管理和评价教与学"，其中的整体性知识是基于对潜在技术及其能力的理解和基于学习理论、教学设计、变化管理的原理而进行的研究与实践的成果[3]。与此概念相似，国内学者桑新民认为，学习技术不是简单的技术应用，而是介于理论和方法之间的、具有内在联系的一整套学习方法体系[4]。由此可见，学习技术不仅仅关注技术本身，还关注技术、学习内容和学习者三要素间的相互关系。

三、学习的基本类型和相应的技术支持

（一）支持个人学习或协作学习的技术

按照学习者是否与他人一起学习的状态，学习可分为个人学习（individual learning）和协作学习（collaborative learning）。个人学习就是学习者一个人的学习，协作学习指的是学习者与他人一起在协作状态下开展的学习。支持个人学习或协作学习的技术很多，代表性的技术包括自带设备、在线课程平台等。表 2.1 呈现了一些示例。特别值得一提的是，绝大多数技术既能支持个人学习，也能支持协作学习，技术本身是中性的，取决于人们如何利用它。

表2.1　支持个人学习或协作学习的技术示例

支持个人学习的技术	支持协作学习的技术
自带设备（个人电脑、平板电脑、手机等） 纸质书 / 电子书 在线课程平台（慕课等） 教育类 APP 社交类 APP（博客、微信等） 游戏软件 学科类软 / 硬件 可穿戴设备 自适应学习技术 人工智能 ……	自带设备（个人电脑、平板电脑、手机等） 在线课程平台（慕课等） 在线协作学习平台 在线学习社区（网络论坛等） 教育类 APP 社交类 APP（博客、QQ、微信等） 教育游戏软件 学科类软 / 硬件 人工智能 ……

基于视频编码和视频优化技术以及互联网支持的在线课程既能满足个人学习的需求，也能满足多人协作学习的需求。通过登录网络平台，人们可根据自己的实际情况在全国各地、任何时间段学习。大规模开放式网络课程（massive open online courses，MOOC，慕课）是在线课程的代表。2012 年，美国的顶尖大学陆续设立网络学习平台，在网上提供免费的课程，Coursera、Udacity、edX 三大 MOOC 课程提供商的兴起，为更多学生实现个性化学习提供了可能。这三大平台的课程全部针对高等教育，并且像真正的大学一样，有一套自己的学习和管理系统。MOOC 课程具有工具资源多元化、易于使用、受众面广以及允许人们自主参与的特点。截至 2022 年 8 月，网易有道与高等教育出版社携手推出的中国大学 MOOC 平台已与 803 所高校开展合作，平台上拥有一万多门开放课、1400 多门国家级精品课，已经成为最大的中文慕课平台[5]。

在线协同平台是支持知识管理、共享、协作的基础平台，通过该平台，学生可以提高跨学科、跨团队的协作效率，更能通过广泛的知识共享，实现更多教学领域的创新。石墨文档、腾讯文档等都是在线协同平台的典型代表。石墨文档是支持协作学习的好工具。它能支持多人在线协作编辑，告别通过邮件等多次传输文件的繁复操作，团队高效地协同编辑文档[6]。文档中也可插入各类附件，支持任意位置标注评论，毫秒级实时多

端同步。在用户修改文档过程中可以实时看到其他协作者的标记，可激发团队的创造力。此外，平台还能够自动保存历史版本，支持回溯。管理员可针对全员，设置导出、复制、分享的权限；也可以针对单个文件，选择锁定或解锁（见图 2.1）。总之，石墨文档支持人们随时随地开展协作工作，满足多场景办公使用需求。

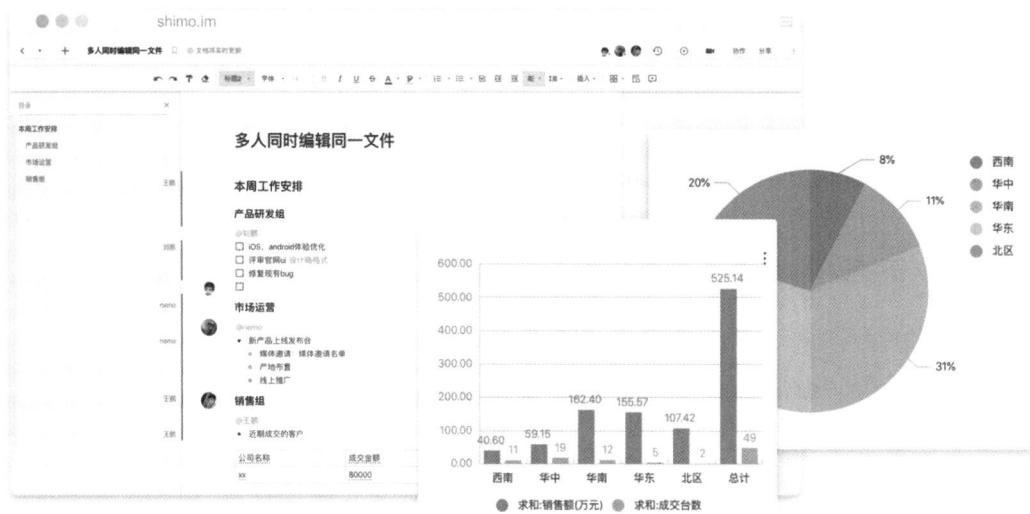

图 2.1 石墨平台界面

（二）支持浅表学习或深度学习的技术

按照深浅程度，学习可分为深度学习（deep learning）和浅表学习（surface learning）。这样的划分方法最初源于学者马顿（Marton）和赛利欧（Saljo）于 1976 年发表的论文。该文分析学生在阅读课文时表现出的两种不同的学习取向：一种取向是能从整体上理解文章，概括出文章大意，并结合自身进行思考；另一种取向则专注于可能会被提问的部分，并试图去复述这些内容。根据这两种不同的学习取向，研究者将前者称为深度学习，将后者称为浅表学习[7]。学者比格斯（Biggs）指出，深度学习旨在理解阐述，批判思考，并将一个概念与另一个概念相互联结整合，而浅表学习通常采用记忆和复述的策略[8]。

2012 年，美国研究委员会（National Research Council，NRC，包括科学院、工程院、医学院）发布了专题报告《为了生活与工作的学习：发展 21 世纪可迁移的知识与技能》，报告将深度学习定义为一种能够使学生将从某一情景中所学的知识应用到新情景中的学习过程（即迁移）[9]。美国威廉和弗洛拉·休利特基金会（William and Flora Hewlett Foundation，WFHF）把深度学习阐释为六大核心竞争力，即核心学业内容知识的掌握、批判性思维与问题解决、有效沟通、协作能力、学会学习、学术心志[10]。其中，核心学业内容知识的掌握、批判性思维与问题解决属于认知领域的内容，有效沟通和协作能力属于人际领域的内容，学会学习和学术心志属于自我领域的内容。2012 年，加拿大维多利亚大学与 10 个国家的 1000 所学校合作发起深度学习新教育学全球伙伴行动，旨在与世界各地的教师、学校领导、家庭和政策制定者一起寻求变革教与学的方法，提供促进深度学习的条件[11]。之后，很多国家发起了以促进学生深度学习为目标的教育改革实践。

在中国，深度学习的概念最先由黎加厚教授引入教育领域。其提出的深度学习是指在理解的基础上，学习者能够批判地学习新思想和事实，并将它们融入其原有的认知结构，与众多思想进行联系，并将已有的知识迁移到新的情境中，作出决策和解决问题的学习[12]。祝智庭等学者认为学生的深度学习应包括三方面"深度"：① 学习结果的深度，表现为认知、自我、人际三方面的高阶能力，是学生以后在高校、生活、工作中成功解决问题的能力储备；② 学习方法的深度，表现为复杂问题的解决（探究学习、项目学习等），而不是知识传授；③ 学习参与的深度，这是深度学习的基础[13]。其中，深度学习参与是确保深度学习方法有效的前提；深度学习方法则是确保深度学习结果具备良好的迁移能力的关键。黄荣怀等学者提出了深度学习得以发生的五个重要条件，即真实的问题、学习兴趣、学习活动体验、分析性思考、指导与反馈[14]。

很多技术既能支持浅表学习，又能支持深度学习，这取决于教育者或学习者如何使用技术和使用技术的程度。表 2.2 呈现了一些技术示例。

表2.2　支持浅表学习或深度学习的技术示例

支持浅表学习的技术	支持深度学习的技术
自带设备（个人电脑、平板电脑、手机等）	自带设备（个人电脑、平板电脑、手机等）
纸质书／电子书／开放教科书	纸质书／电子书／开放教科书
在线学习平台	在线课程平台（慕课等）
教育类 APP	在线学习平台
……	在线学习社区（网络论坛等）
	教育类 APP
	社交类 APP（博客、QQ、微信等）
	教育游戏软件
	创客空间
	3D 打印
	学科类软／硬件
	自适应学习技术
	人工智能
	物联网
	……

（三）支持记忆型学习或探究式学习的技术

按照学习的主要方式，学习可分为记忆型学习（memorizing-based learning）和探究式学习（inquiry-based learning）。记忆型学习强调主要通过记住给定信息来获取新知识，探究式学习强调主要通过学习者探究活动来获取新知识。支持记忆型学习的技术很多，包括自带设备、传统书籍、学习平台、APP 等，很多教育类 APP 具有增强学生记忆的功能，尤其是对学生记忆力要求高的语言学科 APP。市场上有诸多英语学习 APP，这些 APP 可以帮助学生在课后更好地学习单词。例如，百词斩、扇贝单词等，在支持各级各类学习者记忆型学习方面效果显著。

在探究式学习中，支持学生探索的前提是给学生提供探索的条件和空间，很多技术都能为探究式学习提供支持，例如，自带设备、在线探究学习平台、教育类APP、教育游戏软件、创客空间、人工智能、物联网等。

互联网和社交媒体分别通过提供丰富的数字资源和便捷的交流工具为学生提供充足的探索空间。互联网本身是一个巨大的资源库和知识宝库，其有丰富的与学科相关的课外知识，可为学生提供多种学习便利，扩大学生的知识面。在教学过程中，教师可以经常为学生提供一些科普类的网站，鼓励学生在网络中探究所学的相关内容。

社交媒体指各种在线交流平台，是促进信息在网络上传播和共享的载体，它可以促进学生的参与和互动、改进教学活动和增强与课堂之外活动的连接。一些社交媒体，如QQ、微信等能够支持学生通过交流开展探究。有研究表明，社交媒体这种非正式的沟通方式不仅可以促使教师与学生建立更和谐的师生关系，而且可以促使学生之间更好地开展协作和探究[15]。表2.3呈现了一些支持记忆型学习或探究式学习的技术示例。这里再次强调，技术本身是中性的，它能支持什么类型的学习，取决于人们用它的方式和程度。

表2.3　支持记忆型学习或探究式学习的技术示例

支持记忆型学习的技术	支持探究式学习的技术
自带设备（个人电脑、平板电脑、手机等）	自带设备（个人电脑、平板电脑、手机等）
纸质书 / 电子书 / 开放教科书	纸质书 / 电子书 / 开放教科书
在线学习平台	在线课程平台（慕课等）
语言教育类 APP	在线探究学习平台
……	在线学习社区（网络论坛等）
	教育类 APP
	社交类 APP（博客、QQ、微信等）
	教育游戏软件
	创客空间
	3D 打印
	学科类软 / 硬件
	自适应学习技术
	人工智能
	物联网
	……

第二节　基础教育技术应用的趋势分析

美国新媒体联盟（New Media Cosortium，NMC）是一个致力于探索新媒体和新技术使用的非营利协会，自2004年开始每年发布不同版本的《地平线报告》，内容涵盖基础教育、高等教育和博物馆领域，目的是呈现全球正式和非正式学习情境下的教育变革趋势与新兴技术的影响。每年的《地平线报告》都会翻译成多种语言在全球传播，《地平线报告》已经成为人们了解教育技术变化趋势的重要参考来源。

一、基础教育中技术应用趋势概览

根据 2011—2017 年发布的《地平线报告》（基础教育版）的描述，2011—2017 年，基础教育领域有影响力的技术呈现出不断变化的趋势。按照出现频率的高低，2011—2017 年基础教育中的技术重要进展依次是学习分析技术（5 次，2011 年、2012 年、2013 年、2014 年、2017 年）、创客空间（4 次，2014 年、2015 年、2016 年、2017 年）、基于游戏的学习（3 次，2011 年、2012 年、2014 年）、可穿戴技术（3 次，2014 年、2015 年、2016 年）、人工智能（2 次，2016 年、2017 年）、虚拟现实（2 次，2016 年、2017 年）、机器人（2 次，2016 年、2017 年）、云计算（2 次，2013 年、2014 年）、基于手势的计算（2 次，2011 年、2012 年），3D 打印机（2 次，2013 年、2015 年）、自带设备（2 次，2014 年、2015 年）、物联网（2 次，2012 年、2017 年），其余的都出现 1 次，电子书（2011 年）、移动设备（2011 年）、增强现实（2011 年）、移动应用（2012 年）、平板电脑（2012 年）、移动学习（2013 年）、开放内容（2013 年）、虚拟与远程实验室（2013 年）、自适应学习技术（2015 年）、数字徽章（2015 年）、在线学习（2016 年），如表 2.4 所示。

表2.4　2011—2017年《地平线报告》所提及的基础教育中的技术

技术	2011 年	2012 年	2013 年	2014 年	2015 年	2016 年	2017 年
电子书	■						
移动设备	■						
增强现实	■						
基于游戏的学习	■	■		■			
基于手势的计算	■	■					
学习分析技术	■	■	■	■			■
移动应用		■					
平板电脑		■					
物联网		■					■
云计算			■	■			
移动学习			■				
开放内容			■				
3D 打印机			■		■		
虚拟与远程实验室			■				
自带设备				■	■		
可穿戴技术				■	■	■	
创客空间				■	■	■	■
自适应学习技术					■		
数字徽章					■		
在线学习						■	
机器人						■	■

续表

技术	2011 年	2012 年	2013 年	2014 年	2015 年	2016 年	2017 年
虚拟现实							
人工智能							

二、基础教育中代表性技术

（一）学习分析技术

学习分析指的是对学习者和学习情境的数据进行收集、测量、分析和汇报，目的是理解并优化学习及其环境。自从 2011 年第一届国际学习分析与知识大会上这一概念被提出，就备受教育领域的研究者关注。学习分析作为一个新兴的交叉研究领域，它融合了教育学、数据科学、心理与认知科学、语言学、人工智能等多学科知识。学习分析技术包括各种有利于学习分析的工具及应用程序，通过这些技术可将数据转化为可理解的信息。对学习者能力和进步相关的数据进行收集、梳理和分析，可以为各类学生提供个性化学习机会，为教师提供及时调整课程安排和教学方法的依据，对激发个性化和适应性学习有积极作用[16]。

随着深度学习、自然语言处理、机器视觉等技术在教育领域的广泛应用，以及传感设备、智能终端等的快速发展，学习分析能更多关注学习过程。通过对多场景、多系统、多终端的海量学习数据进行细粒度融合，可实现对大规模学习者的行为、认知、心理、情感以及社会交互的精准分析[17]。学习分析技术通过多种传感器和外接终端对学习者的全过程学习数据进行即时采集，并借助人工智能相关算法和技术，实现对学习者的知识结构、情感态度和认知行为的自动监测，为构建学习者综合特征模型与智慧学习环境奠定基础[18]，在此基础上，根据学习者动态多变的学习场景，为其提供更精准的个性化学习服务。

在学习分析技术的支持下，学生能够提高课前预习、课中学习以及课后复习的效率。具体而言，在课前，学习分析技术有助于教师提前了解学生的基础知识水平、学习习惯、课程内容倾向、学科背景、认知能力、生活经验等，进而有针对性地设计预习内容、推送预习资料、布置预习习题，根据学生现实需求和教学目标，灵活选择教学方法和教学资源，为后续的课堂教学奠定基础。在课中，学习分析技术支持下的课堂能较好地完成从"以教师为中心"到"以学生为中心"的转变，促进师生和生生交互，为学生推荐个性化的学习资源，提高学生的课堂参与度和积极性。在课后，教师通过了解学生对课堂内容的掌握情况和对知识点的消化能力，有针对性地布置作业，给不同学生推送不同的教学资源，统计错题情况，对学生掌握知识的薄弱环节进行差异化辅导，对个别后进生进行学习成绩的预警，干预其学习方式。对于教师而言，也可以通过教学数据，从教学环节、教学内容、教学方式、教学评价等方面进行反思和改进，基于调整设计出更适合学生的教学过程，更好地实现个性化教学[19]。

在学习分析技术的支持下，一些智能系统能精准测评学生的学习状态，进而为其提供个性化的服务。例如，"论答"是一个基于大数据和学习分析的人工智能系统，它能够精准测评、快速定位学生的薄弱知识点，系统实时检测每一位学生的当前知识状态，并对比系统中海量学习数据，通过分析判断学生在各个细分知识点的掌握情况，找到与学生个性化差异情况匹配的学习突破点，为每一位学生作智能推荐和学习路径优化，从而形成循序渐进的高效学习路径。其采用的教学模式为 TAD 教学模式，即 Teacher（老师）+AI（人工智能）+Data（大数据）。学者张琳和崔秀珍使用"论答"智能系统在八年级的英语课中进行了教学实践。课前教师对学生进行七年级重点语法知识点和重点单词的智能测试，判断学生对七年级重点知识点的掌握情况。接着为学生制定学习计划，通过一键备课，教学内容自动生成。在教学过程中，通过系统给学生安排课前预习内容，安排好对应的视频教学内容。通过系统完成知识点的教学，让学生课后完成精选智能练习题。每隔两个单元对学生进行测试，实时监督学生学习进展，并及时解决学生在学习过程中存在的问题。实践结果表明，该系统有助于提高学生的学习效率[20]。

（二）创客空间

创客空间是为了推动创客教育而构建的创新教学空间，其一般包含各式各样创客教育所需的工具和技术装备，空间布置和传统教室差别较大。高质量的创客空间常常整合物质、技术、智力、社会资源，支持学生或独立或协同完成创造性的学习任务，实现基于创造的学习。创客空间对于创客教育的有效推进有着至关重要的作用[21]。基于创客空间的教育情境是一个比传统教育情境更强调对话与整合的情境，在这情境中正式学习与非正式学习、独立探究与协作探究学习、线上学习与线下学习等不同学习方式兼容并蓄[22]。

创客空间依赖技术手段完成技术范畴的任务，但其教育功能的实现却不仅仅依赖于3D打印机、动画软件等技术的使用，还将"创造"的思维融入正式课程与创客实践中，学生通过实践活动，创作产品，获得深度学习经验，培养解决问题能力和创造力等高阶能力。近年来，因其有助于创新人才的培养，创客空间的建设得到各国教育界的广泛重视，越来越多的创客空间作为"为创作活动建立的专门空间"，为学生提供动手实践和创造性学习的机会，也为学生形成创新创业的思维方式提供了孵化器[23]。

研究显示，一个好的创客空间可以为学生提供以下九方面的支持：① 学生能以自己习惯的、偏好的方式生成独特的创意；② 学生能形成新的、有价值的创意，所生成的创意并不一定都是全新的，可以是改良的，这样不但有利于支持学生自信心的生成，也有利于创意的现实转化；③ 学生能详细描述、精炼、评价、优化自己的创意并将创新性成果最大化；④ 学生能有效地开发、实践并与别人交流新的创意；⑤ 学生之间对新的、多元的创意与观点持开放包容、客观负责的态度，能够将小组努力、他人的评价有效融合于创造过程；⑥ 无论是创造过程还是创造成果都具有原创性，并且能够理解真实世界的限制性以采用、引进、生成新的创意；⑦ 学生能学会面对失败，将失败当作学习的机会，能理解创造与创新是一个在多个微小进步与错误或失败基础之上的长期的、往复的过程；⑧ 学生能根据自己的创意完成真实的创造，并在实践过程中寻求相应的支持；⑨ 学生能通过展示自己的创意或创新成果为他人的创意生成、创新过程带来启示[24]。

为了更好地建设创客空间，有研究者提出了六大关键设计要素：① 教育教学需求的分析（What）——学校的哪些教育活动与教学项目可以在创客空间中完成？哪些科目可以在创客空间中教授？尤其是要了解科学、数学、技术、艺术等学科教师的教学需求。② 创造工具的选择（Which）——何种工具是最需要的？是否需要诸如激光切割机、3D打印机这样的数字制作工具？需要用哪些创造材料？③ 预期用户分析（Who）——哪些学生可能会利用创客空间？谁负责管理创客空间？哪些教师要利用创客空间？创客空间是否要对社区居民开放？④ 使用时间规划（When）——创客空间的利用时间如何安排？仅允许在正常的教学时间利用还是允许学生课后利用？⑤ 建设地点选择（Where）——创客空间设置在学校的何处比较合适？创客空间用电、用水是否方便？创客空间是否与其他教学场地有足够的距离以避免使用过程中发出噪声影响其他教学？学生是否能够容易找到创客空间的位置？创客空间是否具有后续扩建的空间？⑥ 建设进程设计（How）——是建设一个全新的、独立的空间，还是基于对原有的图书馆、教室等的改造将其整合于已有的教育空间？建设经费如何筹集？工程建设需要专业人员参与还是由志愿者完成[25]？

（三）可穿戴技术

可穿戴技术是一种把科技功能整合到人们日常随身物品中，如各种配饰（珠宝首饰等）、墨镜、背包乃至鞋子或外套等，进行智能化设计，开发符合用户需求的穿戴设备的技术[26]。可穿戴技术的优势在于它能够方便地记录并整合人的一些实时数据，如睡眠、运动、地理定位和社交媒体交互等数据。在电子游戏设计的头戴式显示器Oculus Rif及类似装置的支持下，它还能实现虚拟现实的效果。

可穿戴设备具有以下特征：① 便携可穿戴。可穿戴设备集微型化、轻巧化、便携化、简约化于一体，用户可以方便地穿戴，随时随地使用。② 聚焦用户。可穿戴设备以用户为中心，所有服务以满足用户需求为出发点，帮助用户延伸人体的肢体和记忆功能，成为用户生活的好助手。③ 智能交互。可穿戴设备在采集用户实时数据时可将云端资源推送给用户，为用户提供个性化服务，还能以可视化形式向用户呈现数据。④ 解放双手。通过大量现代化感知设备，可穿戴设备能够通过语音、图像、光电等多种方式进行数据传输和交换。这些新的数据获取方式能彻底解放人的双手，实现智能化操控。⑤ 高度集成。为最大限度地利用用户空间，每个可穿戴设备都采用了MEMS（microelectromechanical systems，微电子机械系统）技术，将大量的微型器件进行高度集成，能把大量的穿戴设备整合在一起，实现多功能高度融合。⑥ 增强现实。可穿戴设备能从环境、云端获取虚拟信息数据并合成到真实的现实场景中，增强用户对现实环境的感知能力[27]。

可穿戴技术的教育应用有助于智慧教育的实现。学者刘海韬等尝试构建基于可穿戴技术的智慧教学环境，它主要由智慧数据获取、智慧化监管和智慧教育实践三大模块构成[28]。图 2.2 呈现了用可穿戴技术构建智慧教学的环境的参考模型。

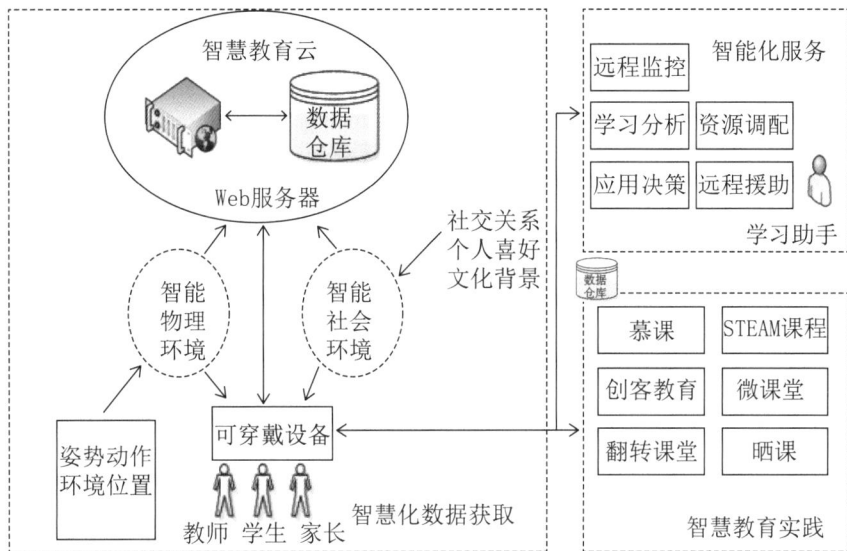

图 2.2 基于可穿戴技术智慧教学环境参考模型

（1）智慧化数据获取模块：智能可穿戴设备内置多种传感器和交互技术，能自动实时感知获取学习者的智能物理环境和智能社会环境信息，包括学习者的动作姿态、环境位置、社交关系、文化背景和个人喜好等数据，并将这些数据同步到教育云端进行云计算和大数据处理，进而利用这些信息数据方便快捷地推送个性化的教学资源和服务。

（2）智慧化监管模块：又称"学习助手"，类似于现有的教学管理人员，具有远程监控、学习分析、资源调配、应用决策和远程帮助等功能。

（3）智慧教育实践模块：该模块主要进行各种具体教育实践活动的应用推荐和调用，由基于社交网络的推荐系统和虚拟学习活动场景构成。

可穿戴技术对于一些特殊专业的教学有较大的应用潜力，比如医学、地质学、航空学等。基于可穿戴技术的手套能让使用者在不直接接触的情况下感知并遥控对象物体，该优势在医学教育中有很大的应用价值，因为它不仅可以让学生体会真实手术中的感觉，而且不会增加病人和学生的风险和负担。德国都柏林城市大学的传感器网络技术中心研制出一种能够检测有害气体并迅速发出警报的可穿戴设备，该设备能为化学、地质学、考古学等专业的师生提供安全保障。

第三节 高等教育技术应用的趋势分析

一、高等教育中技术应用趋势概览

美国新媒体联盟发布的《地平线报告》（高等教育版）是预测国际高等教育技术应用情况的专项报告，每年都由来自世界多个国家的几十名教育和技术专家共同研讨制定，公布未来五年内高等教育技术应用的关键趋势、重大挑战以及重要技术。自 2004 年开始，每年发布一份年度报告，为世界各国高等教育实践者、研究者、管理者以及技术专家进行高等教育技术规划和布局提供了重要参考。

2009—2019 年《地平线报告》（高等教育版）显示，高等教育中教育技术的重要进展出现稳中有变的特征，早几年报告中的教育技术重要进展包括云计算、地理定位、个人网站、语义感知应用软件、智能对象、移动工具、开放资源、电子书、简单的增强现实、基于手势的计算、数据可视化分析、游戏和游戏化、学习分析等。之后几年报告中的教育技术重要进展出现了平板电脑、自然用户界面、物联网、慕课、3D打印、可穿戴技术、量化自我、虚拟助手、翻转课堂等。近几年报告中的教育技术重要进展出现了自带设备、创客空间、自适应学习技术、情感计算、混合现实、机器人、下一代学习管理系统、人工智能等。表 2.5 总结了 2009—2019 年教育技术在高等教育中的重要进展。

按照出现频率的高低，2009—2019 年高等教育中的教育技术重要进展依次是学习分析（7 次，2011 年、2012 年、2013 年、2014 年、2016 年、2018 年、2019 年）、移动工具（5 次，2009 年、2010 年、2011 年、2012 年、2017 年）、自适应学习技术（4 次，2015 年、2016 年、2017 年、2018 年）、游戏和游戏化（4 次，2011 年、2012 年、2013 年、2014 年）、物联网（3 次，2012 年、2015 年、2017 年）、创客空间（3 次，2015 年、2016 年、2018 年）、混合现实（3 次，2016 年、2018 年、2019 年）、人工智能（3 次，2017 年、2018 年、2019 年）、电子书（2 次，2010 年、2011 年）、简单的增强现实（2 次，2010 年、2011 年）、基于手势的计算（2 次，2010 年、2011 年）、平板电脑（2 次，2012 年、2013 年）、自然用户界面（2 次，2012 年、2017 年）、3D打印（2 次，2013 年、2014 年）、可穿戴技术（2 次，2013 年、2015 年）、翻转课堂（2 次，2014 年、2015 年）、自带设备（2 次，2015 年、2016 年）、机器人（2 次，2016 年、2018 年）、云计算（1 次，2009 年）、地理定位（1 次，2009 年）、个人网站（1 次，2009 年）、语义感知应用软件（1 次，2009 年）、智能对象（1 次，2009 年）、开放资源（1 次，2010 年）、数据可视化分析（1 次，2010 年）、慕课（1 次，2013 年）、量化自我（1 次，2014 年）、虚拟助手（1 次，2014 年）、情感计算（1 次，2016 年）、下一代学习管理系统（1 次，2017 年）、区块链（1 次，2019 年）、移动学习（1 次，2019 年）、虚拟助理（1 次，2019 年）（见表 2.5）。

表2.5 2009—2019年高等教育技术的重要进展

技术	2009年	2010年	2011年	2012年	2013年	2014年	2015年	2016年	2017年	2018年	2019年
云计算	■										
地理定位	■										
个人网站	■										
语义感知应用软件	■										
智能对象	■										
移动工具	■	■	■	■					■		

续表

技术	2009年	2010年	2011年	2012年	2013年	2014年	2015年	2016年	2017年	2018年	2019年
开放资源		■									
电子书		■	■								
简单的增强现实		■	■								
基于手势的计算		■	■								
数据可视化分析		■									
游戏和游戏化			■	■	■	■					
学习分析			■	■				■		■	■
平板电脑				■	■						
自然用户界面				■	■						
物联网				■			■				
慕课					■						
3D 打印					■	■					
可穿戴技术						■	■				
量化自我						■					
虚拟助手						■					
翻转课堂						■	■				
自带设备							■	■			
创客空间							■	■	■		
自适应学习技术							■	■			
情感计算								■			
混合现实								■		■	■
机器人									■		
下一代学习管理系统									■		
人工智能									■		■
移动学习											■
区块链											■
虚拟助理											■

2020 年开始,《地平线报告》改版了,内容安排上较之前的有较大的不同。核心内容是影响高等教育未来发展的六项技术和实践, 即 "自适应学习技术" "人工智能/机器学习" "学生成功分析" "教学设计、学习工程和用户体验设计提升" "开放教育资源" "扩展现实"。值得一提的是, 2020 年的《地平线报告》虽然是在新冠疫情期间发布的, 但其内容没有受疫情的影响; 而 2021 年及之后发布的报告很明显呈现了疫情和一些新兴技术对高等教育未来发展的改变。新冠疫情使得全球很多高校师生从传统面授教学转向了线上线下混合教学实践, 因此, 2021 年的《地平线报告》重点突出 "高质量在线学习", 提出 "混合课程模式" 的新型学习方式和 "微认证" 的教育实践方式。上述三

种学习方式的三项技术支撑分别为"人工智能""学习分析""开放教育资源"。2022 年的报告在 2021 年的报告的基础上，进一步刻画了混合学习模式下的关键技术与实践，包括"用于学习分析的人工智能""用于学习工具的人工智能""混合学习空间""广泛采用混合学习模式""针对混合教学的教师专业发展""微认证"。可以看出，2022 年的报告将混合学习模式视为学习模式新常态，首次提出"混合学习空间"对于混合学习模式的重要性，具体刻画了"应用于学习分析"和"应用于学习工具"两个人工智能应用场景。为了更好地提升学生混合学习体验，"针对混合教学的教师专业发展"成为关键实践之一。2022 年的报告进一步深化了 2021 年的报告所提及的六项技术与实践，使其落地并具有场景和问题导向。

2023 年 5 月发布的《地平线报告》进一步呈现了新冠疫情和新兴技术对全球高等教育的冲击，技术方面凸显了新一代人工智能的影响。"助力预测性和个性化学习的人工智能赋能应用"和"生成式人工智能"被写进报告。前者突出强调了助力预测性和个性化实现的人工智能应用；后者的出现是因为 2022 年底以 ChatGPT 为代表的生成式人工智能引发全球关注，给高等教育带来了极大的机遇和挑战。除了这两项与人工智能相关的技术，"学习模式间界限的模糊""混合灵活式课程模式""培养学生的归属感与连接感""微证书"也被写入 2023 年的报告。由此可见，新冠疫情深刻地改变了全球高校的教学实践，便捷的计算机网络技术和智能技术使得高校学生有了更多元化的学习模式，混合灵活式课程模式和微证书将成为未来高等教育的重要趋势。不过，2023 年的报告中出现"培养学生的归属感与连接感"这一趋势，表明智能时代虽然大学生都能方便联网，但并不意味着他们有良好的归属感和连接感，这一现象如果具有全球普遍性，对高校教师和管理者后续的教学和管理实践有一定启示。

2024 年 5 月发布的《地平线报告》特别指出了人工智能的一些重要趋势，包括改变人类交流方式、重塑教学法和学习体验、对经济和劳动力产生影响、应对气候变化和可持续发展问题、在政治领域中的应用潜力增大等。该报告呈现了影响高等教育未来发展的六项关键技术与实践，包括探索人工智能技术的适当应用、支持人工智能素养、支持公平和包容的学习、支持心理健康、保护数据隐私与安全以及应对错误信息。相比于之前的报告，2024 年的报告特别强调关注心理健康、数据隐私与安全、应对错误信息等，希望全球高校特别关注人工智能等新兴技术引发的消极影响。表 2.6 呈现了 2020—2024 年《地平线报告》呈现的新兴技术与实践趋势。

表2.6　2020—2024年《地平线报告》中的关键技术与实践趋势

2020 年	2021 年	2022 年	2023 年	2024 年
自适应学习技术	人工智能	用于学习工具的人工智能	助力预测性和个性化学习的人工智能赋能应用	探索人工智能技术的适当应用
人工智能 / 机器学习	开放教育资源	用于学习分析的人工智能	生成式人工智能	支持人工智能素养

续表

2020 年	2021 年	2022 年	2023 年	2024 年
开放教育资源	学习分析	混合学习空间	学习模式间界限的模糊	支持公平和包容的学习
学生成功分析	高质量在线学习	广泛采用混合学习模式	混合灵活式课程模式	支持心理健康
教学设计、学习工程和用户体验设计提升	混合课程模式	针对混合教学的教师专业发展	培养学生的归属感与连接感	保护数据隐私与安全
扩展现实	微认证	微认证	微证书	应对错误信息

二、高等教育中代表性技术

（一）移动工具

随着互联网技术和移动工具的普及，人们基于移动工具的学习和交流日益普及。基于手机、平板电脑、笔记本电脑等移动终端的移动学习，可以让学习者在开放的学习环境中，根据自身的学习需求，在合适的时间和地点获取知识，满足个性化学习需求。因其便捷、灵活等优势，移动学习成了当下热门的学习方式之一[29]，尤其是 2019 年末开始的新冠疫情，让居家在线学习成为选择。根据获取资源的形式不同，移动学习的应用模式包括以下三种：① 利用短信息形式的学习。短信息常见的功能包括发送文字、图片、语音、视频等，发送快、使用便利，还能节省流量和成本，因此在生活和工作中得到了普及。② 利用 WAP 技术的网页链接学习。相关 WAP 服务站点的支撑，使得教育者和学习者都能够通过移动设备从站点随时随地获得需要的资源信息。③ 利用校园无线网络的学习。借助无线局域网络相关技术，可以让学习者在校园范围内实现移动学习[30]。

研究发现，大学生对移动学习持积极态度，他们在学习中喜欢使用学习类 APP 而不是传统的网页[31]。移动学习不仅可以为学生与教师交互提供更多的机会，还可以提高学生的学习效率。英国的米德塞克斯大学的一项研究，将移动学习活动纳入解剖课程的某些环节，相较于用传统方式教学的对照组，实验组在课堂上使用 3D 应用程序模拟真实的肌肉和骨骼，程序中还包括测验和游戏，提高了学生的兴趣，且更能维持学生的学习动机。研究结果表明，实验组获得了更好的成绩[32]。

（二）自适应学习技术

自适应学习技术指的是能够根据学习者个性特征与具体情况，通过呈现适当信息与学习资料、提供反馈信息和建议来创设符合学习者需要的智能学习环境的技术。自适应学习技术会考虑不同学习者多样化的个性特征，比如起点能力、学习风格、学习动机和自我效能感等，并为学习者提供个性化学习支持。自适应学习系统是自适应学习技术应用的重要表现。与早期的学习管理系统（learning management system，LMS）不同，自适应学习系统可以评估每个学习者的优劣势，匹配适合的学习资源，实现个性化学习。

LMS通常只能为每个学习者呈现内容完全相同的课程，不考虑学习者的个性特征、个人情况与需求，容易导致学习者产生挫败感，造成学习者学习困难与高辍学率[33]。而自适应学习系统利用存储在学生模型中的信息为学生提供个性化服务。根据学生模型数据系统诊断学生的知识状态，并及时给予学生教学提示和反馈，从而实现个性化教学。学习者的知识程度、学习风格和情感状态等是模型中常考虑的要素。

有一些系统基于学习者的知识水平推荐个性化的学习服务。例如，Knewton作为国际上自适应学习系统的代表，其典型特征是基于学习者的知识水平提供不同的学习支持服务。它利用大数据、学习分析等技术最大限度地挖掘学习者个体的学习需求，相对"高效"且"个性化"地"配置"学习资源、"推送"学习策略、"定制"学习支持服务，实现系统对学习者学习的自适应服务。

有一些系统基于学习者的情感状态推荐个性化的学习服务。具有代表性的是AutoTutor系统，该系统能诊断学习者的困惑和厌倦、沮丧情绪，并能根据诊断结果选择有针对性的教学方法和有激励性的对话策略。该系统还嵌入了一个能通过口头语言、面部表情等和学习者交流的教学代理。学习者如被检测出有负面情绪，AutoTutor会作出同情和鼓励的回应[34]。

有一些系统基于学习者的学习风格推荐个性化的学习服务。目前自适应学习系统使用以下方法适应学生的不同学习风格并调整相应的教学：首先，改变呈现给学习对象类型的段落顺序；其次，隐藏那些与学生学习风格不匹配的学习对象、学习对象的元件和学习对象的链接；最后，对学习对象进行注解，以说明它符合某种学习风格的程度，在此基础上向不同学生推荐最适合其需求的学习对象[35]。

自适应学习的实现需要将学生的各种数据作为分析基础，这些数据的获取可能涉及学习者的隐私，因此，学习数据的隐私保护、学习数据获取的易得性和安全性，以及学习数据的有效使用都是后续该领域需要关注的问题。

（三）人工智能

1956年，美国学者首次提出人工智能（artificial intelligence，AI）这一概念，它指的是让机器像人那样理解、思考和学习，用计算机模拟人的智能。同时，它是指研究、开发用于模拟、延伸和扩展人类智能的理论、方法、技术及应用系统的技术科学。尽管AI尚未具备自我意识（即自主操作的能力），但它可以支持人类处理低阶的、重复性的认知任务。人工智能在教育领域的典型应用包括智能的学习管理系统（learning management system，LMS）、学生信息系统（student information systems，SIS）、智能辅导系统（intelligent tutoring system，ITS）、虚拟助教（virtual tutor）、聊天机器人、自动字幕系统等。

人工智能在高等教育中的应用有助于实现教学和管理的智能化。例如，人工智能聊天机器人已经服务于全球很多高校，通过"延长"系统工作时间为师生的生活带来便捷。美国西北大学的人工智能聊天机器人已被集成到学习管理系统中，能够针对师生经常提出的问题提供自动回答服务；美国俄克拉荷马大学图书馆在2018年推出了Bizzy智能聊天机器人，为师生研究提供支持；澳大利亚昆士兰大学和格里菲斯大学开发了SAM聊天机器人，它能够对学生学习和生活中遇到的问题给予全方面解答，如图书馆服务问题、居住生活问题、注册问题和课堂问题等。实践表明，这些聊天机器人确实能够给高校师生带来很大便捷[36]。

为了提高学生的口语交流技能，美国圣心大学韦尔奇商业和技术学院在"市场营销入门"课程中使用人工智能辅助平台PitchVantage和虚拟现实平台VirtualSpeech。学生在虚拟现实环境中分析真实世界的商业案例，提出有说服力的观点，练习口头表达能力，同时他们可以接受人工智能的即时和个性化反馈[37]。早在20世纪60年代，智能作文评价（automated essay evaluation）就在欧美国家兴起，国外代表性的智能作文评价系统包括PEG（project essay grader）、E-rater、Intellimetric、IEA（intelligent essay assessor）等。国内代表性的智能作文评价系统包括句酷批改网、iWrite、冰果英语、IN课堂智能教育平台的中文作文智能批改、365学堂在线作文批改、爱语文APP等。这些系统将自然语言处理、统计检索和互联网技术相结合，体现了人工智能在写作教学领域的最新进展[38]。

2022年11月30日，OpenAI推出生成式人工智能（AI generated content，AIGC）聊天工具ChatGPT。它是专注于对话生成的大语言模型，由于采用提示学习与人类反馈相结合的训练方式，因此能够根据人类提问作出多轮次、流畅、自然的回答。《科学》（Science）期刊将AIGC列为2022年度科学十大突破之一。该期刊对他们的读者做了一项关于在科研中使用ChatGPT的调研。研究发现，受访者分别使用该工具进行头脑风暴式讨论、撰写研究初稿或进行文献综述等，这些受访者认为ChatGPT可以帮助他们完成无聊、繁重或重复的任务，但同时也会带来学术造假、学术不端等问题[39]。以ChatGPT为代表的新一代人工智能因其能够与人类流畅交互，自动生成内容，引发全球关注。除了ChatGPT之外，具其他代表性的生成式AI产品还有谷歌研发的巴德（Bard）、微软研发的新必应（New Bing）、百度研发的文心一言、阿里巴巴研发的通义千问、科大讯飞研发的星火认知大模型等。以ChatGPT为代表的新一代AI被预期会对教育领域产生全方位的影响，也因此，它被列入2023年的《地平线报告》。

第四节 场馆教育技术应用的趋势分析

一、场馆教育中技术应用的趋势概览

2010年，美国新媒体联盟和美国博物馆协会合作，首次发布《地平线报告》（博物馆版），之后2011年、2012年、2013年、2015年和2016年又连续发布了五个版本的报告。表2.7呈现了2010—2016年报告预测的博物馆中的技术趋势。

表2.7 2010—2016年《地平线报告》（博物馆版）的技术预测

年份	近期	中期	远期
2010 年	社交媒体 移动设备	增强现实 基于位置的服务	语义网 基于手势的计算
2011 年	移动应用 平板电脑	电子出版 增强现实	数字资源保存 智能物体
2012 年	社交媒体 移动应用	开放内容 增强现实	物联网 自然用户界面
2013 年	众筹 自带设备	电子出版 基于位置的服务	自然用户界面保护与保存技术
2015 年	自带设备 游戏和游戏化	基于位置的服务 创客空间	自然用户界面 物联网
2016 年	数字人文技术 创客空间	位置智能 虚拟现实	信息可视化 网络物件

二、场馆教育中代表性技术

（一）虚拟现实

虚拟现实技术，又称虚拟环境、灵境或人工环境，是指利用计算机生成一种可对参与者直接施加视觉、听觉和触觉感受，并允许其交互地观察和操作的虚拟世界的技术[40]，具有直观性、交互性、教育性、完整性与便利性等特征。

博物馆通过展品来实现文化传播和教育这两个功能，促进公众文化素养的提升。为了更好地发挥文化传播与教育的社会功能，场馆需要不断地对公共服务进行创新，而虚拟现实技术可以打造沉浸式、逼真的体验环境，是主动式教育的一种新手段，可以为场馆的展示活动锦上添花。应用虚拟现实技术再现博物馆展品信息，并对其进行趣味化设计，允许学生以多维方式感知历史现象，并运用视觉手段使抽象概念具体化，以更好地解释内容知识，让学生沉浸于真实的环境探索，促进学生对相关知识的理解[41]，助力博物馆更好地发挥其促使文化传播的社会职能。

在博物馆中应用虚拟现实技术具有以下优势：① 虚拟现实趣味化内容具有丰富性特征。人们者在参观博物馆展品过程中可以通过展品衍生信息不断丰富自身经验与知识，从而检验和辩证吸收新知识。② 虚拟现实趣味化内容具有情境化特征。虚拟现实游戏中的任务具有复杂性，通过虚拟现实技术的应用，可以有效再现情景，为参观者提供探索新知识的优质平台。③ 虚拟现实趣味化内容具有交互性特征。在虚拟现实游戏过程中，参观者可以针对趣味化内容进行讨论和交流，以探索完成游戏任务的不同方法，在提高参与者知识理解与应用能力等方面具有积极意义[42]。

目前国内已有一些博物馆使用虚拟现实技术提高参观者的参与度。例如，广西京族博物馆坐落于广西东兴市江坪镇万尾京岛风景名胜区，建筑面积约为3000平方米，于2009年开馆。博物馆展览分为四个版块，分别为靠海为生、以海为敬、仙弦轻舞、锦心绣口。该馆运用虚拟现实技术和增强现实技术开发了一款软件，该软件可以使用户不受时间、空间的限制，通过互联网设备就能够观赏京族传统风俗和传统手工艺，通过虚拟现实技术和增强现实技术观看沉浸式展览和参与互动。参观者可以在软件中与京族服饰设计师一起完成京族服饰的制作，虚拟展览中的交互过程即是体验的过程，使参观者在虚拟世界中利用听觉、触觉等与虚拟展品交流互动[43]。

（二）移动应用

智能手机如今已经成为人们获取信息必不可少的工具，博物馆设计的APP可以为游客提供多种关键性解读、故事及情境化信息，以帮助游客获得深度体验。在一些博物馆中，游客可通过APP获取现场或场外两种不同模式的参观学习帮助，关注感兴趣的专题，设定参观路线，对陈列收藏进行分享并评论等。

上海博物馆的APP中有古代家具馆、历代书法馆、历代绘画馆等多个场馆艺术品的数字资源，图文精美，还搭配语音讲解，细节生动。游客可以通过这款APP访问1700幅数字藏品，藏品附带文章、艺术家访谈视频和增强型搜索功能。不论是在画廊、学校，还是在馆外喝咖啡时，人们都可以了解和研究博物馆藏品。在访问博物馆的APP时，人们可以利用超链接等工具深入探访博物馆里那些无法接触到的内容。

（三）基于位置的服务

基于位置的服务（location based services，LBS）是指利用各种类型的定位技术来获取定位设备当前的所在位置，通过移动互联网向定位设备提供信息资源和基础服务[44]。智能定位一个重要应用就是基于位置的服务，提供相关信息以响应用户周围环境，同时收集人口学数据和使用统计数据。

在博物馆中，基于位置的服务的最新发展便是室内定位技术的应用。它能够依据博物馆参观者的空间确切位置为其提供量身定制的信息，室内定位技术可以在三维空间中获得参观者准确位置进而调整信息或服务，甚至可以识别建筑物内不同楼层的位置信息[45]。博物馆使用智能定位技术主要是借助安装在画廊和展品上的信标和无线工具，得到位置信息，然后通过蓝牙将内容传递到附近智能设备上。智能定位应用程序也能通过音频等，为盲人和弱视者提供导航帮助，以便残疾人能够更便捷地获取信息[46]。

基于位置的服务目前在国内外场馆中都有不错的应用。例如，故宫讲解手机电子导游APP是一款故宫博物院官方推出的手机语音导游讲解软件。通过它，人们可以轻松了解故宫博物院的相关内容。该APP支持导航和定位，通过"GPS+微定位景区导览"技术，让游客享受走到哪听到哪的便捷服务，不同风格主播的语音导览可让游客享受专业的故宫讲解。澳大利亚海事博物馆（Australian Maritime Museum）在参观者没有下载APP的情况下就能捕获位置并进行分析。如果参观者使用馆内免费储物柜，他们就会收到与发射台相连的钥匙圈。此外，博物馆配备的iPods探测发射台通过WiFi发送数据到在线仪表盘上，博物馆工作人员能由此监测展览参与情况。

❓ 课后思考题

1. 回顾自己在基础教育或高等教育中的学习经历，举例说明哪个技术融入教学场景的方式让你印象深刻，该技术对教学效果产生了什么影响。

2. 回顾自己在校外某场馆的游历体验，举例说明技术融入非正式学习场景的方式和在学校系统中融入的异同点，以及技术对参访者的场馆经历有何影响。

———————————————————— 参考文献 ————————————————————

[1] 顾明远. 教育大辞典：教育技术卷[M]. 上海：上海教育出版社，1990.

[2] 尹俊华. 教育技术学导论[M]. 北京：高等教育出版社，1996.

[3] 黄都. 面向学习者的学习技术设计[J]. 开放教育研究，2006，12（3）：83-88.

[4] 桑新民. 学习究竟是什么？——多学科视野中的学习研究论纲[J]. 开放教育研究，2005，11（1）：8-17.

[5] 中国大学 MOOC[EB/OL].[2023-04-02]. https://baike.baidu.com/item/%E4%B8%AD%E5%9B%BD%E5%A4%A7%E5%AD%A6MOOC/24217007?fr=aladdin#reference-[2]-24662269-wrap.

[6] 石墨[EB/OL].[2023-04-02].https://shimo.im/.

[7] Marton F, Saljo R. On qualitative differences in learning: I. Outcome and process[J/OL].British Journal of Educational Psychology, 1976, 46(1): 4-11[2023-04-02].https://doi.org/10.1111/j.2044-8279.1976.tb02980.x.

[8] Biggs J. Individual differences in the study process and the quality of learning outcomes[J/OL].Higher Education, 1979, 8(4): 381-394[2023-04-02].https://doi.org/10.1007/BF01680526.

[9] NRC. Education for life and work: Developing transferable knowledge and skills in the 21st century[EB/OL].[2023-04-02]. https://hewlett.org/wp-content/uploads/2016/08/Education_for_Life_and_Work.pdf.

[10] William and Flora Hewlett Foundation. Deeper learning strategic plan summary education program[EB/OL].[2023-04-02]. http://www.hewlett.org/wp-content/uploads/2016/09/Education_Deeper_Learning_Strategy.pdf.

[11] PDL. New pedagogies for deep learning: A global partnership[EB/OL]. [2023-04-02]. http://npdl.global/.

[12] 何玲，黎加厚. 促进学生深度学习[J]. 现代教学，2005（5）：29-30.

[13] 祝智庭，彭红超. 深度学习：智慧教育的核心支柱[J]. 中国教育学刊，2017（5）：36-45.

[14] 黄荣怀，张振虹，陈庚，等. 网上学习：学习真的发生了吗？——跨文化背景下中英网上学习的比较研究[J]. 开放教育研究，2007，13（6）：12-24.

[15] 成鹏. 社交媒体的应用对高等教育教学的促进作用[J]. 中国多媒体与网络教学学报（中旬刊），2021（1）：28-31.

[16] 宋怡，周恺. 智能化背景下的基础教育新挑战——《2017 地平线报告（基础教育版）》解读与启示[J]. 天津师范大学学报（基础教育版），2018，19（4）：83-88.

[17] 田阳，陈鹏，黄荣怀，等. 面向混合学习的多模态交互分析机制及优化策略[J]. 电化教育研究，

2019，40（9）：67-74.

[18] 黄荣怀，陈丽，田阳，等.互联网教育智能技术的发展方向与研发路径[J].电化教育研究，2020，41（1）：10-18.

[19] 孙金晓.基于教育大数据的学生学习行为分析与预测[J].电子技术与软件工程，2022（3）：247-250.

[20] 张琳，崔秀珍.智能辅导系统与英语教学：现状与展望——以"论答"人工智能教学辅助系统为例[J].海外英语，2022（2）：96-97.

[21] 李卢一，郑燕林.中小学创客空间建设的路径分析——来自美国中小学实践的启示[J].中国电化教育，2016（6）：58–64.

[22] 郑燕林，李卢一.技术支持的基于创造的学习——美国中小学创客教育的内涵、特征与实施路径[J].开放教育研究，2014，20（6）：42-49.

[23] Martinez S. Makin g for all: How to build an inclusive makerspace[EB/OL].（2015-05-10）[2023-05-10]. https://www.edsurge.com/news/2015-05-10-making-for-all-how-tobuild-an-inclusive-makerspace/.

[24] Gegan W. 9 Goals of a Successful School Makerspace[EB/OL].（2015/04/24）[2023-05-10]. http://www. fractuslearning.com/2015/04/24/goals-school- makerspace/.

[25] Cooper J. Designing a school makerspace[EB/OL].[2023-05-10]. http://www. edutopia.org/blog/designing-a-school-makerspace-jennifercooper/.

[26] 陈文峰，温李懿贞，赵慧臣.可穿戴技术的特点及教育应用[J].数字教育，2015，1（2）：34-39.

[27] Yang H, Yu J, Zo H, et al. User acceptance of wearable devices: An extended perspective of perceived value[J]. Telematics and Informatics, 2016, 33(2): 256-269.

[28] 刘海韬，尚君，吴旭.可穿戴技术对智慧教学环境构建的启示[J].中国电化教育，2016（10）：57–61.

[29] 刘铸德."互联网+教育"背景下移动学习资源建设创新性研究[J].广西广播电视大学学报，2021，32（2）：43-46.

[30] 蒋彦青，赵昕.国内外移动学习的现状与发展研究综述[J].科教导刊，2022（10）：156-158.

[31] 常李艳，陈思璐，刘婧，等.信息碎片化环境下大学生移动学习行为影响因素研究[J].中国教育信息化，2022，28（5）：50-58.

[32] New Media Cosortium. The NMC Horizon Report：2017 Higher Education Edition [R/OL].[2023-05-10]. http：//www.nmc.org/publication/nmc-horizonreport-2017-higher-education-edition.

[33] Dagger D, Wade V, Conlan O. Personalisation for all: Making adaptive course composition easy[J]. Educational Technology & Society, 2005(3): 9-25.

[34] D'Mello S, Craig S, Fike K, et al. Responding to learners'cognitive-affective states with supportive and shakeup dialogues[C]//Proceedings of the International Conference on Human Computer Interaction. Lecture Notes in Computer Science. Berlin: Springer, 2009: 595-604.

[35] 何克抗.教学代理与自适应学习技术的新发展——对美国《教育传播与技术研究手册》（第四版）的学习与思考之六[J].开放教育研究，2017，23（5）：11-20.

[36] 陈新亚，李艳.《2020地平线报告：教与学版》的解读与启示——疫情之下高等教育面临的挑战与

变革 [J]. 远程教育杂志，2020，38（2）：3-16.

[37] Sacred Heart University. What is PEG Writing Scholar? [EB/OL].[2023-05-13]. https://www.sacredheart. edu/academics/colleges--schools/college-of-business--technology/freshman-first-year-experience/ resources/.

[38] 刘淑君，李艳，杨普光，等. 智能作文评价的效果研究 [J]. 开放教育研究，2021，27（3）：73-84.

[39] Owens B. How Nature readers are using ChatGPT[J]. Nature, 2023, (7950): 20-20.

[40]《中国电力百科全书》编辑委员会. 中国电力百科全书•综合卷 [M]. 北京：中国电力出版社，2001.

[41] Sahin D, Yilmaz R M. The effect of augmented reality technology on middle school students' achievements and attitudes towards science education[J]. Computers and Education, 2020(1):103-110.

[42] 冯绍恒. 博物馆融入虚拟现实趣味化呈现内容的实践分析 [J]. 中国高新科技，2022（4）：26-29.

[43] 白聘. 广西传统手工艺在虚拟现实设计中活态传承路径研究——以广西京族虚拟博物馆设计为例 [J]. 中国民族博览，2021（23）：193-195.

[44] Jiang H, Li J, Zhao P, et al. Location privacy-preserving mechanisms in location-based services: A comprehensive survey[J]. ACM computing surveys, 2021, 54(1): 42-49.

[45] 叶子. 博物馆移动导览中的综合性室内定位方法研究及系统实现 [D]. 杭州：浙江大学，2016.

[46] 沈晓峰，王建. 基于WiFi的实时定位技术在博物馆中的应用 [J]. 计算机与网络，2015，41（20）：54-57.

第三章

多媒体学习理论

通过本章的学习，学习者能够：

1. 辨析多媒体学习理论中三种学习观的异同；

2. 理解多媒体学习理论中三种学习结果的差异及形成原因；

3. 理解多媒体学习认知理论的要素及相互关系；

4. 举例说明减少无关加工原则、管控基本加工原则以及促进生成加工原则在教学设计中的使用。

第一节　多媒体学习理论概述

多媒体学习理论是梅耶在其著作《多媒体学习》中提出的一个旨在促进多媒体环境下学习发生的理论。梅耶的研究领域包括学习策略、多媒体学习、计算机支持的学习和计算机游戏学习等。梅耶代表性著作包括《应用学习科学》、《数字化学习原理与教学应用——面向用户和设计人员的多媒体学习指南》（第 4 版）、《学习与教学：理论研究与实践意蕴》（第 2 版）、《剑桥多媒体学习手册》（第 2 版）以及《多媒体学习》（第 3 版）。梅耶被《当代教育心理学》期刊评为世界上最富有成效的教育心理学家。本章的内容主要来自《多媒体学习》（第 3 版）[1]。

一、多媒体学习的概念及内涵

多媒体学习（multimedia learning）是指从语词和图示中学习。所谓语词，指的是教学材料以"言语形式"（verbal form）呈现的内容，例如印刷文本或口头文本的内容。所谓图片，指的是教学材料以"图示形式"（pictorial form）呈现的内容，包括静态图形（插图、照片和地图等）或动态图形（如视频和动画）。计算机出现之前，学习信息主要通过语词（包括讲解和阅读）来呈现，偶尔辅之以手工绘画的静态图形，计算机的出现使得学习材料的图示形式，无论是静态图形还是动态图形，都出现了爆炸式增长。当语词和图示大量出现在学习场景中的时候，它们会如何影响学习效果？语词和图示如何设计和组合，才可以优化个体的学习过程和学习结果？多媒体学习理论关注对这些问题的回答。

对于多媒体学习中的"多媒体"，学者们有三种观点：① 用于传递教学信息的设备（传递媒体观）；②用于呈现教学信息的表征方式（呈现方式观）；③ 学习者用来接收教学信息的感觉形态（感知方式观）。表3.1总结了这三种观点的核心内容，并给出了示例。多媒体学习的定义（即多媒体学习涉及从语词和图示中学习）是基于呈现方式观的，多媒体学习理论依赖于感知方式观来描述早期加工，而呈现方式观则描述学习者认知系统中的后期加工。

表3.1　三种多媒体信息观

观点	核心内容	示例
传递媒体观	两个或多个传输设备	计算机屏幕和扬声器；投影仪和教师的语音
呈现方式观	口头和图示表示	屏幕文本和动画；印刷文字和插图
感知方式观	听觉和视觉感知	叙述和动画；讲解和幻灯片

二、三种多媒体学习观

梅耶认为人们看待多媒体学习的态度会影响他们的学习效果，他总结了三种多媒体学习观（见表3.2）：① 将多媒体学习视为反应强化；② 将多媒体学习视为信息获得；③ 将多媒体学习视为知识建构。

表3.2　三种多媒体学习观

观点	定义	内容	学习者	教师	多媒体目标
反应强化	增强或者削弱一种联系	联系	奖惩被动接受者	奖惩分配者	促进联系；充当强化工具
信息获得	将信息添加到记忆中	信息	信息被动接收者	信息提供者	传递信息；充当传递工具
知识建构	建立连贯一致的心理结构	知识	意义主动理解者	认知指导者	提供认知指导；充当有用的沟通者

（一）将多媒体学习视为反应强化

该观点认为学习涉及加强或削弱刺激与反应之间的联系。这种观点需要对所学内容的性质、学习者的性质、教师的性质以及多媒体演示的目标进行假设。首先，学习是基于刺激与反应之间的关联强度的变化，例如学习刺激"3+2=___"与反应"5"相关联。其次，学习者的工作是作出反应，然后获得奖励或惩罚，例如被告知答案是"正确"或"错误"。因此，学习者是一个被动的存在者，他每次反应都会受到奖励或惩罚。第三，教师的工作（在这种情况下是多媒体设计师）是根据学习者的行为提出奖惩，利用奖赏来增强反应，利用惩罚来削弱反应。最后，多媒体演示的目的是通过获得学习者的反应并给以强化（即奖励或惩罚）来促成练习。所使用的潜在的隐喻是练习系统，因此多媒体是奖励回答正确的学习者和惩罚回答错误的学习者的工具。

反应强化的观点是基于桑代克的经典研究的，即猫如何学会拉出绳子以摆脱笼子[2]。桑代克的研究得出了著名的效果律：在相同的情况下，满意度高的行为更有可能在未来发生。在相同情况下，满意度不高的行为将来不太可能发生。效果律可能适用于研究实验室动物如何学会在人为的任务中作出反应，但当我们从研究实验室动物学习转向研究人类如何在现实任务中学习概念性材料时，除了反应强化的观点之外，还产生了其他学习观点。

（二）将多媒体学习视为信息获得

该观点认为学习涉及将信息添加到一个人的记忆中。信息获得观包含关于所学内容的性质、学习者的性质、教师的性质以及多媒体演示目标等假设。首先，学习基于信息。其次，学习者的任务是接收信息。因此，学习者是一个被动的人，他从外部接收信息并将其存储在记忆中。第三，教师的工作是提供信息。第四，多媒体演示的目的是尽可能高效地传递信息。所使用的潜在的隐喻是传递系统的多媒体技术。因此，多媒体是一种有效地向学习者传递信息的工具。

信息获得观有时称为"容器观"，因为学习者的思想被视为一个空容器，教师需要注入一些信息来填充。同样，信息获得观有时被称为"传输观"，因为教师传输要由学习者接收的信息。而有时将其称为"商品观"，因为信息被视为一种商品，可以从一个地方移动到另一个地方。如果人们的目标是帮助人学习孤立的信息片段，那么信息获得观就没有错。但是，当人们的目标是增进对所讲解材料的理解时，那么信息获得观就可能没有很大的帮助。因为当人试图理解所呈现的材料时，他们并不是认真记录每个语词的录音机。相反，人会专注于所呈现材料的意义，并根据其原有知识对其作出解释。

（三）将多媒体学习视为知识建构

知识建构观认为多媒体学习是一种意义理解活动，在该活动中，学习者试图从所呈现的材料中构建连贯一致的心理表征。首先，信息是一种客观的商品，可以从一种思想转移到另一种思想；知识不同于信息，知识是学习者个人建构的，不能以确切的形式从一种思想传播到另一种思想。这就是为什么两个学习者可以看到相同的多媒体信息而获得不同的学习结果的原因所在。其次，根据知识建构观，学习者的任务是弄清所呈现的材料。因此，学习者是一个主动理解意义的人，他会体验多媒体演示，并尝试将演示的材料整合为连贯一致的心理表征。第三，教师的工作是帮助学习者理解意义，因此，教师是一位认知向导，提供必要的指导以支持学习者的认知过程。第四，多媒体演示的目的不仅在于呈现信息，而且为如何加工信息提供指导，即确定要注意的内容，如何在心理上进行组织以及如何将其与原有知识联系起来。最后，在知识建构观中，多媒体技术是追寻意义理解的工具，主要用于指导学习者进行知识建构。

多媒体演示可以帮助学习者接触大量信息，还可以有助于他们更好地理解所呈现的材料。学者博舍（Boser）指出，数字时代的真相是：由于我们可以轻松地在互联网上访问信息，因此记住事实已失去了很多价值。相反，我们需要更好地理解信息并将其用于解决新问题[3]。在 21 世纪，我们的学习观正在从以记忆为中心的学习转变为以理解为中心的学习，并从专注于保持测验转变为专注于迁移测验。保持测验利用的是学生对所学知识的记忆力；迁移测验利用的是学生如何很好地运用所学知识[4]。当教学目标是帮助人更好地理解材料并能在新环境下使用所学新知识时，多媒体学习体现的是知识建构观。

三、多媒体学习的三种结果

学习的两个重要目标是记忆和理解。记忆是复制或识别所呈现材料的能力，并通过保持测验进行评估。最常见的保持测验是要求学习者重现所呈现的内容和再认——要求学习者选择所呈现的内容（如多项选择题）或判断是否给出了给定的项目（如是非题）。因此，保持测验中的主要问题涉及学习的数量，即记住了多少。

理解是根据所呈现的材料构建连贯一致的心理表征的能力；它反映在新情况下使用所呈现材料的能力，并通过迁移测验进行评估。在迁移测验中，学习者必须解决所呈现材料中未明确指出的问题，也就是说，他们必须将学到的知识运用到新的情况。

表 3.3 呈现了三种学习结果。多媒体学习最理想的目标是通过整合语词和图示的方法，促进意义学习的发生，从而创造可迁移的知识。促进意义学习结果的最佳方法是主动学习，因为意义学习结果是学习者在学习过程中的活动产生的。意义学习取决于学习者在学习过程中的认知活动，而不是学习者在学习过程中的行为活动。精心设计的多媒体教学信息可以促进学习者的主动认知加工，学习者可在行为不主动的环境中实现意义学习。如果多媒体学习的设计者为学习者创设行为上的主动学习活动，比如通过设计交互式教学视频来督促学习者边看视频边思考回答相关问题，或通过设计游戏化学习活动来让学习者主动学习某学科知识，并尝试应用知识解决游戏场景中的问题，这会较好促进学习者的主动学习。

表3.3 多媒体学习三种结果

学习结果	认知描述	测验成绩	
		保持	迁移
一无所获	没有知识	差	差
死记硬背	零散的知识：惰性知识	良好	不良
意义学习	综合知识：可迁移知识	好	好

图 3.1 总结了两种主动学习——行为主动和认知主动。如果意义学习取决于学习者的主动认知加工，那么设计能够启动适当认知加工的学习体验就很重要。当学习者主要从多媒体教学信息中学习时，学习者在行为上不主动；但如果认知活动水平较高，如图 3.1 中右上象限所示，则基于被动教学方法的主动认知学习就会发生[5]，例如一些精心设计的多媒体教学信息。此外，右下象限代表基于主动教学方法的主动认知学习，例如交互式游戏和模拟游戏、交互式仿真游戏，或者当提示学生从事生成性学习策略（例如构建知识）时画图示或写摘要[6]。

认知活动水平

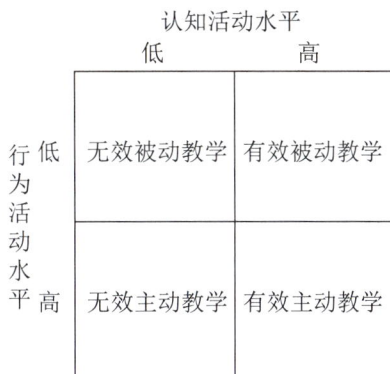

图3.1 两种主动学习

第二节 多媒体学习认知理论的三个假设

多媒体学习认知理论包含三个基本假设，即双重通道、容量限制和主动加工（见表3.4），这些假设源自学习科学。

表3.4 多媒体学习认知理论的三个假设

假设	描述
双重通道	人拥有用于加工视觉信息和听觉信息的单独通道
容量限制	人一次可以在每个通道中加工的信息量有限
主动加工	通过关注相关的输入信息，将选定的信息组织成连贯的心理表征并将心理表征与其他知识整合来进行主动学习

一、双重通道假设

双重通道假设认为人加工信息时分别有加工视觉/空间材料的通道和加工听觉/言语材料的通道这两个通道。当信息（如插图、动画、视频或屏幕文字）呈现给眼睛时，人在视觉通道中加工该信息；当信息（如旁白或非言语声音）呈现给耳朵时，人在听觉通道中加工该信息。分开的信息加工渠道这一概念在认知心理学中具有悠久的历史，它与派维奥（Paivio）的双重编码理论[7]和巴德利（Baddeley）的工作记忆模型[8]密切相关。

二、容量限制假设

容量限制假设认为人类一次可以在每个通道中加工的信息量是有限的。呈现插图或动画时，学习者在任何时候都只能在工作记忆的可视通道中保留少量图像，从而反映所呈现材料的某些部分，而不是所呈现材料的精确副本。例如，如果呈现了轮胎泵的图片或动画，学习者也许能够专注于建立"手柄下降，进气门打开以及空气进入气缸"的心理图像。呈现旁白时，学习者在任何时候都只能在工作记忆的言语通道中保留几个语词，反映文本的一部分，而不是逐字记录。例如，如果说出的文字是"当按下手柄时，活塞向下移动，进气阀打开，排气阀关闭，空气进入气缸底部"，那么学习者在听觉工作记忆中可能记住的内容是"手柄上升""进气阀打开""空气进入气缸"。意识能力有限的概念在心理学上已有悠久的历史，相关的理论是巴德利的工作记忆理论和斯维勒（Sweller）等的认知负荷理论[9]。

认知能力有哪些限制？如果假设每个通道的加工能力有限，那么重要的是要知道每个通道可以加工多少信息。衡量人认知能力的经典方法是记忆跨度测试[10]。虽然存在个体差异，但平均记忆广度很小——大约5~7个组块。当然，通过练习，人可以学会对列表中的元素进行分块的技术。例如，将七个数字8、7、5、3、9、6、4分组为三个大块875、39、64。这样，认知能力保持不变，组块减少了，但每个组块内可以记住更多的元素[11]。

三、主动加工假设

主动加工假设认为人主动地参与认知加工，以构建其经历的连贯的心理表征。这些主动的认知过程包括注意相关的输入信息，将输入的信息组织成一致的认知结构以及将输入的信息与其他知识整合在一起。简而言之，人是主动的加工器，会努力理解多媒体演示。这种将人视为主动加工器的观点与将人视为被动加工器的观点相冲突，被动加工器只是向记忆中添加尽可能多的信息，就像录音机一样将信息的副本归档到记忆中以供检索。

主动学习是在学习者将认知过程应用于输入的材料时发生的，这个过程旨在帮助学习者理解材料。主动认知加工的理想结果是构建连贯的心理表征，因此主动学习可以看作是模型构建的过程。心理模式（或知识结构）（mental model or knowledge structure）代表了所呈现材料的关键部分及其关系。例如，在关于雷暴如何发展的多媒体演示中，学习者可以尝试建立因果关系系统，其中系统某一部分的变化导致另一部分的变化。

表3.5总结了主动学习必不可少的三个认知过程：选择相关材料、组织所选材料以及将所选材料与现有知识整合[11]。当学习者注意所展示材料中的适当语词和图像时，就会选择相关材料。这个过程涉及将材料从外部带入认知系统的工作记忆部分。组织选定的材料涉及在元素之间建立结构关系。这个过程发生在认知系统的工作记忆部分。将选定的材料与现有知识整合在一起，需要在输入的材料与原有知识的相关部分之间建立联系。此过程涉及激活长时记忆中的相关知识并将其带入工作记忆中。例如，在有关雷击原因的多媒体演示中，学习者必须注意某些语词和图像，将它们以因果关系排列，并将步骤与原有知识联系起来，例如热空气上升的原理。

表3.5　主动学习所需的三个认知过程

过程	描述
选择	关注多媒体课中的相关材料并将其迁移到工作记忆中
组织	将选定的信息整理到工作记忆中的连贯认知结构中
整合	将认知结构相互联系起来，并且与长时记忆中激活的相关原有知识连接起来

第三节　多媒体学习认知理论

基于双重通道、容量限制和主动加工这三个假设，梅耶提出了多媒体学习认知理论。根据双通道假设，感觉记忆和工作记忆在两个通道中都会发挥作用。图 3.2 中上面的一个通道用于加工听觉声音并最终加工言语表征方式（方框中包含语词、耳朵、声音和言语模式）；下面的一个通道则加工视觉图像，并最终加工图示表征方式（方框中包含图片、眼睛、图像和图示模式）。

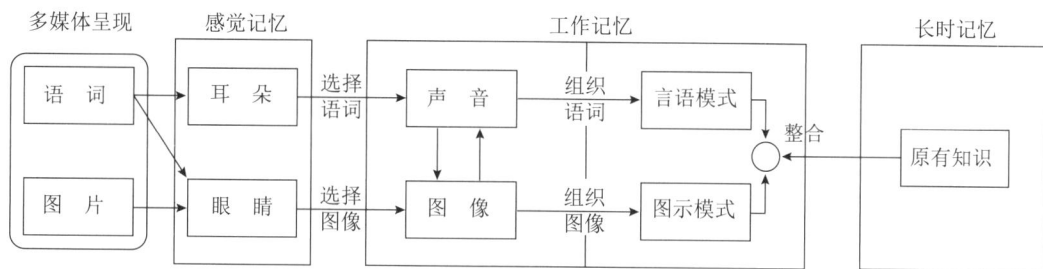

图 3.2　多媒体学习认知理论

根据容量限制的假设，工作记忆一次可以加工的知识量受到限制，因此只能在工作记忆的可视通道中保留少量图像，在工作记忆的听觉通道中保留少量声音。根据主动加工的假设，图 3.2 用箭头来表示选择在工作记忆中加工的知识的认知过程（即标记为"选择"的箭头，表示从呈现的材料迁移到工作记忆），将工作记忆中的材料组织为连贯的结构（即标记为"组织"的箭头，表示从工作记忆中的一种表征方式移动到另一种表征方式），以及将创建的知识与其他知识（包括从长时记忆中提取的知识）进行整合（即标记为"整合"的箭头，表示从长时记忆迁移到工作记忆，以及在工作记忆中的图形表征和言语表征之间的关系）。多媒体学习中涉及感觉记忆、工作记忆和长时记忆，多媒体学习所需的认知过程用箭头标记为选择图像、选择语词、组织图像、组织语词和整合。最终，新知识将存储在长时记忆中。

一、多媒体学习认知理论中的三种记忆

图 3.2 中的大方框表示记忆储存，包括感觉记忆、工作记忆和长时记忆。图片和语词以多媒体演示的形式从外部输入（如图 3.2 的左侧所示），并通过眼睛和耳朵进入感觉记忆（如图 3.2 的"感觉记忆"方框所示）。感觉记忆允许将图片和印刷文字在非常短的时间内作为精确的视觉图像保存在视觉感觉记忆中，并将语音和其他声音作为精确的听觉图像保存在听觉感觉记忆中。从"图片"到"眼睛"的箭头对应于在眼睛中登记图片，从"语词"到"耳朵"的箭头对应于在耳朵中登记语音文本，从"语词"到"眼睛"的箭头对应于在眼睛中登记印刷文字。

多媒体学习的中心工作发生在工作记忆中。工作记忆用于暂时保存知识和用积极主动的意识操纵知识。例如，在阅读某个句子时，你可能一次只能专注于某些语词，或者

在查看图 3.2 时，你可能脑海中只能一次保留一些方框和箭头的图像。这种加工发生在工作记忆中。"工作记忆"方框左侧部分代表进入工作记忆的原材料——图片的视觉图像和语词的声音图像。它基于两种感知方式（视觉感知和听觉感知）。"工作记忆"方框右侧部分代表在工作记忆中构建的知识——图示模式和言语模式以及彼此之间的联系，它基于两种表征方式（图示表征和言语表征）。从"声音"到"图像"的箭头表示将声音（如口语中的"猫"）转换为视觉图像（如猫的图像）的心理转换，也就是说，当你听到"猫"这个词时，可能会形成猫的心理图像；从"图像"到"声音"的箭头表示将视觉图像（如猫的心理图像或印刷的语词"猫"）转换为声音图像（如语词"猫"的声音）的心理转换，也就是说，当你看到猫的图片时，你会在心理上听到"猫"这个词。

图 3.2 中右侧的大方框标有"长时记忆"，与学习者的知识库相对应。与工作记忆不同，长时记忆可以长时间保存大量知识。但要积极利用长时记忆中的材料，则必须将其带入工作记忆中。表 3.6 总结了多媒体学习认知理论中的三种记忆。感觉记忆主要用于记忆输入的声音和迅速消失的图像；工作记忆主要用于随时有意识地加工少量图像和声音信息；长时记忆主要用于保存经过组织的知识。

表3.6　多媒体学习认知理论中的三种记忆

记忆库	描述	容量	持续时间	格式
感觉记忆	短暂地保存输入的语词和图片	无限	非常简短	图形和听觉的感知表征
工作记忆	允许保存和加工输入的声音和图像	有限	简短	图形和言语表征方式
长时记忆	永久保存经过组织的知识	无限	永久	知识

二、多媒体学习认知理论中的五个认知过程

如表 3.7 所示，要想在多媒体环境中进行有意义的学习，学习者必须参与五个认知过程：① 选择相关语词在言语工作记忆中进行加工；② 选择相关图像在视觉工作中进行加工记忆；③ 将选定的语词组织成言语模式；④ 将选定的图像组织成图示模式；⑤ 整合言语表征和视觉表征。尽管表 3.7 将五个认知过程按顺序列出，但它们不一定以线性顺序出现，学习者可能会以多种不同的方式在这些过程之间来回移动。成功的多媒体学习要求学习者协调和监控这五个过程。需要更多的研究来阐明如何监控和协调这些过程。

表3.7　多媒体学习认知理论中的五个认知过程

过程	描述
选择语词	学习者会在多媒体信息中关注相关语词以在工作记忆中创建输入的声音
选择图像	学习者会在多媒体信息中关注相关图片以在工作记忆中创建输入的图像
组织语词	学习者安排所选语词以在工作记忆中创建一个言语模式
组织图像	学习者安排所选图像以在工作记忆中创建一个图示模式
整合	学习者建立言语模式和图示模式间的联系，并与长时记忆中激活了的原有知识建立联系

（一）选择相关语词

图 3.2 中"选择语词"的箭头涉及知识表征的变化，即从口头语词的外部表征（如

计算机生成的旁白）转化到声音的感知表征，再转化到内部工作记忆中的语词声音表征。此步骤的输入是口头语音信息，即多媒体信息中的口头语词。此步骤的输出是一个语词的声音储存——在学习者所选语词或短语的口头工作记忆中的一种心理表征。

调节这种变化的认知过程称为"选择相关语词"，它指的是语词信息通过听觉或视觉通道进入感觉记忆。如果将语词以语音呈现，则此过程从听觉通道开始（如图 3.2 中从"语词"到"耳朵"再到"声音"的箭头所示）。但如果语词以屏幕文字或印刷文字的形式呈现，则此过程从视觉通道开始（如图 3.2 中从"语词"到"眼睛"的箭头所示）。如果学习者在心理上清楚地表达印刷语词（如图 3.2 中从"图像"到"声音"的箭头所示），则可能会转到听觉通道。由于认知系统在每个通道中的容量限制，仅需要选择所呈现信息的一部分。如果容量是无限制的，则无须将注意力仅集中在一部分口头信息上。语词的选择不是随意的；学习者必须确定哪些语词是最相关的——这种活动与学习者是主动的意义理解者的观点相一致。

（二）选择相关图像

图 3.2 中"选择图像"的箭头涉及知识表征方式的变化，从图片的外部表征方式（如动画片段或插图）到未分析的视觉图像的感官表征方式的变化，工作记忆中的内部表征方式（如动画或插图一部分的图像视觉表征方式）的变化。此步骤的输入是多媒体信息的图形部分，该信息短暂地保存在视觉感觉记忆中。此步骤的输出是一个视觉图像储存，即学习者对所选图像的工作记忆中的一种心理表征。

发生这种变化的认知过程是"选择相关图像"，这涉及注意多媒体信息中呈现的一部分动画或插图。此过程从视觉通道开始，但可将其一部分转换为听觉通道（例如，在心理上叙述正在呈现的动画）。由于认知系统的加工能力有限制，因此仅能选择部分所提供图片材料，无法加工复杂插图或动画的所有信息。图像的选择过程（像语词的选择过程一样）不是任意的，因为学习者必须判断哪些图像与多媒体演示中的意义最相关。

（三）组织所选语词

一旦学习者从一段多媒体信息的输入语词中形成了一个语词的声音储存，下一步便是将语词组织成一个连贯的表征方式——"言语模式"（verbal model）的知识结构。此步骤的输入是语词声音——从输入的口头信息中选择语词和短语；此步骤的输出是言语模型——学习者所选语词或短语在工作记忆中的连贯的（或结构化）表征。

这种变化涉及的认知过程是"组织所选语词"，学习者在其中建立言语知识之间的联系。此过程最有可能在听觉通道中发生，并且受到与影响选择过程相同的容量限制。图 3.2 中从"声音"到"言语模式"的箭头指明了这一点。学习者没有无限的能力来建立所有可能的联系，因此，他们必须专注于构建简单的结构。组织过程不是任意的，而是反映了学习者努力理解意义（建构因果链）。

（四）组织所选图像

组织图像的过程与选择语词的过程相似。一旦学习者从一部分多媒体信息的输入图片中形成了图像，下一步便是将图像组织成一个连贯的表征方式——一种称为"图示模式"（pictorial model）的知识结构。此步骤的输入是视觉图像，即从输入的图片信息中选择图片，此步骤的输出是图示模式，即学习者所选图片在工作记忆中的连贯（或结构化）表征。

从图像到图示模式的这种变化需要用到称为"组织所选图像"的认知过程（如图 3.2 中从"图像"到"图示模式"的箭头所示）。在此过程中，学习者在图示知识之间建立联系。此过程发生在视觉通道中，该通道受到与影响选择过程相同的容量限制。学习者缺乏在其图像库中的图像之间建立所有可能连接的能力，因此必须专注于建立一组简单的连接。像组织语词的过程一样，组织图像的过程也不是任意的，它反映了学习者努力理解意义（建构因果链）。

（五）整合语词表征和图像表征

多媒体学习中最关键的一步也许是在语词表征和图像表征之间建立联系。此步骤涉及从具有两个单独的表征方式（图示模式和言语模式）到具有整合表征方式的转变，在整合表征方式中，一个模式的对应元素和关系被映射到另一个模式。该步骤的输入是学习者到目前为止构建的图示模式和言语模式，输出是基于连接这两种表征方式的整合模式。此外，图示模式和言语模式还要与从长时记忆中激活的原有知识发生联系。

这种认知过程可被称为"整合"，因为它涉及图示模式和言语模式的相应部分以及长时记忆中的知识之间建立联系（如图 3.2 中"整合"方框的箭头所示）。这个过程发生在视觉工作记忆和言语工作记忆中，涉及彼此之间的协调性。这是一个需要有效利用认知能力的过程，它需要学习者理解意义，并专注于图像表征和言语表征的基本结构。学习者可以使用原有知识来帮助协调和整合这一过程（如图 3.2 从"长时记忆"到"工作记忆"的箭头所示）。

多媒体学习五个步骤中的每一步都有可能在整个多媒体演示中多次出现。这些步骤是逐段应用的。例如，在学习某主题课文时，学习者无须从整篇课义中选择所有相关的语词和图像，然后组织成整篇课文的言语模式和图示模式，最后将彼此完成的模型相互连接；学习者可在小片段上执行此过程：他们从课文叙述的第一句话和动画的前几秒中分别选择相关的语词和图像，并加以组织和整合；之后针对下一片段重复此过程，依此类推。分时段整合加工可能涉及使用相应的输入视觉信息来帮助表征输入的语词，使用相应的输入言语信息来帮助表征输入的图像。

简而言之，多媒体学习是在学习者的信息加工系统内进行的，该系统包含用于视觉和言语加工的单独通道，对每个通道的容量有严格限制，需在每个通道中协调认知加工，确保主动学习发生。多媒体学习过程需要选择相关的语词和图像，将它们组织成连贯的言语表征和图示表征，以及将言语表征和图示表征彼此结合，并与原有知识建立联系。

三、多媒体学习认知理论中的五种表征方式

如图 3.2 所示，语词和图片有五种表示形式，反映了各个加工阶段。首先，在最左边，即多媒体呈现语词和图片，就是向学习者呈现刺激的阶段。其次，当所呈现的语词和图片进入学习者的耳朵和眼睛时，下一种表征方式是感觉记忆中的声音表征（或声音）和图示表征（或图像）。除非学习者注意这些感知表征，否则它们会迅速消失。第三，当学习者在工作记忆中选择一些语词和图像进一步加工时，下一种表征方式是工作记忆中的声音和图像。这些是知识构建的基础，包括关键短语以及关键图像。第四种表征方式是学习者在工作记忆中建立的言语模式和图示模式。在这里，学习者将材料组织成连贯的言语表征和图示表征，并在心理上进行整合。最后，第五种表征方式是长时记忆中的知识，学习者用它来指导工作记忆中的知识建构过程。斯维勒等人将这种知识称为"图式"（schemas）——结构化的知识，有助于组织输入的信息[9]。由于新知识是在工作记忆中构建的，因此图式可以作为支持新学习的知识存储在长时记忆中。表 3.8 总结了五种表征形式。

表3.8　多媒体学习认知理论中的五种表征形式

表征形式	描述	示例
语词和图片	多媒体课	电脑语音说出一句话；电脑屏幕上显示动画
声音和图示表征	感觉记忆	大脑从耳朵接收听觉输入，从眼睛接收图示输入
声音和图像	工作记忆	选择相关的声音和图像以进一步加工
言语和图示模式	工作记忆	将所选声音组织成言语模式，将所选图像组织成图示模式
原有知识	长时记忆	在长时记忆中激活相关知识

四、多媒体学习认知理论中的三种认知能力要求

学习者在学习过程中可能进行三种认知加工，每种认知加工都需要利用学习者的认知能力。表 3.9 总结了多媒体学习过程对认知能力的三个要求，德里伍（DeLeeuw）和梅耶将其称为认知负荷的三元模型：外部认知加工、基本认知加工和生成认知加工[12]。

表3.9　多媒体学习过程对认知能力的三个要求

类型	定义	过程
外部认知加工	不能满足教学目标的认知加工，由混乱的教学设计引起	无
基本认知加工	表征工作记忆中基本材料所需的认知加工，由材料的复杂性引起	选择
生成认知加工	需要进行深入理解的认知加工，由学习者的动机引起	组织和整合

（一）外部认知加工

外部认知加工（简称外部加工）是指不支持教学目标并且由不良的教学设计引起的认知加工。例如，将字幕打印在屏幕底部，并且屏幕上方显示动画，则学习者将不得不在屏幕底部的语词与动画的相应部分之间进行来回视觉扫描。这种视觉扫描是外部加工的一种形式，因为设计不当会造成学习者浪费宝贵的认知能力。如果外部加工消耗了学

习者全部可用的认知能力，那么他将无法参与与学习相关的认知过程（如选择、组织和整合），结果便是一无所获，学习者在保持表现和迁移表现上会较差。外部加工类似于认知负荷理论中的外部认知负荷[13]。

（二）基本认知加工

基本认知加工（简称基本加工）是指在心理上表征工作记忆中呈现的材料的认知加工，并且是由材料的复杂性引起的。例如，从心理上表征工作记忆的定义所需的基本加工比从心理上表征图 3.2 中概述的整个信息加工系统所需的加工少。基本加工涉及从演示文稿中选择相关信息并加以组织。因此，基本加工导致在工作记忆中建构与所呈现的材料相对应的言语表征和图示表征，类似于金奇（Kintsch）文本加工的建构-整合理论中的文本库（textbase）[14]。如果学习者主要在学习过程中完成了基本认知加工，那么结果将是死记硬背，表现为保持表现良好和迁移表现较差。基本加工类似于认知负荷理论中的内在认知负荷[9]。

（三）生成认知加工

生成认知加工（简称生成加工）是指旨在理解所呈现材料的认知加工，它是由学习者的学习动机引起的。例如，当材料由学习者喜爱的教师讲解时，学习者可能会付出更多的努力来理解教师正在讲解的内容。生成加工涉及重组输入的信息，并将其与相关的原有知识整合在一起。因此，生成加工导致了建构一个综合心智模型，类似于金奇文本加工的建构-整合理论中的情境模型[14]。可以通过创建一个引人入胜的学习环境来激发生成加工，在该学习环境中，叙述者使用对话形式和礼貌用语。如果学习者能够进行基本加工和生成加工，那么他们更有可能构建有意义的学习成果，从而呈现良好的保持表现和良好的迁移表现。生成过程类似于认知负荷理论中的相关认知负荷[13]。

根据此三元模型，教学设计的主要挑战是认知能力有限制，即外部加工、基本加工和生成加工能力有限制。可以看到，认知能力三种要求中的任一种被疏忽都会导致教学设计的不同问题：归因于材料物理布局设计混乱的问题，归因于材料固有复杂性的问题以及归因于材料缺乏沟通成效的问题。

每个关键概念（认知能力、外部加工、基本加工和生成加工）都与学习者和学习者与教学环境的互动有关。例如，学习者的工作记忆能力会影响他们的加工能力。学习者的认知策略和元认知策略会影响其参与生成加工和基本加工。学习者的原有知识可以帮助他们应对因设计不当的教学环境而引起的外部加工，或指导他们对熟悉的资料的基本加工和生成加工。例如，在多媒体教学的教学设计中，原有知识的个体差异是一个重要的考虑因素。因此，由于学习者带入学习环境的能力、知识、技能和信念的差异，同一个多媒体课可能会使一些学习者超负荷，而对另一些学习者来说却无负荷。

学习者在工作记忆每个通道中加工信息的认知能力有限制，因此用于外部加工的能力不能用于基本加工和生成加工。简而言之，外部加工、基本加工和生成加工的总和不能超过学习者的认知能力。考虑到学习者的认知能力是有限制的，并且对认知能力的三个要求是叠加的，因此，如果学习者增加一种加工，则必须减少另一种加工。

多媒体学习的认知理论提出了三个主要的教学设计目标，即减少外部加工、管控基本加工以及促进生成加工。表 3.10 总结了多媒体教学设计的三种目标以及达成这三种目标所需的多媒体教学设计原则。

表3.10　多媒体教学设计的三种目标及教学设计原则

目标	教学设计原则
减少外部加工	前后一致原则、提示结构原则、删除冗余原则、空间邻近原则、时间邻近原则
管控基本加工	切块呈现原则、预先准备原则、双重通道原则
促进生成加工	个性特征原则、原音呈现原则、形象在屏原则、多种媒体原则、生成活动原则

第四节　多媒体教学设计原则

一、多媒体学习中减少无关加工的原则

当课程包含吸引注意力的无关材料或课程内容布局混乱时，就可能发生无关加工超载。梅耶提出了多媒体学习中减少无关加工的五个原则——聚焦要义原则、提示结构原则、避免冗余原则、空间邻近原则和时间邻近原则，如表 3.11 所示。这些原则旨在减少无关加工，以便学习者使用自身的认知容量进行必要的和生成性的加工。

表3.11　减少无关加工的五个原则

原则	描述
聚焦要义	删除无关的单词、声音或图像
提示结构	突出重要的单词或图形
避免冗余	从解说动画中删除无关的字幕
空间邻近	将关键词放在屏幕或页面上相应图形的旁边
时间邻近	同时呈现相应的单词和图片

（一）聚焦要义原则

当无关的材料从多媒体呈现中删除时，学习者会学得更好。简而言之，多媒体课程中只呈现必要的内容时，学习者往往会学得更多。该原则有三个子原则：

（1）原则 1：将有趣但不相关的单词和图片从多媒体呈现中剔除，学习者的学习会得到改善。

（2）原则 2：将不需要的单词和符号从多媒体呈现中删除，学习者的学习会得到改善。

（3）原则 3：将有趣但不相关的音乐从多媒体呈现中删除，学习者的学习会得到改善。

（二）提示结构原则

当课程中包含突出核心内容结构的线索时，学习者会学得更好。该原则具体有三个

子原则：

（1）当言语提示结构是以经典提示结构（如增加概要、加标题或提示语）和图形组织者（如将关键词添加到诸如矩阵这样的框架结构中）的形式呈现，而不是高亮显示（如把关键词用红色标记或讲解时对关键词在语音上重点强调）时，它们是有效的。

（2）当视觉提示结构是以特定指向动作（如当讨论图像中特定部分的内容时，屏幕上有特定的指向动作），而不是一般指向动作（如屏幕上仅有笼统指向图像的动作）的形式呈现时，它们是有效的。

（3）当视觉提示结构和听觉提示结构协同工作（如当图像的部分内容变红时，解说者会用声音强调变红色部分的内容），而不是单独工作（如图像的部分内容变红）时，视觉提示结构是有效的。当提示信息很少使用时，或当学习者的技能或知识较少时，又或当多媒体课程组织混乱或包含大量无关材料时，提示结构可能特别有用。

（三）避免冗余原则

学习者并不会因为语词的加入而使得对图示和语音的学习变成更好。当课程节奏较快时，学习者从图示和语音中学到的东西比从图示、语音和语词中学到的更多。避免冗余原则与容量限制假设相一致，即当动画和在屏文本同时呈现时，视觉工作记忆就会超载（如语音—动画—语词处理）。在这种情况下，用于将相应的语词和图示联系起来的认知资源就更少了，从而减少了有意义学习的机会。相比之下，当语词以听觉形式呈现，图示以视觉形式呈现时（就像在语音—动画处理中的那样），这些系统的负荷就会被最小化。在这种情况下，有更多的认知资源可以用来将相应的语词和图示联系起来，因此有意义的学习机会也就增加了。

（四）空间邻近原则

当相应的图示和语词在页面或屏幕上彼此靠近（整合方法），而不是彼此远离（分离方法）时，学习者会学习得更好。空间邻近原则最适用于以下情况：① 学习材料比较复杂；② 没有语词就不能完全理解图表；③ 学习者对学习材料不熟悉。

（五）时间邻近原则

当图片和相应的文字同时出现，而不是时间上前后出现时，学习者的学习效果会更好。在以下两种情况下，时间邻近效应会减弱：① 当语词和图像片段偏短时；② 当课程是学习者控制节奏而不是系统控制节奏时。

二、多媒体学习中管控基本加工的原则

基本加工是指在工作记忆中对基本材料实现心理表征。管控基本加工的三个原则是切块呈现原则、预先准备原则和双重通道原则。这些技术并没有消除对基本加工的需求，但它们以某种方式促进基本加工，从而也有可能实现生成加工。

（一）切块呈现原则

当一个多媒体信息以用户的节奏分块呈现时，学习者的学习效果更好。切块呈现原则最适用于材料复杂、呈现节奏较快的情况。当所要学习的材料对学习者来说比较复杂时，学习者必须进行高水平的必要加工。对高水平必要加工的需求会减弱剩余的认知能力，剩余的认知能力用于支持迁移表现所需的更深层次的认知加工。因此，在复杂材料的学习过程中，管理必要加工的技术旨在增加深层加工的机会，使得学习者改进自己在解决问题的迁移测试中的表现。复杂性不仅取决于课件中的材料，还取决于学习者的知识，因为构成要素的内容部分取决于学习者对课件中材料分块的认知图式。

（二）预先准备原则

在正式学习前，如果学习者能预先熟悉即将要学习的内容中关键概念的名称和特点，那么他们后续的多媒体学习效果会更好些。当学习材料很复杂，多媒体课件的节奏很快，而且学习者对学习材料不熟悉时，预先准备原则最有可能发挥效用。对关键概念的预先了解将促使新学习者之后更加深入地学习多媒体资料的解释或策略。同样，在玩科学模拟游戏之前，如果学习者能预先了解相关科学概念的背景信息，他们玩科学模拟游戏的学习效果会更好。

（三）双重通道原则

人们从图片和口语中学习比从图片和印刷文字中学习更深刻。当演示是快节奏的，学习者对单词很熟悉，材料很复杂，并且测试的重点是迁移时，双重通道原则可能特别适用。相反，当课程包括专业词汇和符号时，或当学习者的母语不是所要学习的语言时，又或当课程是以学习者的节奏为基础时，印刷文字可能是合适的。

三、多媒体学习中促进生成加工的原则

生成加工是一种旨在理解材料的认知加工行为，学习者需要把接收的材料组织成为有条理的知识结构，并将这些结构与先验知识进行联系。促进生成加工的有效原则包括个性特征原则、原音呈现原则、形象在屏原则、生成活动原则、图示形象原则和沉浸投入原则。

（一）个性特征原则

当学习内容以日常交流中的会话风格而不是正式风格呈现时，学习者可以更好地从多媒体演示中学习。当学习者感觉多媒体课程的设计者是在和他们对话时，他们更有可能把他视为对话伙伴，因此会更努力地理解多媒体学习内容。个性特征原则可能在学习初期和课程较短的情况下最有效。

（二）原音呈现原则

当教学内容用一种能够吸引学习者的真实人声呈现时，他们可以更好地从多媒体演示中学习。当学习者感到虚拟教师在和他们对话时，他们更有可能将虚拟教师视为对话伙伴，因此更努力地理解教学内容。原音呈现原则和个性特征原则共同强调了社交线索在多媒体教学信息中的作用，并为社会主体理论提供了支持。

（三）图示形象原则

在多媒体演示的画面中加入虚拟教师的静态形象未必能使学习者更好地进行学习。屏幕上静态的虚拟教师形象可能会使学习者分心，甚至可能因为虚拟形象没有表现出真人的动作、视线和手势而显得有些令人毛骨悚然。若屏幕上的虚拟教师形象可表现出真实教师会有的动作、视线和手势，或者明确地指出相关学习材料在屏幕上的位置，则添加这样的形象可能是有效的。

（四）形象在屏原则

当屏幕上的虚拟教师形象是高具身而不是低具身时，学习者能够更深入地从多媒体演示中进行学习。教学设计应考虑使用好屏幕中教师的身体信息，包括使用手势、肢体动作、眼神交流等。

（五）沉浸投入原则

学习者在3D沉浸式的虚拟现实中的学习，不一定比在对应的2D桌面演示中的学习得更好。沉浸式虚拟现实可以营造出一种能够被学习者感知的真实感，从而能够增加学习者的情绪反应和临场感，进一步激发学习者的学习动机。然而，沉浸式虚拟现实的感知细节可能会产生无关加工，分散学习者对课程核心材料的注意力。

（六）生成活动原则

学习者在学习过程中，如果能在他人指导下进行生成性学习活动（如总结、构图、绘图、想象、自我测试、自我解释、教师角色扮演或具身演绎等），则学习效果会更好。参与生成性学习活动可以使学习者在学习过程中进行适当的认知加工，促进有意义学习背后的三个认知过程（选择、组织和整合），比如选择重要的材料，在思维层面将其组织成一个连贯的结构，并将其与从长期记忆中激活的相关先验知识结合起来。当课程包含学习指导或学习支架，且活动所施加的负荷被减至最低时，生成性学习活动会产生效果最好的积极影响。

课后思考题

1.举例说明多媒体学习中减少无关加工原则的使用。

2.举例说明多媒体学习中管控基本加工原则的使用。

3.举例说明多媒体学习中促进生成加工原则的使用。

参考文献

[1] Mayer R E. Multimedia Learning[M]. 3rd ed. New York: Cambridge University Press, 2022.

[2] Thorndike E L. Animal Intelligence[M]. New York: Hafner, 1911.

[3] Boser U. Learn Better[M]. New York: Rodale, 2017.

[4] Pellegrino J W,Hilton M L. Education for Life And Work: Developing Transferable Knowledge and Skills in the 21st Century[M]. Washington: National Academies Press, 2012.

[5] Mayer R E. Computer Games for Learning: An Evidence-Based Approach[M]. Cambridge: MIT Press, 2014.

[6] Fiorella L, Mayer R E. Learning as a Generative Activity[M]. New York: Cambridge University Press, 2015.

[7] Clark J M, Paivio A. Dual coding theory and education[J]. Educational Psychology Review, 1991, 3(3): 149-210.

[8] Baddeley A D. Human memory[M]. Boston: Allyn and Bacon, 1999.

[9] Sweller J, Ayres P, Kalyuga S. Cognitive Load Theory[M]. New York: Springer, 2011.

[10] Miller G. The magic number seven, plus or minus two: Some limits on our capacity for processing information[J]. Psychological Review, 1956(63): 81–97.

[11] Mayer R E. Cognitive Theory of Multimedia Learning[M]//Mayer R E. The Cambridge Handbook of Multimedia Learning. 2nd ed. New York: Cambridge University Press, 2014: 43-71.

[12] DeLeeuw K E, Mayer R E. A comparison of three measures of cognitive load: Evidence for separable measures of intrinsic, extraneous, and germane load[J]. Journal of Educational Psychology, 2008(100): 223-234.

[13] Pass F, Sweller J. Implications of Cognitive Load Theory for Multimedia Learning[M]// Mayer R E. Cambridge Handbook of Multimedia Learning. 2nd ed. New York: Cambridge University Press, 2014: 27-42.

[14] Kintsch W. Comprehension: A Paradigm for Cognition[M]. Cambridge: Cambridge University Press, 1998.

第四章

学习科学方法论

学习目标 ▶ ▶

通过本章的学习，学习者能够：

1.了解科学研究中的方法论；

2.理解基于设计的研究（DBR）的核心内容；

3.熟悉学习科学研究方法的主要类型。

第一节 科学研究中的方法论

一、科学研究的概念与分类

科学研究是指有系统地收集、解释和评估数据，并且有计划地对科学作出贡献的研究。在开始科学研究之前，研究人员应该确定课题、作出规划、明确方法。不同的科学研究中，研究的问题以及解决问题的方法可能有所不同，但研究的过程和步骤有相似之处。

唐纳德·司托克斯（Donald Stokes）提出的"巴斯德象限模型"描述了科学研究的四种类型[1]（见图 4.1）。图 4.1 的左上象限为纯基础研究，目的是理解科学现象，而不考虑实际用途，例如波尔的量子理论和理解人是如何学习的等；右下象限的研究为纯应用研究，只关注应用目的，而不考虑对现象的理解，例如爱迪生的发明等。司托克斯认为，纯基础研究与纯应用研究是各自沿着自己的轨道发展的，而带有应用目的的基础研究是连接上述两个轨道的枢纽，例如路易斯·巴斯德关于微生物的研究、有效学习环境的设计和研究等。路易斯·巴斯德主要关注食品安全等实际问题，然而，在他努力试图从牛奶中去除有害细菌时，他也洞见了现代生物学最重要的发现之一：细菌会导致特定的疾病。应用基础研究从社会实际应用出发，寻求对科学问题的理解，因此，路易斯·巴斯德的这种由科学驱动的并能够解决现实问题的研究被认为是这类方法的例证，它缩小了纯基础研究和纯应用研究之间的差距。简而言之，在科学研究中，有相当高比例的研究可以促进实践应用的发展，同时也可促进科学本身的发展。

此外，科学研究还可以根据研究的目的和方式分为探索性研究（exploratory research）、解释性研究（explanatory research）以及验证性研究（validation research）三类。探索性研究旨在发现新的现象或不同现象之间的关系，例如研究优秀教师应该有哪些特质、如何成为一名优秀的教师等。这类研究通常采用质性的研究方法。解释性研究旨在发现并检验新的理论，以解释观察到的现象。例如，多拉尔（Dollar）和多布（Dobb）基于"小孩被剥夺玩具时会打人"的现象，提出"焦虑导致攻击行为"这一理论。验证性研究旨在通过不同的样本、方法对已有研究和理论进行验证和重复。例如，验证研究假设"教师专业学习共同体能够影响学生的学习成绩"，这类研究通常采用量化的研究方法。

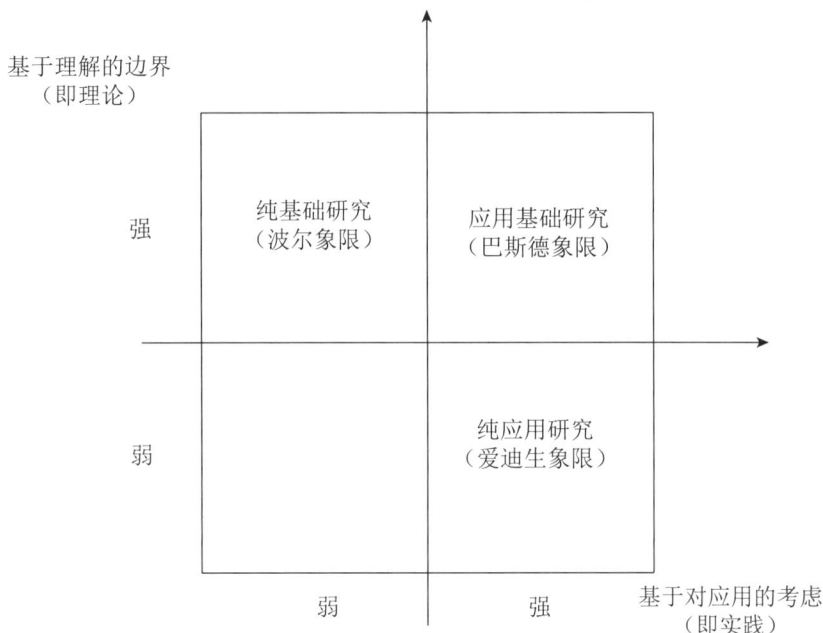

图 4.1　巴斯德象限模型

二、科学研究的方法论概述

科学研究一般包括三个层面：第一，方法论，即指导研究的思想体系，包括基本的理论假定、原则、研究逻辑和思路等；第二，研究方法，即在方法论的指导下，贯穿于研究全过程的程序与操作方式；第三，具体方法与技术，即在研究方法之下，在研究的某一阶段使用的具体工具、手段和方法，用来收集资料和分析资料等[3]。方法论、研究方法以及具体方法与技术这三个层次是相互联系的。方法与方法论的区别在于，方法论是做研究的整个方法体系和理念；而方法是指具体的程序和操作方式，包括工具和过程。具体来说，方法可以包括"谁：参与者；什么：材料；怎样：程序；数据：实地观察、日志文件数据、访谈、问卷等；数据分析方法：统计分析等"。一般来讲，方法论会影响研究者对研究方法的选择，一定的研究方法又需要一套与其相应的资料收集与分析的方法和技术。以社会科学研究为例，它的方法体系可以用图 4.2 来表示[4]。

定量研究依靠对事物可以量化的部分进行测量和计算，并对变量之间的相关关系进行分析以达到对事物的把握。定量研究的基本步骤是：首先提出研究问题，然后建立研究假设并确定具有因果关系的各种变量，之后使用经过检测的工具对这些变量进行测量和分析，从而验证研究者预定的假设（见图 4.3），其中每一个环节都需要理论的指导。在检验研究假设结束之后，需要与现有的文献对话，再次发现新问题，开始新一轮的研究。

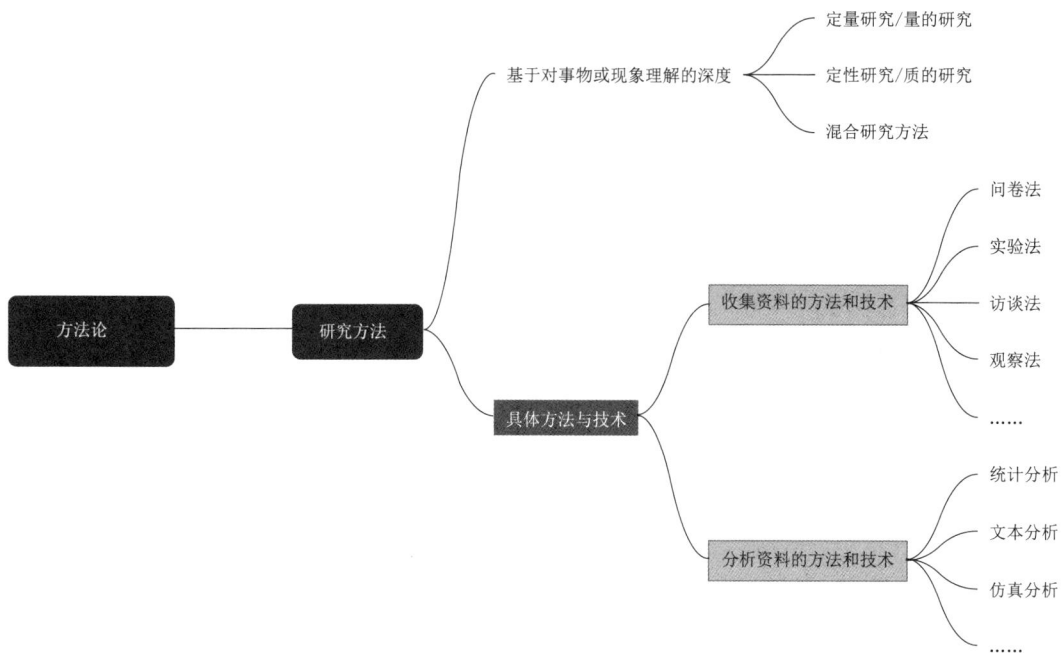

图 4.2　社会科学研究的方法体系

　　社会科学研究的实践表明，定量的方法可以在宏观层面进行大规模的社会调查和预测，但不利于对微观层面进行细致、深入、动态的描述和分析。而定性研究通过深入、细致、长期的体验、调查和分析，可以对事物获得一个比较全面深刻的认识。定性研究的过程一般包括确定研究对象、陈述研究目的、提出研究问题、了解研究背景、构建概念框架、抽样、收集材料、分析材料、得出结论、建立理论、检验效度、讨论推广度。资料收集方法一般有三种，即访谈法、观察法和问卷法。

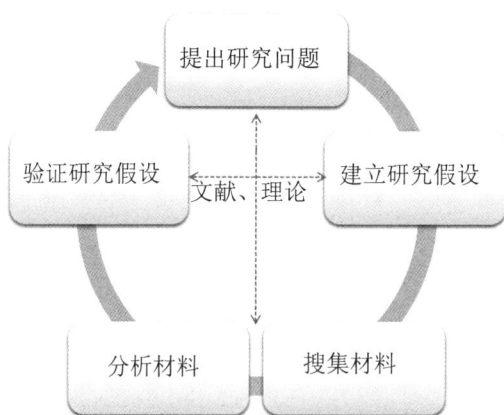

图 4.3　定量社会科学研究的具体步骤

<h1 style="text-align:center">第二节　学习科学的方法论</h1>

一、基于设计的研究（DBR）的概念

　　基于设计的研究（design-based research，DBR），又被称为设计研究（design research）或设计实验（design experimentation）。它是一种将实证教育研究与理论驱动的学习环境设计相结合的系统方法论，其目的是在真实的教学情境中，以研究者与教学实践者的协作为基础，通过分析、设计、开发和实施的循环迭代来改进教育实践[5]。DBR自1992年被学者安·布朗（Ann Brown）和阿兰·柯林斯（Alan Collins）首次提出后[6]，在国际教育领域引起巨大反响[6]，它以真实情境为研究基础，以解决实践问题为目标，是一种直面教育教学实践问题的创新教育研究范式[7]。

　　DBR强调从一个有意义的现实问题入手，研究者与实践者协作，整合有关教与学的理论，生成研究问题，设计并开发一个干预，之后实施并修改（如有需要）干预，最后评价干预的影响，并撰写基于设计的研究报告。DBR强调研究与设计开发相结合，致力于生成新理论、设计开发新产品和解决实际的教学问题[8]，在发展理论的同时，直接影响教学实践。DBR既追求实践问题的解决，又追求在改进实践的同时产生理论，因此，它位于应用基础研究象限（见图4.1）[6]，关注理解（理论）的同时也考虑应用（实践）。

　　开展DBR研究需要研究者提出可以进行实证调查的有意义的问题，联系相关理论，提供明确和连贯的研究路径，公开研究数据和方法以支持和实现专业审查和批判，并采用可信、可靠的方法论去指导实践，提出有用的结论和主张[9]。

二、DBR的迭代设计过程

（一）DBR的核心元素与设计过程

　　图4.4展示了DBR的核心四要素，即设计、理论、问题以及自然环境，并直观地展示了这些要素之间的交互作用和不断迭代的过程。DBR关注理论如何与设计相结合以解决问题。这表明DBR不仅仅简单地发生在自然环境中，它还强调与自然环境的交互；设计、问题，甚至理论都与自然环境交融。DBR通常涉及多个迭代[8]，每次迭代都将为进一步的设计提供参考，并推进理论的进化。

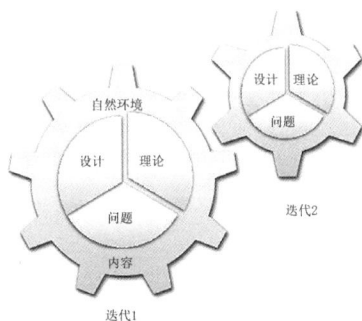

图 4.4　DBR的核心元素

DBR强调在真实、复杂、独特和灵活的学习情境下研究真实的教学问题，通过为特定的场合设计学习环境，采用"逐步完善"的科学路径，实现教育理论与教学实践的协同发展。DBR的设计过程如图4.5所示，包含以下步骤：

（1）DBR通常始于科研人员和从业人员合作分析一个实际问题；

（2）相关人员根据现有设计原则与创新技术制定解决方案；

（3）相关人员在实践中实施解决方案，尝试解决问题；

（4）测试干预效果，反思并修订设计原则，相关人员改进最初的设计方案以便进一步推进实践和研究。

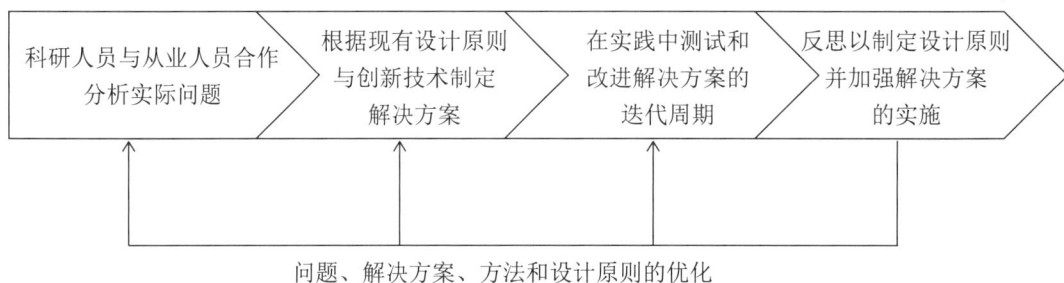

图 4.5　DBR设计过程

（二）DBR的主要特征

DBR是学习科学的一种重要研究范式，倡导对教学的干预，使用迭代来达到问题解决和理论构建的双重目的。DBR具有以下五个主要的特征[6]：

（1）情境性（contextual）：DBR的设计过程和真实的教育环境相关，其研究结果也是面向情境的[10]。

（2）迭代性（iterative）：DBR通常需要经过多轮迭代，并在迭代过程中修改教学干预的设计方案并评价研究结果[11]，以期通过反复迭代不断完善研究干预和理论。

（3）合作性（cooperative）：DBR不是研究者脱离实践的活动，而是要求研究者和教学实践工作者长时间的紧密合作[11]。

（4）研究目的与产出的双重性：DBR既有理论研究的目标与产出，也有教学实践的目标与产出[12]。

（5）整合性（integrative）：DBR通常集成多种数据源，采用混合研究方法以扩大提高DBR的可信度。

（三）DBR与传统心理学实验法的对比

要理解一种新的研究范式，将其与传统的研究范式进行比较分析是十分重要的。通过比较DBR与传统实验研究，我们能更好地理解DBR（见表4.1）。

表4.1　DBR与传统实验研究的对比

类别	DBR	传统实验研究
研究地点	真实世界中的学习环境	可控的实验室环境

续表

类别	DBR	传统实验研究
研究目的	解决真实问题和发展理论	验证理论、理解现象和机制
研究思路	依据实践中的反馈迭代修正最初的设计	采用假设验证的思路，经常采取对比实验的形式
研究关注的焦点	关注复杂情境并发展一个概念框架或理论来描述事件中的设计	关注变量的验证以及对变量的控制
变量的复杂性	有多种类型的变量，包括环境变量（学生间的协作、可变的资源等）、结果变量（学习内容、迁移）以及系统变量（扩散性、可持续性）	经常设计单变量或几个依存变量
变量的处理	并不是所有的变量都是预先知道的，有些变量是在学习过程中涌现出来的	变量是事先选定的，并在研究过程中保持不变
研究进程的展开	研究进程是灵活和不断发展的	固定的研究进程
社会交互	与同伴进行合作、共享等复杂的社会交互	独立的个体，控制个体的交互
参与者的角色	参与者参与研究设计	将参与者视为受试者
研究结论的特点	涉及对设计方案多方面的审查以及开发符合现实情境的文案	关注假设的检验

第一，DBR是在真实学习环境下进行的，它要处理真实情境中遇到的复杂性和局限性，而实验研究通常是在实验室中进行的。第二，由于实验研究中的研究者试图控制研究过程中的变量，因此他们的变量、研究进程倾向于固定。与此相反，DBR的研究者试图对研究过程进行迭代、修改。第三，在DBR研究过程中往往涉及与社会环境的交互，因为它是在真实的学习情境中进行的，而实验研究中的个体之间是相互独立的。所以，DBR的理论研究成果很难在实验室进行验证。第四，大多数实验研究的目的是验证先前的理论，而DBR的目的是在现实情境中形成新的理论，产生影响和解释机制，从而真正解决教育实践中的问题。

三、DBR常用的研究方法和技术

DBR要解决真实教学情境中的教学问题，系统地记录、分析和反思研究过程和结果，在此过程中可以综合运用多种方法和技术收集和分析数据[6]。与传统的教育研究方法不同，设计性研究收集和分析数据的目的不在于"验证"，而在于"改进"教学[6]。常用研究方法包括定性研究方法、定量研究方法、混合研究方法等。这些研究方法将在本章第三节中详细介绍。

关于具体的方法和技术，在数据收集方法方面，研究者通常需要从不同角度全面收集数据，可以利用观察法来收集学习者的过程数据和项目的实施效果，可以使用访谈法收集学习者的感受和看法等质性数据，也可以使用问卷法或测验法来采集量化的学习数据和评价数据。

在数据分析方法方面，可以采用定量分析、定性分析以及"定量+定性"的混合式数据分析方法，但DBR研究通常不会拘泥于一种分析方法，混合式数据分析方法是

DBR研究中数据分析的主要方法[6]。特别是在对学习过程数据进行收集和分析时，常用的方法和技术包括微遗传学方法（microgenetic methods）、视频分析法（digital video research）、教育数据挖掘（educational data mining）和学习分析（learning analytics）等。这些具体的数据分析方法和技术将在第七章"学习评估"中作具体讲解。

第三节　学习科学研究方法的主要类型

和教育科学研究方法分类相一致，学习科学的研究方法一般也包含思辨研究和实证研究两大类，思辨研究通过言辞辩论对事物性质进行探讨，包括文献综述、概念分析、理论研究等。而实证研究强调研究过程中借助一定的工具和方法来收集资料和数据，它又包含定性研究方法、定量研究方法以及混合研究方法。

一、定性研究方法

定性研究方法，又称为质性研究方法，是教育研究中常用的一种方法[13]。定性研究方法立足于对研究对象的整体分析，获得对研究对象的完整的透视，整体地、发展地、反思地、综合地把握研究对象质的特性。常用的定性研究包括案例研究、叙事研究、历史研究、行动研究、民族志研究、扎根理论等，不同的定性研究会采用不同的方法支持资料/数据的采集，常用的定性研究收集资料/数据方法包括观察法、结构或半结构化访谈等。定性研究中常用的分析资料方法包括内容分析、文本分析、日志分析、事件序列分析等。定性研究方法的研究对象是描述性资料，这些资料通常以文字或图片等形式表现，而不是精确的数据形式，如通过观察和访谈得来的资料。这样的资料带有很大程度的模糊性和不确定性。定性分析的资料通常来自小的样本和特殊的个案，而不是随机选择的、大的样本。

在学习科学研究中，行动研究是常用的一种定性研究方法。行动研究在实际工作情境中进行，由实际工作者和研究者共同合作，针对实际问题提出改进计划，通过在实践中实施、验证、修正而得到研究结果。简单地讲，行动研究是实际工作者在行动中为解决自身问题而进行的研究。行动研究的基本环节包括：

（1）计划：包括总体计划、每一个行动的具体计划。

（2）行动：实施计划或按照目的和计划行动。

（3）观察：对行动、结果、背景以及行动者的观察。

（4）反思：包括整理和描述、评价和解释、下一步的计划和构思。

图4.6呈现的勒温（Lewin）螺旋循环操作模式是最经典的行动研究操作模式，其包含计划、行动、观察、反思、重新计划、行动、观察、反思这八大基本步骤，它强调行动的循环和迭代。

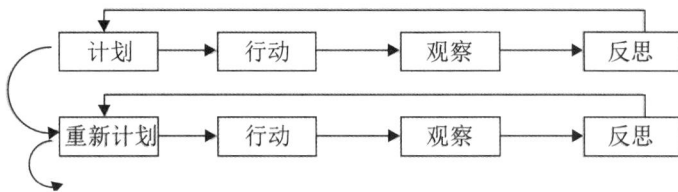

图 4.6　行动研究的勒温螺旋循环操作模式

二、定量研究方法

定量研究又称为量化研究，它是对事物可以量化的部分进行测量和分析，以检验研究者关于该事物的某些理论假设的研究方法[14]。定量分析赋予研究对象一种纯形式化的符号以反映事物的特征。分析的对象是具有数量关系的资料，包括数字、文字、图形或声音等，而方法则主要是数学分析的方法。对大量的、杂乱无章的数据进行算术或逻辑运算，抽取并推导出某些特定问题的有价值、有意义的数据，经过解释并赋予一定意义便成为教育研究的重要结论。学习科学领域常用的定量研究方法包括问卷调查法、实验法以及准实验法。定量研究中常用的收集资料的方法包括调查、考试测验、二手统计资料（人口普查等）收集等。定量研究中常用的分析资料的方法包括描述性统计分析、t检验、卡方检验、方差分析、回归分析、相关性分析、因子分析、聚类分析、主成分分析、结构方程模型、多层线性模型（hierarchical linear model，HLM）、数据包络分析（data envelopment analysis，DEA）等。

在学习科学研究中，准实验研究是使用比较频繁的一种方法。它是指在无须随机安排被试时，运用原始群体，在较为自然的情况下进行实验处理的一种研究方法[15]。准实验研究对无关变量的控制程度介于真实实验研究与非实验研究之间。在教育情境中，由于控制组和对照组之间的无关差异无法控制，所以常常采用准实验研究方法。比如，将两个平行的班级随机分配到实验组和控制组，进行某种教学干预（某种新技术、新方法、新策略的使用）的研究，以检验教学干预的效果。准实验研究有以下特点：

（1）降低控制水平，增强现实性。准实验设计是将真实验的方法用于解决实际问题的一种研究方法，它不能完全控制研究的条件。虽然如此，它却是在接近现实的条件下，尽可能地运用真实验设计的原则和要求，最大限度地控制因素，进行实验处理实施的。因此准实验研究的实验结果较容易与现实情况联系起来，即现实性较强，最重要的是便于实施。

（2）研究进行的环境不同。准实验研究进行的环境是现实的和自然的，与现实的联系比较密切。而真实实验研究的环境与实际生活中的情况或真实环境相差很大，完全是一个人为创设的环境[15]。

三、混合研究方法

混合研究方法是指研究者将定量与定性研究的方法、技术和其他因素等混合在一起，以获得更有广度和深度的研究结论的一种科学研究方法[16]。在人类开展教育科学研究的进程中，研究者逐渐认识到单独使用定性研究方法或者定量研究方法都存在一定的局限，如果能综合使用定性和定量研究方法，一定更有助于全面、真实、科学地分析问题，有利于强化研究的效度和研究问题的解决[17]。此后，越来越多的教育研究者支持质性和量化研究互相兼容的观点，并在研究中尝试使用混合研究方法。从研究过程来看，混合研究方法强调质性和量化方法两者是不可偏废的，是用一种方法来弥补另一种方法的不足，以确保能够最好地解决研究问题。学习科学因其本身具有鲜明的交叉学科性质，该领域的研究天然地需要多学科方法的支持，因此，混合研究方法的使用在学习科学研究领域非常普遍。

第四节　代表性学习科学研究方法案例介绍

一、准实验研究方法

【案例 4-1】"翻转课堂"对大学教学效果影响的准实验研究[18]

研究选取了S学院 2012 级小学教育专业一、二、三班的学生作为研究对象，各班学生数分别为 42 人、42 人和 43 人。课程教学采用每周 2 个课时连堂教学的方式，整个学期要求讲授 12 学时，上机练习 24 学时。研究中讲授与上机练习同步进行，保证了概念教学和技能教学的有机统一。实验从课程教学开始持续到课程结束，共计 18 周，36 课时。

研究把课堂教学程序作为研究的实验变量，采用问卷调查、访谈和试卷测验等方法。表 4.2 展示了三种不同的教学设计参考框架。

表4.2　三种不同的教学设计参考框架

教学理念	参考框架	教学程序的基本步骤	框架特征
以教为中心的教学理念	传统教学	操作演示—分步讲解—模仿练习—个别辅导	以教师为中心，以模仿练习为主要教学方法，有利于教师的课堂控制，不利于尊重学生之间能力水平的个体差异
以学为中心的教学理念	准翻转教学	自学视频—模仿练习—答疑解惑—个别辅导	以学生为中心，以学生自主学习为主要教学方法，有利于提高学生的自主学习能力，不利于学生之间的交流互动
翻转课堂教学理念	翻转教学	自学视频—探索发现—合作学习—个别辅导	以学生为中心，以学生自主学习和合作学习为主要教学方法，有利于发展学生的自主探索能力和合作学习能力，不利于教师的教学控制

研究结果（见表 4.3）显示，传统教学组、准翻转教学组和翻转教学组在各维度上的平均值与标准差的数值范围均呈现逐渐递增的趋势。这表明学生对翻转教学的认可度高于传统教学，也高于准翻转教学。

表4.3　三种教学设计对大学教学效果影响的描述性统计

组别	学习动机与态度	学习内容与资源	学习环境与活动	教师的行为表现	总体评价
传统教学组	18.06 ± 2.59	17.09 ± 2.43	13.78 ± 2.01	15.97 ± 1.82	64.91 ± 6.52
准翻转教学组	19.66 ± 1.60	18.28 ± 2.23	15.59 ± 2.08	16.50 ± 1.92	70.03 ± 5.68
翻转教学组	20.82 ± 1.70	19.94 ± 1.90	16.36 ± 1.83	17.42 ± 1.64	74.55 ± 5.44

二、案例研究方法

【案例 4-2】通过学生的问题支持论证：科学课堂案例研究[19]

在该研究中，学生被要求讨论两张显示冰加热成蒸汽时温度随时间变化的图（见图4.7），判断哪一张是正确的。来自两个国家的四个班级的学生参与了研究，他们的年龄在 12~14 岁，正在学习科学课程。他们被要求讨论图 4.7 中哪一张图最有可能显示冰加热成蒸汽时温度随时间的变化，然后与观点不同的同学组成小组，讨论可能的答案，并且至少提供一个理由来支持观点。为了帮助他们组织论点，教师发给学生两张纸，一张纸上面有提示信息，用来引导他们思考；还有一张纸用于让学生画图反映他们论点。每个班有一组学生被录音，共有 4 个案例。之后研究者分析来自学生书面作业和口头论述录音的数据，包括提问的类型、谈话的内容和功能，以及引发争论的质量。

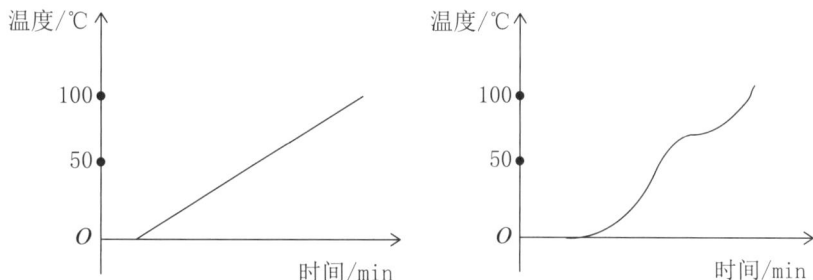

图 4.7　冰加热成蒸汽时温度随时间变化

分析发现，表现优秀的小组的话语特征为：

（1）讨论集中在关键想法和突出概念上；

（2）对论点的结构和组成部分有明确、有意识的引用；

（3）对所构建的论点进行不断地阐述和扩展；

（4）普遍存在探索性谈话。

对案例小组深入分析是为了举例说明学生的问题和他们的论点演变之间的动态互动，然后将表现优秀的小组与其他三组的话语进行比较分析，从而尝试构建模型，解释不同形式的组内互动是如何促进有效论证发生的。

课后思考题

1. DBR 常用的方法有哪些？

2. 定性研究与定量研究的区别是什么？

3. 结合DBR的迭代设计过程，设计一个教学案例，并详细说明DBR在案例中的应用。

————————————— 参考文献 —————————————

[1] Stokes D E. Pasteur's Quadrant: Basic Science and Technological Innovation[M]. Washington D C: Brookings Institution Press, 1997.

[2] 司托克斯. 基础科学与技术创新：巴斯德象限 [M]. 周春彦，谷春立，译. 北京：科学出版社，1999.

[3] 陈向明. 教师如何作质的研究[M]. 北京：教育科学出版社，2001.

[4] 林聚任，刘玉安. 社会科学研究方法 [M]. 济南：山东人民出版社，2004.

[5] 李琳，孙卫华. 基于设计的研究：国内研究发展综述[J]. 远程教育杂志，2012，30（2）：63-69.

[6] 冯晓英，陈鹏宇，宋琼. 国际远程教育领域设计性研究应用图景——基于国际远程教育核心期刊（2007—2016年）的质性元分析[J]. 现代远程教育研究，2018（2）：65-73.

[7] 王志军，耿楠，陈明选. 基于设计的研究存在的问题与关键点[J]. 开放教育研究，2018，24（4）：63-71.

[8] Collins A. Toward a Design Science of Education[M]//Scanlon E, O'Shea T. New Directions in Educational Technology. Berlin: Springer, 1992: 15-22.

[9] Shavelson R J, Phillips D C, Towne L, et al. On the science of education design studies[J]. Educational Researcher, 2003, 32(1): 25-28.

[10] Wang F, Hannafin M J. Design-based research and technology-enhanced learning environments[J]. Educational Technology Research and Development, 2005, 53(4): 5-23

[11] Collins A, Joseph D, Bielaczyc K. Design research: Theoretical and methodological issues[J]. Journal of the Learning Sciences, 2004, 13(1):15-42.

[12] Edelson D C. Design research: What we learn when we engage in design[J]. Journal of the Learning Sciences, 2002, 11(1):105-121.

[13] 裴娣娜. 教育研究方法导论[M]. 合肥：安徽教育出版社，1995.

[14] 陈向明. 质的研究方法与社会科学研究 [M]. 北京：教育科学出版社，2000.

[15] 穆肃. 准实验研究及其设计方法[J]. 中国电化教育，2001（12）：13-16.

[16] 张绘. 混合研究方法的形成、研究设计与应用价值——对"第三种教育研究范式"的探析[J]. 复旦教育论坛，2012，10（5）：51-57.

[17] Bouchard T, Jr J. Field Research Methods: Interviewing, Questionnaires, Participant Observation, Systematic Observation, Unobtrusive Measures[M]//Dunnette M D. Handbook of Industrial and 0rganizational Psychology. Chicago: Rand McNally, 1976: 363-413.

[18] 潘炳超. "翻转课堂"对大学教学效果影响的准实验研究[J]. 现代教育技术，2014，24（12）：84-91.

[19] Chin C, Osborne J. Supporting argumentation through students' questions: Case studies in science classrooms[J]. Journal of the Learning Sciences, 2010, 19(2): 230-284.

学习设计与学习工程

学习
目标 ▶ ▶ ▶

通过本章的学习，学习者能够：

1. 理解学习设计的概念和内涵；

2. 自主完成一个学习设计。

第一节　学习设计的概念与内涵

一、何为学习设计

学习设计这一概念于 20 世纪 90 年代末至 21 世纪初出现在技术教学应用情境中[1]，尤其在技术增强学习（technology enhanced learning）领域受到了研究者的关注[2]，如数字化学习（e-learning）[3]以及在线学习等。不同研究者从不同视角出发对学习设计的定义会有所不同，Ifenthaler 等对学习设计的相关定义进行了梳理（见表 5.1）[4]，比较有代表性的有 Koper、Mor 等以及 Dobozy 等的定义[5-7]。

表5.1　研究者对于学习设计的定义

序号	作者	对学习设计的定义
1	Koper[5]	学习设计是对在一个学习单元中发生的教与学的过程的描述，学习设计的关键是它代表不同的人（学习者、教师）在一个学习单元中执行的学习活动和所需的支持活动
2	Agostinho[8]	学习设计是以某种符号形式记录的教学实践的一种表现形式，因此它可以作为一种模型或模板，供教师根据具体教学环境进行调整
3	Conole[9]	学习设计是创建与学习相关的活动，并提供描述学习活动的方法
4	Dalziel[10]	学习设计是描述在线环境中一系列教育活动的框架
5	Mor 等[6]	学习设计是设计新的实践、计划和活动、资源和工具，以在特定环境中实现特定教育目标的创造性和深思熟虑的行为
6	Papadakis[11]	学习设计是对学习活动序列的创建，涉及团体或学习者在一组结构化的协作环境中进行的交互
7	Dobozy[7]	学习设计是一种明确认识论与技术整合的方法，设计者在设计特定学习序列时尝试使用这种方法
8	Conole[12]	学习设计是指利用适当的资源和技术帮助设计人员对学习活动或者干预方式进行设计

以上定义是对学习设计内涵比较权威的鉴定。为了更加全面地理解学习设计的内涵，我们梳理了其他较有代表性、有影响力的学习设计定义，如表 5.2 所示。

表5.2　学习设计定义补充

序号	作者	定义
1	Conole 等 [1]	学习设计是有效利用适当工具和资源的教学性学习活动
2	Hernández-Leo 等 [13]	学习设计是显式记录一组学习任务（从单个任务到课程等不同粒度）的工件
3	Cross 等 [14]	学习设计是运用基于设计的方法创建课程，通过显性方式表征教和学的流程
4	Donald 等 [15]	学习设计是描述学生必须进行的学习活动、所需的资源以及教师为促进学习过程所能提供的支援行动
5	Lockyer 等 [16]	学习设计是指记录教学实践的设计和排序，以及如何将这些结合起来，以提高对教学意图和学习者活动的理解和评价

通过对学习设计定义的梳理，可以发现学习设计有以下特征：

首先，学习设计经常与在线或技术增强学习联系起来[6]。学习设计强调以技术为媒介的教学干预，强调设计者有效使用资源与技术。例如，Conole认为学习设计是教育者在有效利用资源和技术设计学习活动和干预措施时使用并相互沟通以作出明智决定的一种方法"[12]；又如，Dalziel认为学习设计是描述在线环境中一系列教育活动的框架"[10]，并将学习设计与在线学习联系起来。还有研究者指出，学习设计是指有效利用适当的技术工具和资源，以教学为基础对整个教学过程的描述[1]，即明确指出学习设计需要有效利用适当的技术工具与资源。

其次，学习设计的核心是学习活动。学习设计强调特定小组和扮演特定角色的人，在有适当资源和技术的环境中进行的活动，包括学习目标、谁（何时）使用什么工具和资源做了什么，结果怎样[17]。学习设计背后的核心理念是当学习者积极参与学习活动时，学习效果会更好。因此，学习设计要求设计者将学习活动按顺序或以其他方式精心组织，以促进更有效的学习。此外，不仅要为学生创造学习活动，而且要考虑各种活动的顺序和时间，以及支持这些活动所需的资源[3]。

再次，学习设计强调为学习而设计（design for learning）。通过梳理学习设计相关概念可以发现，学习设计强调通过设计的教学干预活动达到特定教育目标[6]，然而教育目标本质上都是优化学生学习。因此，从这个视角来看，学习设计的最终目的是为学生的学习而设计，学习设计十分强调教师设计的干预活动对于学生学习的支持和促进作用。

最后，学习设计既是结果，也是过程。换言之，学习设计既是一个名词也是一个动词。学习设计是一种人工制品，它明确地记录了一组学习任务，以及支持完成任务的一组资源和工具[13]，可以将其视为一个结果。同时，学习设计也可以是一个过程，是一种实践，即设计者进行的一系列活动。根据艾迪ADDIE[analysis（分析）、design（设计）、development（开发）、implementation（实施）、evaluation（评价）]框架[18]，学习设计包括两个阶段：① 学习活动的设计和构建，即学习活动和学习内容的设计等；② 学习活动的实现，即学习环境的营造和学习活动本身的实施。

基于以上对学习设计定义的梳理和对学习设计核心特征的分析，可以将学习设计归纳为：教师通过使用技术工具与资源，设计并实施一系列学习活动或者教学干预活动，最终达到帮助、支持和促进学生学习的目的。学习设计强调对于技术的使用，其重点是进行一系列学习活动的设计，目的是帮助、支持与促进学生学习。

二、学习设计与教学设计的区别

事实上，学习设计这一术语的定义及其与教学设计的区别目前依然存在争议[6,19]。即便如此，研究者还是认为学习设计与教学设计存在很大区别（见表5.3）。

第一，理论基础不同。教学设计主要源于斯金纳（Skinner）的行为主义学习理论。学习设计的理论基础源自建构主义学习理论[20]，更加强调学习的情境，强调学生以构建的方式对知识进行意义建构，即强调对话与协作。

第二，核心理念不同。教学设计关注的是教师做什么，他们如何教授学习内容。教学设计的落脚点是教师做什么，将教师看作知识的传递者。学习设计不再聚焦于内容传递，而是关注学习活动的设计，关注的落脚点不是教师要做什么，而是学习者要做什么，以及他们如何获得知识，要求教师思考如何设计活动以帮助学生达到预期学习成效，强调重点是帮助学生学习，而不仅仅提供教学内容。总之，学习设计的落脚点是学生做什么，将教师看作学生学习体验的设计者。此外，学习设计的目的不是让学生消化教师传递的知识，而是希望学生在学习活动中获得新的理解。

第三，指导方法不同。指导教学设计的典型模型是ADDIE。教学设计一般采用低阶式方法设计，即教师一次性完成设计过程，然后在课程中使用。学习设计一般采用软件工程的敏捷环路式方法，即以小步调，首先针对局部进行设计、评估，然后根据评估结果再设计，一次次螺旋上升地完成设计[21]。

第四，师生在教学中的角色不同。在传统的教学设计中，教师扮演的角色是知识的传递者和教学成效的评价者，学生通常被认为是知识的被动接受者和教学效果的被评价者。在学习设计中，教师被期待扮演学生学习活动的设计者、组织者和引导者，意义建构的帮助者与促进者，而学生被鼓励成为整个学习过程中主动的知识建构者[22]。

第五，对于技术支持的要求不同。学习设计是技术增强学习领域关注的重点，因此强调对于技术的使用。传统的教学设计不一定考虑技术的要素，通过梳理学习设计概念可以发现，典型的学习设计概念都强调学生对技术的使用。换言之，在学习设计中，技术和媒体的使用被融入学习者的学习过程中，而教学设计并不强调技术的使用。

表5.3 学习设计与教学设计的区别

维度	教学设计	学习设计
理论基础	行为主义	建构主义
核心理念	聚焦于内容传递，关注教师要做什么	聚焦于学习体验设计，关注学生要做什么
指导方法	采用低阶式方法	采用敏捷环路式方法

续表

维度	教学设计	学习设计
师生角色	教师是知识的传递者、评价者，学生是被动接受者、被评价者	教师是学习活动的设计者、组织者、引导者，意义建构的帮助者与促进者，学生是知识的主动建构者
技术使用	不强调技术的使用	强调技术的使用

综上所述，学习设计与教学设计在理论基础、核心理念、指导方法、师生在教学中的角色，以及对于技术的使用五个方面均存在本质区别。此外，最重要的是，学习设计强调把注意力从教师转移到学习者，要求教师仔细考虑学生学习和理解相关知识与技能的最佳方式是什么，将教育教学的重点从传授内容转移到塑造学习体验。

三、技术增强学习环境中学习设计模型与框架

学习设计是技术增强学习环境中的重要研究话题[21]，国内外学者对于技术增强学习环境开展了大量研究，旨在探究如何在技术增强学习环境中有效进行学习设计，改善与优化教育教学实践，进而提升教育教学质量。学习设计模型与框架研究能为设计有效的学习设计提供支持。因此，技术增强学习环境中的学习设计研究聚焦于学习设计模型与框架研究，随着技术工具越来越多地介入教与学，技术增强学习环境中学习设计模型与框架研究引起了许多研究者与实践者的关注[23]。国内外学者对技术增强学习环境下的学习设计模型进行了系统文献综述（见表5-4），总结出以下特点。

其一，由于学习设计强调以学科知识、教学理论、技术知识和实践经验为依据[6]，而整合技术的学科教学知识（technological pedagogical content knowledge，TPACK）强调教师具备的整合技术的学科教学知识，因此，一些研究者以TPACK为理论框架，设计相应学习设计框架。例如，Chai等将TPACK整合到学习设计过程中，建立了TPACK学习设计模型，具体包括识别目标、分析学习者、确定学习目标、计划教学活动、选择媒体（或创建技术资源）、开发评价工具（包括形成性评价与终结性评价）[24]。

其二，一些研究者致力于Web 2.0技术支持的学习设计研究。例如，Rahimi等基于自主学习和自我控制理论，设计了面向Web 2.0环境的个性化学习设计模型，即聚焦于Web 2.0工具和技术如何支持学生进行自主学习[25]；Kerawalla等提出了基于博客进行学习设计的概念框架[26]。

其三，一些研究者致力于数字化与在线学习设计模型研究。例如，Oliver等从学习任务、学习资源和学习支持三个方面提出了在线学习设计模型[27]；Atkinson设计了学生自主学习参与模型[28]。

其四，一些研究者致力于协作学习，尤其是计算机支持的协作学习（CSCL）的设计与实施，即设计与开发指导实践者实施CSCL的学习设计模型。例如，Salmon等开发与设计了团队在线协作学习设计过程框架，该框架包括撰写蓝图、制作故事板、在线构建原型、同行反馈、回顾和调整以及规划六个环节[29]。

其五，一些研究者致力于移动学习环境下的学习设计模型研究。例如，Nouri等设计了一个移动学习活动设计框架，该框架包括描述当前学习和教学实践、构想教学实践、构想教学实践原型、实施移动学习活动、评估移动学习活动五个阶段[30]。此外，还有一些研究者基于其他技术增强学习环境，设计了其他类型的学习设计模型与框架。

表5.4　技术增强学习设计模型与框架

序号	类型	模型名称	描述
1	将TPACK作为理论框架进行学习设计	TPACK学习设计模型	TPACK学习设计模型是研究者将TPACK整合到学习设计过程中形成的学习设计模型，包括识别目标、分析学习者、确定学习目标、计划教学活动、选择媒体（或创建技术资源）、开发评价工具（包括形成性评价与终结性评价）[24]
2		通用学习设计TPACK模型	研究者将通用设计原则与TPACK进行了整合，提出了基于TPACK和通用学习设计原则的21世纪学习设计模型，包括提供多种表征、行动和表达、多种参与方式三个主要方面[31]
3		扩展教学内容知识（pedagogical content knowledge，PCK）设计模型	该模型是一个包含学校环境、课堂经验、认识论与信念、内容与转变、学习者特征（背景、技能）、信息与通信技术（information and communication technology，ICT）工具、教学法、实施、评价以及对行动的反思十个要素的系统设计模型[32]
4	Web 2.0技术支持的学习设计相关模型	Web 2.0学习设计框架	该框架是一个基于TPACK如何设计基于网络学习任务的设计框架，基于TPACK的核心元素，该框架认为基于网络的学习设计包括确定学习目标、确定内容类型、确定教学法类型、确定技术类型[33]
5		Web 2.0个人学习环境模型	该模型是一个建立在自主学习和自我控制理论基础上，并且需要Web 2.0工具和技术支持的个性化学习环境设计模型[25]
6		基于博客进行学习设计的框架	该学习设计框架是一个基于博客进行学习设计的框架，包括受众、社区、评论、呈现风格、技术情境和教学情境六个组成要素[26]
7	数字化与在线学习设计模型	学习任务、支持和资源模型	该模型从学习任务、学习资源和学习支持三个方面提出了一个在线学习设计模型[27]
8	数字化与在线学习设计模型	学生自主学习参与模型	该模型是一个学生自主参与学习（student owned learning engagement）的学习设计模型，包括反馈、评价、反思、个人情境、社会情境、同伴协调、导师促进、与导师互动时间、学习材料九个方面[28]
9		启示分析框架	该学习设计框架是一个数字化学习设计框架，包括确定教育目标、假设适当的任务、确定任务要求、现有数字化学习工具、协同考虑可用的和所需的功能，以及形成数字化学习任务设计[34]

续表

序号	类型	模型名称	描述
10		移动计算机支持的协作学习模型	该模型是一个需要移动终端支持的协作学习模型，认为移动 CSCL 任务设计与构建包括确定协作者特征、确定教育目标、建立期望的社会互动技能、选择活动类型、确定任务、确定规则和角色[18]
11	计算机支持的协作学习设计框架与模型	4SPPIces 模型	该模型说明了在设计计算机支持的协作混合学习脚本和支持其实施的技术环境时要考虑的因素和方面，具体包括教学方法、参与者、空间、历史。同时该模型整合了由各种技术支持的发生在不同空间的正式和非正式活动[36]
12		4Ts 模型	该模型用于 CSCL 设计过程的规划和决策，将任务、团队、技术和时间视为 CSCL 设计者在其决策过程中需要关注的四个主要方面[37]
13		虚拟协作学习（设计）框架	该学习设计框架是一个基于角色的协作学习设计框架，包括基于目标协作（学习、玩耍）、戏剧（谁、在哪里、什么时间、干什么）、动作和交互，以及操作虚拟对象的类型四个组成要素[38]
14		移动学习的学习活动设计框架	该框架是一个移动学习活动设计框架，包括描述当前学习和教学实践、构想教学实践、构想教学实践原型、实施移动学习活动、评估移动学习活动五个阶段[30]
15	移动学习设计框架与模型	移动学习设计方法	该模型是一个设计移动学习的方法模型，包括教学法、情境、目标（为什么）、内容（是什么）、传递（如何）、结构（何时）、实施和评价[39]
16		叙述设计	叙述设计关注设计决策中的关键方面，认为设计是解决问题的活动，包括描述选定的问题、解决问题所采取的行动以及行动实施之后的效果。换言之，叙述设计要求设计包括研究背景、设计的工具和活动，以及用户与这些工具和活动交互的结果等[40]
17		探索性学习模型	该模型是一个基于虚拟世界的探索性学习模型，包括体验、探索（观察、活动、学习、互动）、反思（或元-反思）、形成抽象概念，以及不同情境中（抽象的、真实的、虚拟的）检测等组成要素[41]
18	移动学习设计框架与模型	7Cs 学习设计框架	该框架是一个程序模型，包括基于概念化的愿景、捕捉、交流、协作、考虑学习活动、结合或整合元素及巩固等组成要素。其中，概念化属于确定愿景，捕捉、交流、协作、考虑四个组织属于活动，整合元素之后的巩固属于应用[42]

续表

序号	类型	模型名称	描述
19	移动学习设计框架与模型	ISiS	该框架聚焦于整合技术的学习情境过程，包括意图、策略、互动、情境四个方面，为学习情境的设计提供理论指导[43]
20		设计探究模型	该模型为探究学习的设计提供理论指导，认为探究学习的设计包括确定改变什么、调查现状、从理论框架和实践范例中汲取灵感、构思和设计创新、原型化、评估效果和反思[40]

　　近年来，国内一些研究者开始关注学习设计。首先，混合学习设计受到了广泛的关注。曹海艳等对高校混合式教学课程学习设计进行了理论研究，提出了四个阶段、十个步骤的设计模式[44]。冯晓英等对混合式学习设计的方法策略进行了理论研究，认为混合式学习设计典型策略包括明晰线上、线下教学的相辅相成，开放式的学习活动，正式的学习体验以及数据驱动的学习分析技术[45]。冯晓英和王瑞雪提出了混合式学习设计目标、价值取向及设计原则，并且构建了混合式学习设计模式[46]。多召军等提出以问题解决学习为主线的多元化混合式学习活动设计[47]。此外，王宇等提出在慕课环境下设计真实学习活动的五种方法，包括项目式教学、创设故事情境、案例教学、认知学徒制及联系真实实践的反思活动[48]。

　　其次，一些研究者关注技术支持的其他教学情境下的学习设计。其中，一些研究者关注智慧课堂学习设计。如彭红超等设计与开发了面向智慧课堂的灵活深度学习设计框架[49]。沈书生就智慧学习设计方法取向进行了理论探讨[50]。徐显龙等对智慧教室小组合作学习设计进行了理论与实证研究[51]。杨南昌等对整合具身认知与新型交互技术的具身学习设计进行了理论讨论，认为具身学习设计是教学设计研究的新取向[52]。

　　最后，学习设计研究关注协作和合作学习设计。例如杨开城等对问题解决类协作学习设计进行了个案研究，初步确证了一组问题解决类协作学习的设计知识[53]。王星霞等设计开发了交互、合作学习设计模式，并且提出了相应策略[54]。国内一些研究关注如何将不同的技术用于学习设计。如陈明选等就手机直播支持的交互式学习设计进行了理论与应用研究，设计了手机直播支持的交互式学习框架和设计策略[55]。吴明超等对微投技术支持的微型学习设计进行了理论研究[56]。孔维宏等就Moodle支持的混合式学习设计进行了研究与实践[57]。

第二节　学习设计案例

一、WISE学习平台

（一）WISE简介

美国国家教育科学院院士、加利福尼亚大学伯克利分校的马西娅·林（Marcia Linn）

教授从 20 世纪 80 年代起，就致力于科学教学与学习方面的研究，系统提出了用于指导科学教与学的教学理论——知识整合教学理论（knowledge integration instructional theory）。该理论认为，与主要聚焦于新想法、新观念（知识）相比，尊重学生的已有想法（知识）并将新旧想法（知识）进行对比时，学生能够取得更大的成就[58]。林教授在大量实证研究的基础上，提出了知识整合的四大核心原则（让科学触手可及，让思维看得见，帮助学生向他人学习和促进自主学习）和四大关键步骤[诱出想法、添加想法、辨分想法（distinguish ideas）、反思与整理想法][59]。在知识整合教学理论的指导下，林教授团队开发了基于网络的科学探究环境（web-based inquiry science environment，WISE）平台，并依托WISE研发了 50 余个科学探究学习项目。

WISE 是一个用于设计、开发和实施科学探究学习项目的在线平台，可用于物理、化学、生命科学等领域。它由林教授及其领导下的技术增强的科学学习（Technology Enhanced Learning in Science，TELS）研究中心开发和改进。依托WISE项目开展的大量研究依然处于国际科学学习领域甚至学习科学领域的前沿[60]。

（二）知识整合：WISE 开发的理论基础及设计原则

WISE平台的开发建立在林教授及其同事 30 多年关于学习的研究基础之上。她从 20 世纪 60 年代末跟随皮亚杰（Piaget）从事研究期间开始关注学生观念的丰富多样性，并认识到学生有一个观念库，里面有种种合理的、矛盾的、古怪的、主观的观念，但支撑这些观念的证据并不牢靠。学生判断和组织观念的方式反映了他们关于科学和科学家本质的认识论。对于某一个科学观点，他们通常拥有多重来源标准，如权威性的观点解释、自己所做的实验、有说服力的信息等。大多数学生缺乏区分观念和评价观念的一致性标准。因此，科学教学一方面需要关注和利用学生观念的丰富性，另一方面需要鼓励学生整理观念、发展区分和评判观念的标准，使其所持有的各种观念之间形成联结，并由此建立起对科学现象的一致性理解[61]。

从教学设计的视角看，促进一致性的科学理解包含四个相互关联的知识整合过程[62]。

1. 引出观念库

在开展某个主题的科学学习之前，把学生在家庭、博物馆、游乐场、学校等各种情境中产生的多元观念引发出来是知识整合过程的第一步。值得注意的是，WISE把对学生的已有观念的强调提升到观念库而非某一个孤立的已有观念的层面，认为让学生思考围绕某主题的多个代表性的已有观念而不是某一个情境中的孤立观念，更有助于他们形成观念之间的联结。

2. 增加规范性的新观念

引入新的、规范性的观念是激发学生进行知识整合的重要过程。由于学生往往倾向于将新观念直接增加到观念库中，而不是将其与已有观念进行区分和比较，因此设计者需要寻找能够刺激学生重新思考已有观念的那些新观念。用关键案例引入新观念，可以产生更加综合性的、规范性的理解。关键案例的特征表现为四个方面：一是能够在两个不同情境中进行有效的科学比较；二是能够利用诸如日常经验等学生可触及的情境；三是能够提供反馈，从而支持学生发展评判观念的标准和监控学习进程；四是能够鼓励学生运用准确的语言对自己的观念进行叙事性的解释，从而便于与他人进行讨论和协作。

3. 运用科学证据区分观念

帮助学生评估和区分自己的观念是知识整合过程的重要环节，而其中的关键之处在于让学生理解和运用科学证据。因为通常学生认为来源于课本、网络或其他公开出版物的科学知识都是准确无误的，而科学课程往往又忽视了科学发展进程中的争论、研究方法的局限性，甚至不加批判地接受科学家提出的观念，所以要帮助学生将探究方法与对探究结果的阐释联系起来，理解和区分探究各种不同科学现象的方法，识别方法的可靠性，并认识到科学知识并不总是确定无疑的，它们通常的支持证据很可能会被随后的实验所推翻。

4. 反思和整理观念

知识整合过程的第四个环节是促使学生对自己的学习进程进行反思并借此整理观念。精心设计的反思活动有助于学生发展对科学的一致性理解，通过反思对自己的观念进行比较和分析的学生能够更有效地对观念进行持续自主更新和修正。此外，学生还需要对观念库中的观念进行重新整理，以便为自己在未来遇到与此相关的情境时做好准备。

为了促进学生的知识整合和一致性理解，林教授还提出了十个具体的学习活动[61]，包括：① 定位、诊断、引导；② 预测、观察、解释；③ 阐释观念；④ 实验；⑤ 在模拟环境中探究；⑥ 制作人工制品；⑦ 建构论点；⑧ 评论；⑨ 协作；⑩ 反思。表 5.5 以其中四个具体的学习活动为例进行了阐释。

表5.5　知识整合的具体学习活动及其在知识整合中的应用

知识整合的具体教学模式举例	知识整合过程			
	引出观念库	增加新观念	区分观念	整理观念
定位、诊断、引导： 反复界定某科学主题的范围，将该主题与个体相关的问题联结起来，把新主题与先前教学联系起来，识别学生带入新学习的观念，增加新观念，从而刺激知识的整合	产生关于某科学主题或现象的相异观念	用微型讲座、视频或演示将学生抛锚定位于某主题的学习	诊断观念的不足之处，提供类比案例、关键案例或示例	根据相异观念、科学证据、评判标准，重新考虑自己的观念
实验： 帮助学生反复框定某一问题，生成探究问题的方法，实施探究，评价结果，运用实验结果整理观念库	引出问题，框定探究活动	生成或运用搜集证据的方法	运用与方法一致的评判标准评估探究结果	将实验结果与观念库相联结

续表

知识整合的具体教学模式举例	知识整合过程			
	引出观念库	增加新观念	区分观念	整理观念
协作： 鼓励学生生成自己的个人观念，对小组内的观念作出反应或支持，并达成共识。意义的协商是学生形成理解的关键	生成用于班级讨论或在线讨论的观念	考查他人的观念	运用个体或团队的评判标准评估观念	就观念之间的联结形成团队共识
反思： 鼓励学生分析自身观念之间的联系并监控自己的理解	识别问题或难题	生成、阅读、倾听或观察观念	识别具有个人效力的、不确定的无效观念	修正观念，寻求所需信息

基于上述考虑，林教授等提出了促进知识整合的学习环境设计的四条元原则和相应的具体原则[62]。

（1）使科学可触及。该元原则的内在观念认为科学是可以为每个人所触及的，因而强调鼓励学生在自己的已有观念基础上发展新的观念和有效力的科学原则，使科学与学生的日常生活问题解决相联结，并为学生的科学探究活动提供支持，从而帮助他们理解探究的过程。

（2）使思维可视化。思维可视化包含相辅相成的两个方面：一是使复杂抽象的科学事件、现象、原理通过可视化的方式被学生具体地感知；二是使学生将思维以可视化的方式清晰阐述出来，从而使教师和同学了解其所持的观念及背后的推理过程，此外教师还可将此信息用于学生的学习评估，并使教学更加适应学生的需求。因此，该元原则可以具体化为：① 为科学现象建立模型；② 为学生阐释自己的思维过程提供支持；③ 运用各种媒体手段进行多元化的可视化表征。

（3）促进协作学习。该元原则强调鼓励学生倾听他人，互相学习；通过社会互动的设计促进富有成效的、互尊互信的讨论；为小组设计共享的观念评判标准提供支持；运用多元的社会活动结构。

（4）促进自主学习。科学教育的终极目标是使学生建立一种身份意识，即认识到自己可以探究某科学主题，从而促进终身的科学学习与探究。因此，要促进学生的自主学习，包括鼓励他们对自己的观念和学习过程进行反思、评论，参与各种科学项目，开展探究过程等。

（三）WISE 项目分析

【案例 5-1】：牛顿小车项目

1. 项目简介

自驱动牛顿小车挑战项目，属于美国下一代科学教育标准（next generation science standards，NGSS）中的物理科学领域，主要供八年级（初三）学生使用。项目的学习目标是学生通过建构物理模型和虚拟仿真模型，探索在自驱动小车运动过程中的能量转化与守恒的现象。项目的主要内容如表 5.6 所示。

表5.6　牛顿小车项目活动介绍

活动编号	活动名称	活动描述
1	牛顿小车简介	通过举例说明什么是牛顿小车，让学生思考影响牛顿小车运动距离的因素，此活动包含两个子步骤，编号为 1.1、1.2
2	第一轮设计	学生设计、制作和测试第一辆牛顿小车。此活动中包含 8 个子步骤，编号为 2.1~2.8
3	能量相关概念学习	提供计算机仿真模型，让学生通过设置小车的特性（如气球充气程度、质量、摩擦系数、轮子半径等）使小车到达指定距离（另一个版本为尽可能远的距离），从而学习能量类型、能量转换与守恒的相关科学概念。此活动包括 14 个子步骤，编号为 3.1~3.14
4	第二轮设计	学生学完与能量相关的科学概念后，重新设计、完善和测试他们第一轮设计的牛顿小车。此活动包括 9 个子步骤，编号为 4.1~4.9
5	反思	提示学生对修改牛顿小车的过程及其测试结果进行反思，思考能量在设计小车过程中起到的作用，并进一步对如何改进小车提出意见。此活动包括 3 个子步骤，编号为 5.1~5.3

2. 牛顿小车项目对 NGSS 的体现

牛顿小车项目中所涉及的科学知识属于中学（middle school）物理科学（physical science）中的能量模块（MS-PS3）。下面从 NGSS 中与能量概念相关的标准出发，分析牛顿小车项目是如何支持 NGSS 中表现期望的实现的（见表 5.7）。

表5.7　牛顿小车项目分析

类型		NGSS	牛顿小车项目
表现期望	MS-PS3-1	学生能够通过绘制和解释数据图表，描述动能与质量、动能与速度之间的关系	在步骤 3.8 和 3.11 中，学生可以通过在计算机仿真模型中改变小车的质量，观察其动能的变化。但项目中没有对动能与速度的关系进行探讨
	MS-PS3-2	学生能够开发一个模型，描述在一段距离中相互作用的物体间距离发生改变时，储存在系统内的势能也会发生相应的改变	本项目需要学生动手制作牛顿小车（物理模型），通过改变设计探索动能、势能和内能的转换
表现期望	MS-PS3-5	学生能够建构、使用、提出论据来支持观点：当物体的动能改变时，该物体的能量发生转换	在步骤 3.5、3.8 和 3.11 中，当学生完成计算机仿真的探究之后，需要利用科学证据，解释小车运动过程中能量是如何转换的

续表

	类型	NGSS	牛顿小车项目
科学工程实践	开发与使用模型	学生能够开发使用并修改模型来描述、测试并预测抽象现象并设计系统	学生设计开发牛顿小车模型，并根据科学知识和他人评价不断修改完善
	计划与实施调查	学生能够使用多重变量进行探究，并提供证据来支持科学解释或设计方案	在活动4中，学生需要利用在计算机仿真（活动3）中得到的证据或观点，重新设计小车，使其满足要求
	建构解释与设计方案	学生能够使用多重变量进行探究，并提供证据来支持科学解释或设计方案	在活动4中，学生需要利用在计算机仿真（活动3）中得到的证据或观点，重新设计小车，使其满足要求
	基于证据的论证	学生能够基于实验证据或科学推理进行口头或书面的论证用于支持或反对某个科学解释或模型	在活动4中学生需要对小车进行改造，且利用科学的证据解释自己对小车的改造。在步骤4.3中，学生要为其他小组给出改造小车的建议，并使用科学证据支持自己的观点
学科核心知识	PS3.A：能量的定义	运动的能量通常被称为动能。动能与运动物体的质量成比例相关，与速度的平方成比例。系统内的物体也可能包括储存的能量（势能），势能取决于它们的相对位置	在步骤3.6、3.9中，分别给出势能和动能的定义
	PS3.B：能量守恒与能量转换	当一个物体的动能发生改变时，同时必然有其他的能量发生变化	在步骤3.3和3.14中，学生学习并复习了能量守恒的概念
	ETS1.A：界定与定义工程问题	设计任务的标准和限制界定越精确，这个设计方案则越可能成功。约束条件的说明书需要包括科学原则的考虑和其他可能限制的相关知识	在活动2和活动4中，学生需要按照严格的标准（如小车必须是自驱动的、只能使用弹性势能等）设计并制作小车
	ETS1.B：开发可行方案	设计方案需要测试，并在测试结果的基础上修改完善。用一个系统的过程来评价方案是否达到了设计的原则和约束条件	在活动2中，学生需要设计、制作并测试小车。之后在活动4中，学生需要在测试结果和相应科学理论的基础上进一步完善小车
跨学科概念	系统与系统模型	模型可以用于代表系统和系统间的交互（如输入、过程和输出）以及能量和流向系统内部的物质	在活动3中，学生通过控制计算机仿真模型的输入变量（小车的质量、摩擦系数等），观察输出内容（小车运行的距离）与在小车运动过程中势能、动能和内能之间的转换
	能量与物质	能量有多种不同的形式（如场能量热能、动能）。能量的转换可以追踪，能量从设计或自然系统内流过	通过学习牛顿小车项目，学生能够理解不同形式的能量（势能、动能、内能）和这些能量之间的转换

注：MS-PS3-1中，MS代表初中，PS3代表物理科学领域中的第三个核心知识，1代表该知识点下的第一条表现期望，以此类推。ETS代表工程技术和社会领域。

从NGSS的内容框架来看，关于初中生需要达到的物理领域能量的表现期望共有5条：其中1、2、5是关于动能和势能相关概念的理解；3、4是关于热传递、温度与热能之间关系的理解。在牛顿小车项目中主要涉及表现期望中的1、2和5，而3和4在太阳能灶项目和热平衡项目中均有所涉及。

关于"能量"这一学科核心知识，牛顿小车项目主要涉及动能、势能的定义及其转换，较少涉及热能，对热传递没有体现。学生通过计算机仿真软件可以直观地观察在小车运动过程中，势能、动能和热能间的转换（见图5.1）。在NGSS科学工程实践维度下，中学生还需分析并解释数据，建构并解释图表中的数据，找出其中的线性和非线性关系。在牛顿小车项目中所呈现的柱状图只体现了能量之间的变化，并没有要求学生找出其他因素（如质量、摩擦系数等）与能量之间的关系。在NGSS关于能量的跨学科概念中，学生还需掌握"规模、比例、数量"这一概念。在牛顿小车项目中，对于学生计算能力的训练较少，更加关注学生的设计、制作能力。

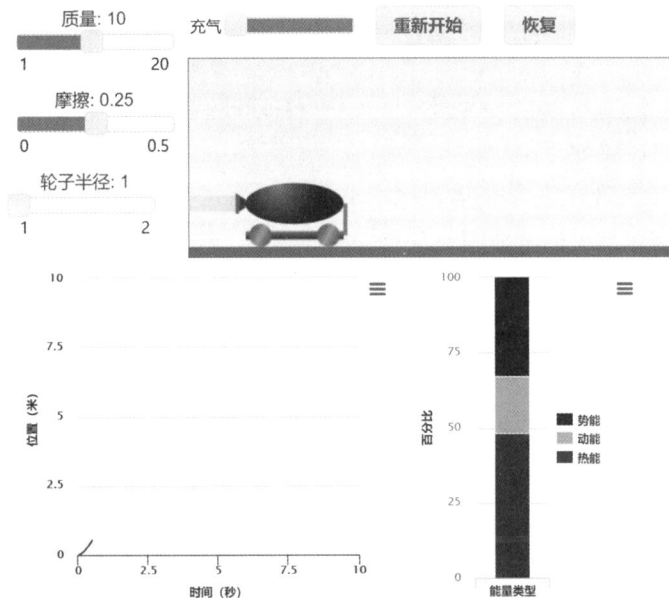

图 5.1　在小车运动过程中对能量转换的探索

整体而言，牛顿小车项目以让学生设计制作小车等一系列科学工程实践活动为载体，帮助学生理解物理科学领域的动能、势能及能量守恒和转换等学科核心知识，并帮助学生理解模型、能量与物质等跨学科概念，这能够很大程度上实现NGSS中提到的相关表现期望，从而实现三维度的整合。

【案例 5-2】光合作用项目

1. 项目简介

光合作用项目是为了让学生理解光合作用概念及其原理而开发的科学探究项目，对应生命科学领域中"生物体和生态系统中的物质和能量"话题中的知识。该项目共由4个学习活动组成，具体内容如表5.8所示。

表5.8　光合作用项目活动介绍

活动编号	活动名称	活动描述
1	植物的能量从哪里来？	利用一系列交互式可视化动画，引导学生逐步理解光合作用所需要的三种物质——光能、二氧化碳和水，并从分子水平演示光合作用产生葡萄糖的过程和植物如何使用葡萄糖，最后结合前面所学知识，让学生猜测植物生长是否需要土壤
2	能量如何转换？	主要强调光能是如何转换成化学能并储存在葡萄糖中的，通过可视化技术和模拟实验，引导学生了解光合作用的过程、发生场所、光能的作用和能量转换
3	能量去哪里了？	通过交互式可视化技术帮助学生理解植物是如何产生、储存和利用葡萄糖的，并引导学生理解动物在吃植物时能量的变化
4	学习总结	对整个探究活动进行总结反思，要求学生利用所学知识解释草顶房能量的变化并写成小故事，教师对学生的故事给予反馈，学生根据反馈再次修改故事或对反馈作出评价

2.光合作用项目对NGSS的体现

光合作用主要出现在生命科学领域"从分子到有机体：结构和过程"核心知识下的第三个知识点"有机体中的物质组织与能量流动（Organization for Matter and Energy Flow in Organism）"，以及"生态系统中的物质循环与能量流动"核心知识下。表5.9是依据NGSS中关于光合作用中学生应达到的相关标准，对WISE中已有光合作用项目的分析。

表5.9　光合作用项目分析

类型		NGSS	光合作用
表现期望	MS-LS1-6	学生能够对光合作用在有机体与外界之间的物质循环与能量流动作出基于证据的科学解释（举例说明：重点在于物质运动和能量流动。测评不包括光合作用的生物化学原理）	该项目经过一系列交互式可视化动画、模型和虚拟实验引导学生探索光合作用需要的物质、过程、结果，分析能量转换和流动情况，并在每一步骤前让学生作出预测，在相关知识探索后进一步基于证据解释相关现象，可以在每一步骤中考查学生对光合作用相关知识的理解。在活动4中，让学生运用所学知识撰写能量故事，分析草顶房能量的来源、能量的流动与转换、能量的储存等，并在教师反馈的基础上进一步修改
	MS-LS1-7	构建模型描述食物如何通过化学反应重组成新的分子，用于支持有机体的生长或释放能量（举例说明：重点在于描述分子分开重组并释放能量的过程。测评不包括光合作用或呼吸作用的化学反应细节）	活动2.14（见图5.2）通过交互式可视化动画逐步演示光合作用过程中光能将二氧化碳分子和水分子分开后，转化成化学能，与分开后的分子结合在一起形成葡萄糖。在该活动中，二氧化碳分子、水分子、氧气分子和葡萄糖分子都利用球模型来表示。活动3引导学生理解植物如何将自身产生的葡萄糖用于生长，并为动物提供食物

	类型	NGSS	光合作用
表现期望	HS-LS1-5	使用模型解释光合作用如何将光能转化成化学能进行储存（举例说明：重在解释植物或者其他可以进行光合作用的有机体进行光合作用时，物质的进出和能量的转换。测评不包括具体的生物化学反应步骤）	活动1.9以图片的形式形象地介绍光合作用利用三种物质合成葡萄糖；活动2.11（见图5.3）从分子水平解释光合作用的过程，并通过分子模型给出化学反应方程式；活动2.12通过交互式可视化动画展示光合作用过程中各物质分子的变化；活动2.14通过交互式可视化动画演示光合作用过程中光能将二氧化碳分子和水分子分开后，转化成化学能，与分开后的分子结合在一起形成葡萄糖。活动2.15引导学生思考光能在形成葡萄糖过程中的作用并作出解释
科学工程实践	开发与使用模型	学生能够建立模型来描述难以观察的反应机制	在该项目中，没有要求学生自己构建模型，而是为学生提供模型、可视化动画，让学生观察能量的流动、光合作用的发生过程等难以直接观察到的机制，从而帮助学生加深对光合作用相关知识的理解。例如，活动1.9和2.1都从分子水平解释植物如何通过三种物质（以模型形式表示）生产出葡萄糖（以葡萄糖分子模型表示），释放氧气这一光合作用过程；活动1.13以可视化动画表示光合作用可以产生氧气（以氧气分子模型表示）；活动2.3为学生提供模型以探索太阳辐射到达地球表面后的变化；活动2.6和2.7利用叶绿体和叶绿素的模型讲解光合作用发生的场所和起作用的物质，让学生能够直观看到叶绿体和叶绿素
	作出解释与设计解决方案	学生能够从一些信息（包括学生自己的实验）或描述自然世界的理论和规则中获得有效的且可靠的证据构建科学解释	同与MS-LS1-6相对应的活动
学科核心知识	LS1：有机体中物质和能量流动	植物（包括浮游植物）和许多微生物利用光能，通过光合作用将二氧化碳和水制造成糖，同时释放氧气。这些糖可以立即使用，也可储存起来以备后用；光合作用是光能转化成化学能储存在由二氧化碳和水生成的葡萄糖中，并释放氧气的过程	该项目涉及植物光合作用所需物质来源、发生场所及物质在分子水平上的转化过程和葡萄糖的使用。以一系列交互式可视化动画和模型让难以观察的光合作用过程变得生动直观；此项目仅涉及植物的光合作用，没有提到其他可进行光合作用的生物
	PS3：化学过程中的能量	光能被获取并储存在地球上的复杂化学过程叫做光合作用	活动2.3通过模型动画演示光能到达地球表面后发生的变化，并要求学生依此解释能量的变化情况；活动2.5通过动画演示光能到达植物变成化学能的过程；活动2.7以叶绿素模型解释光能为何能被植物吸收

续表

类型		NGSS	光合作用
跨学科概念	能量与物质	物质能够守恒是因为在物理或化学反应过程中，分子是守恒的；在一个自然系统中，能量的转化驱动着物质循环	活动2.11和2.14分别以静态和分子模型动画的形式展示光合作用过程中物质的变化及其反应方程式；光合作用在将光能转化成化学能的过程中，也将二氧化碳和水转化成葡萄糖和氧气，能量的转化驱动着物质的转化，该项目较弱地体现出物质循环

注：MS-LS1-6中，MS代表初中，LS3代表生命科学领域中的第一个核心知识，6代表该知识点下的第六条表现期望，以此类推。HS代表高中。

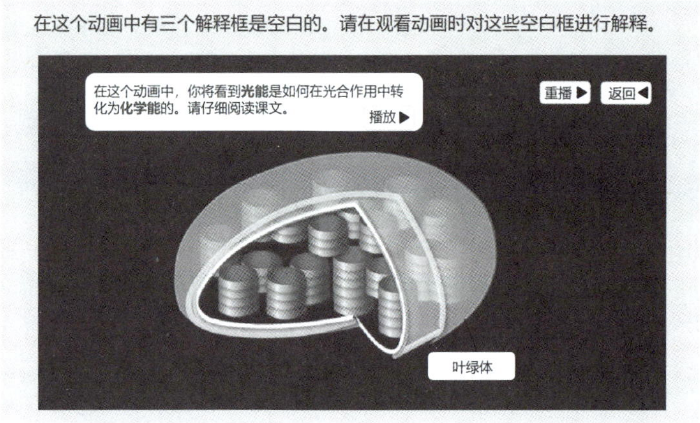

图5.2 光合作用过程中光能转化为化学能交互可视化动画

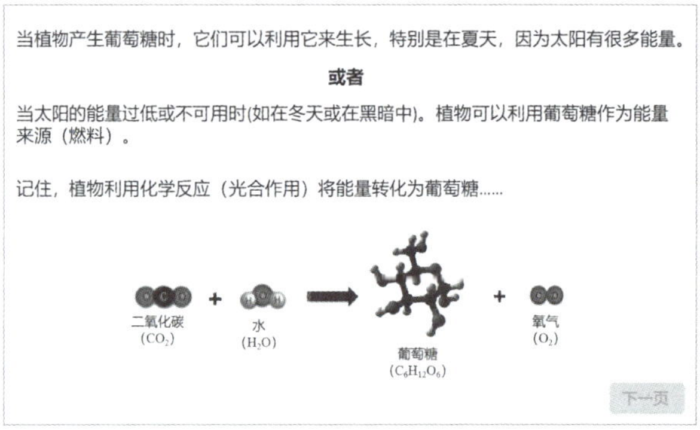

图5.3 分子模型表示的光合作用中的物质变化

NGSS中还有光合作用与呼吸作用相结合学习应达到的表现期望（HS-LS2-5），由于本项目主要讲解光合作用，故没有考虑HS-LS2-5。结合表5.9中的分析可以看出，光合作用项目通过一系列交互式可视化动画、模型和模拟实验的形式，让学生学习到光合作用所需物质、过程、发生场所、能量流动与转换等学科核心知识与跨学科概念。同时结合作出科学解释或设计解决方案等科学工程实践，让学生运用所学学科核心知识等相关证据进行解释并加深对知识的理解。在光合作用项目中，没有让学生自己构建模型，而采取为学生提供模型的做法，以便于学生观察难以直接观察的现象或化学反应机制；对于能进行光合作用的其他生物，本项目并未涉及；对物质循环也没有较为明显的体现。

综上所述，光合作用项目能够通过丰富的问题情境、技术化的科学知识探索与学习、总结性的挑战问题等学习活动，最大限度地支持与光合作用相关的表现期望的实现，从而达到三维度的整合。

【案例 5-3】: WISE 温度与热项目

WISE 是一个具有代表性的技术增强的学习环境（technology-enhanced learning environments, TELE）平台。该平台上的科学探究项目的主题选择有三条原则，除了"学生难以理解"和"课程标准要求的内容"之外，还有一条就是"有可能通过技术增强学生对该内容的学习"[63]。

温度与热是 WISE 中物理热学领域的一个探究项目，由 6 个探究活动组成，其内容目标、探究目标如表 5.10 所示。该项目中的技术设计主要体现了上文所述使科学可触及、使思维可视化、促进自主学习的学习环境设计的三条元原则，其主要目的也在于促进学生的知识整合和对科学的一致性理解。

表5.10　WISE温度与热项目

活动	内容目标（举例）	探究目标
1. 你的想法是什么：测量教室内不同材质的物品的温度	物体的冷热感觉与温度	（1）培养选取研究问题的能力；（2）培养选择变量的能力；（3）培养预测、观察、解释的能力
2. 杯子与桌子间的热传导：探究装了热水的杯子放在冷桌子上的热传导过程	物体间分子模型热传导：（1）理解分子的概念；（2）高温时，分子运动快；低温时，分子运动慢；（3）热传导是热量由高温传向低温，直到彼此温度相同（分子运动速度趋于一致）	无
3. 不同物质的热传导：探究金属、玻璃、木棒等不同材质的物品的热传导	不同材质的热传导，传导速度不同	无
4. 传导、温度变化与感觉：探究物品的冷却过程和传导与冷热感觉之间的关系	虽然不同材质热传导速度不同，但久置后，未再提供其他热量，最终温度将趋于一致	无
5. 热传导的分子模型：探究不同材质、形状的物体的传导热的速度	不同材质、形状的物体，其传导热的速度不同：（1）金属物质传导速度大于非金属物质；（2）同材质，粗短的导体比细长的导体传热速度大	（1）培养选取研究问题的能力；（2）培养选择变量的能力；（3）培养预测、观察、解释的能力

续表

活　动	内容目标（举例）	探究目标
6.创造与讨论原则：生成关于热传导的科学原则	统整该单元课程所学概念	（1）培养生成科学原则的能力；（2）培养在新情境中运用科学原则解决新问题的能力

1. 用技术促进学生与科学的联系，使科学可触及

WISE的每个探究项目都设计了支持学生进行自主学习的探究地图。以温度与热为例，如图5.4所示，网页界面左侧显示的动态-图形化的探究导引就是该项目的探究地图，学生可以由此逐步经历"引出观念库—增加新观念—比较区分观念—反思与整理观念"的过程。而且，这个地图还可以帮助学生更好地理解项目的每个独立的探究步骤是如何与整个探究过程相联系的，有助于形成对科学的一致性理解[63]。

图 5.4　温度与热项目探究地图

此外，WISE界面提供了互动功能，学生可以通过调整变量进行仿真，自己动手探究科学现象背后的规律，使科学变得可以亲近。

2. 用技术促进思维可视化，使科学概念和个人观念清晰外显

温度与热的思维可视化技术体现在两个方面。一是将抽象的科学现象通过计算机技术进行模拟，使学生可以具体地观察和感知。图5.5是为了让学生理解装了热水的杯子放在冷桌子上时发生的热传导现象而设计的分子运动模拟。另外，技术还为学生表达观念提供了支持。例如，WISE平台为了引出学生对温度与热的已有观念，通过电子工作表单的形式引导学生回答一些相关的问题，从而帮助他们形成对将要探究问题的初始理解。

温度与热项目的最后一个活动是鼓励学生在回顾该主题学习的基础上，根据自己探究所获得的科学证据，提炼出关于温度与热的科学原则。这一环节中，WISE设计的"原则创建者"（principle maker）工具发挥了有效的支持作用，它通过为学生提供框架性的选择，帮助他们理清思路，为科学原则的构建和清晰表述搭建了脚手架（见图5.6）。

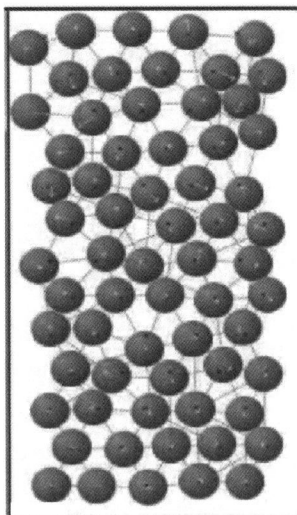

左边显示当杯子与桌子接触时的那一瞬间分子的情况

按下**开始**按钮，可以看到分子的速度变化

图 5.5　温度与热项目分子运动模拟

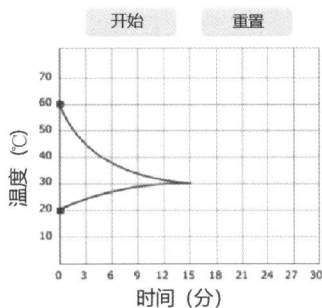

图 5.6　"原则创建者"工具

3. 用技术记录学习过程，促进学生的自主学习与反思

　　温度与热项目中的电子工作表单不仅让学生及时将自己的观念以言语化的方式清晰表达出来，而且为学生回顾、比较、反思等观念提供了依据，是对学生探究过程和科学知识发展的全程记录。学生可以单击 WISE 用户界面上的"查看我的作业"图标随时查看自己的学习记录。此外，该项目还注重引导学生基于实验获得的科学数据对先前预测和观点进行重新思考，如在开始探究温度与热前，WISE 先引导学生进行预测和猜想："请预测一下，铁制的柜子、木制的桌椅、塑料制的键盘哪一个摸起来感觉更冷？""你认为，摸起来感觉最冷的物品温度会最低吗？为什么？"在学生测量完室内 6 种不同材质的物品的温度并记录后，WISE 再引导学生根据测量结果对先前的预测进行反思："根据

你测量的结果，你发现了什么？（提示：想想与室温有什么关系呢？）"请解释你的测量结果符不符合你的预测，为什么？"这就使学生能够将自己的科学观点和理解建立在证据的基础之上。

二、EcoMUVE学习平台

多用户虚拟生态系统（ecosystem for multi-user virtual environment，EcoMUVE）是哈佛大学教育研究院开发的一个关于复杂系统的沉浸式虚拟学习环境平台，中学生可在此沉浸式虚拟环境中学习生态系统和因果模式。EcoMUVE项目的目标是通过多用户虚拟环境（multi-user virtual environment，MUVEs）的课程，帮助学生更深入地理解生态系统和因果模式。MUVEs是一种3D虚拟世界，在外观和感觉上类似于电子游戏，其中构建了接近真实情境的生态环境，让学生在其中探索和收集信息。学生可用个人电脑单独学习，在虚拟世界中进行团队合作。沉浸式界面让学生通过探索和解决现实环境中的问题来学习科学。EcoMUVE包括池塘和森林两个模块。每个模块都是一个围绕虚拟生态系统建立的为期两周的基于探究的生态系统课程。

（一）EcoMUVE模块1：池塘

这一模块呈现的是一个基于马萨诸塞州剑桥市淡水池塘Black's Nook的池塘生态系统（见图5.7）。学生可探索池塘和周围的区域，甚至在水下行走，并看到不同的生物栖息在它们的自然栖息地。学生可使用微型潜艇放大并观察池塘中的微生物。他们可以在野外指南中了解他们找到的生物，并可以构建一个食物网。学生可收集水的测量数据（如温度、溶解氧、磷酸盐、硝酸盐、pH值、温度等），并且观察天气，通过探索池塘附近的地形及其演变来进行观察。

学生可观察池塘——池塘和周围区域每天都不一样，系统内不同的虚拟角色提供新的信息。可使用表格和多维图表查看数据。学生会惊奇地发现，在夏末的一天，池塘里的许多鱼死了。学生需要完成的任务是：弄清楚池塘发生了什么，导致鱼大量死亡。他们可进行团队合作，收集和分析数据，收集信息以解开谜题，并逐渐了解池塘生态系统的复杂因果关系。

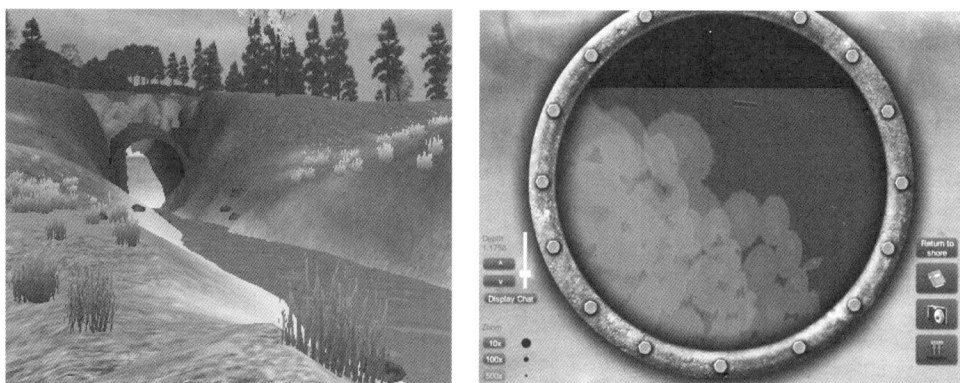

图5.7　虚拟池塘生态系统

（二）EcoMUVE 模块 2：森林

第二个模块是以美国北部的阔叶林生态系统为原型创建的（见图 5.8）。在探索生活在森林生态系统中的动植物的同时，学生可了解生态系统中的个体、种群和群落水平。一个交互式的食物网工具允许学生追踪生态系统中种群的能量流动（见图 5.9）。

学生可组成小组，观察每个岛屿上的人口和森林结构是如何随着时间的推移而变化的。两个岛屿都有鹿群，其中一个岛上有狼，岛上鹿的数量受到较大的影响，岛上有很多植物，有种类丰富的昆虫，还有很多鸟；另一个岛上几乎没有植被。通过一段时间的监测，学生会了解到这两个岛屿存在巨大差异在很大程度上是因为鹿和它们的主要捕食者之间的关系。学生可组成小组，收集人口数据，在虚拟世界中与人交谈，从树的年轮中收集证据，建立一个食物网，从而收集关于森林生态系统中因果关系的线索。

图 5.8　虚拟森林生态系统

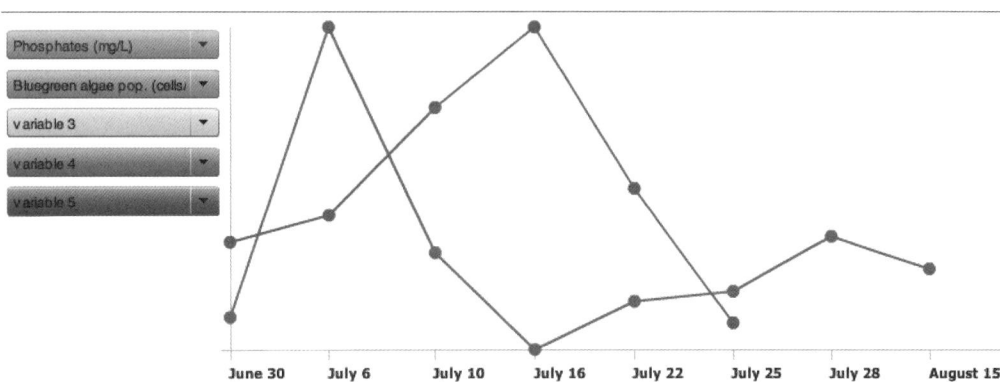

图 5.9　生态系统中种群的能量流动

第三节　学习工程的概念与内涵

一、何为学习工程

"学习工程"（learning engineering）这一术语最早由诺贝尔经济学奖、图灵奖得主赫伯特·西蒙（Herbert Simon）教授于 20 世纪 60 年代提出。它是一个聚焦于用工程方法改进学习技术和学习环境的新兴领域，旨在探索利用全新的系统思维和有效工具来测量数字空间中的学习行为和学习效果。经过几十年的发展，以数字学习空间为基础发展起来的学习工程已经引起了高等教育和工业领域的关注。学习工程是一个不断发展的领域，其基本定义是用工程设计方法支持学习技术和基础设施的发展。波士顿学院学习工程硕士研究生项目创始人珍妮特·科洛德纳（Janet Kolodner）指出，学习工程通过系统地应用学习科学的原理和方法，建立对学习者和学习更全面的了解[64]。

随着学习工程实践的兴起，学习工程师应运而生。他们是学习工程的实践者和推动者，学习工程师能够将工程和系统思考与学习科学结合，从而更好地支持学习技术的发展，达到提升学习质量的最终目标[65]。哈佛大学教育学院教授克里斯·迪德（Chris Dede）将学习工程师描述为懂得学习、学习测评理论及实证研究的专家，他们能将这些成果运用到具体实践情境中，以考核它们的价值，在此基础上改进先前的启发式算法和模型，使学生的学习更高效[66]。

华中师范大学国家数字化学习工程技术研究中心的学者周子荷等提出了学习工程实践框架（见图 5.10）。该框架强调学习工程是一个在学习科学、学习技术、计算机科学、数据科学与系统工程等多学科共同作用下的系统工程。学习科学扎根于理论中，学习技术扎根于实验室中，而学习工程扎根于现实世界中，三者共同构成了当代学习研究的三元耦合结构[67]。

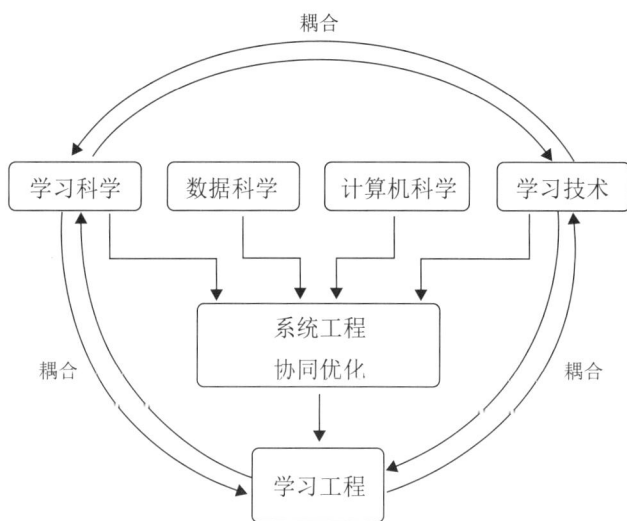

图 5.10　学习工程实践框架

二、CMU 的西蒙倡议

2014 年，卡内基梅隆大学（Carnegie Mellon University，CMU）时任校长发起了西蒙倡议（Simon Initiative）。该倡议旨在建立一个跨学科的学习工程生态系统，该系统强调数据创建、学习理论应用和支持学习的技术设计三者持续反馈循环，由此不断提高学生的学习成效。西蒙倡议的愿景是利用学习科学理论创新教育实践，同时利用教育实践中产生的数据来推动学习科学领域的研究，最终为不同背景和来自不同场域的学习者改善学习成效提供帮助。西蒙倡议的使命包含两个层面：① 在CMU建立一个学习工程生态系统，该生态系统提供教育技术装备和人力支持，使教师能够切实地利用学习科学研究成果来改善其教育实践，为他们的教育实践提供工具，使他们能够获得有用的数据，并分析这些数据以改善学生的学习成果；开发面向教育的下一代工具，将最先进的研究工具转变为教师易学且易使用的智能工具；使用西蒙倡议的学习工程方法，彻底改革并明显改进CMU的几门教育核心课程，包括写作与沟通、统计方法和计算机科学导论。②在全球范围内提供可访问的工具和方法，任何个人或机构都可以使用这些工具、方法以及CMU的学习工程方案，从而改善目标学习者群体的学业表现。

CMU西蒙倡议当时吸引了CMU数百名多学科的教师和研究人员参与，这个跨学科的学习工程生态系统涵盖了教育数据、挖掘和机器学习、计算机支持的协作学习、虚拟同伴、教育游戏、学习神经科学、因果学习、发展和学习以及很多其他领域。

西蒙倡议的核心工作是利用CMU的学习工程生态系统创建下一代教育系统。为了实现这一目标，纽约卡内基公司提供了科研资金，用于更好地研究利用技术支持学习的障碍因素，并制定策略来克服这些障碍。

在国际教育规划研究所的支持下，通过CMU"数据科学为教育工作者（Data Science for Educator，DS4EDU）研究所"的努力，全美国的教育工作者可以利用先进的数据科学技术来理解学习。此外，西蒙倡议有赖于以下内容的支持：

（1）数据实验室（DataLab），它提供了关于人们如何学习与如何设计和部署有效的学习软件的详细数据。DataLab提供收集、分析和安全存储离线和在线教学数据的工具。这些工作有助于教育工作者、研究人员、课程设计者和合作伙伴更好地评估学生的学业表现、设计课程、尝试新想法，并将一些真知灼见融入其中，最终改善学生的学习表现。

（2）教育技术与应用学习科学硕士项目（Masters of Educational Technology and Applied Learning Science，METALS），这是一个为期一年的跨学科硕士课程，旨在将研究生培养成学习工程师。毕业生采用定量教育方法，学习应用学习科学原理、循证研究和分析大规模数据来设计、创建和改进教育资源和技术。

（3）学习实验室（LearnLab），它是为西蒙倡议提供科学支持的部门。它最初是由美国国家自然科学基金会资助的，其利用认知理论和计算建模来寻找那些能够促进学生学习的教学条件。

（4）开放学习倡议（Open-Learning Initiative，OLI），该倡议为任何想学习或教学的人提供在线课程。他们将开放、高质量的课程、持续的反馈和研究结合起来，以提高学习效果，改变高等教育。大量研究表明，与纯视频在线教学相比，学生在使用开放学习倡议开发的课程时学习效果更好。

第五章相关网址

课后思考题

1. 简述学习设计和学习工程的概念与内涵。

2. 简述学习设计与教学设计的区别。

3. 基于本章中的学习设计案例，结合自身的学习经历，设计出面向某个学段群体的关于某学习主题的学习设计案例。

--- 参考文献 ---

[1] Conole G, Fill K. A learning design toolkit to create pedagogically effective learning activities[J]. Journal of Interactive Media in Education, 2005(8):1-16.

[2] 赵文政，张立国.移动 AR/VR 赋能学习设计模式变革探索[J].现代远距离教育，2020（6）：41-49.

[3] Britain S. A review of learning design: Concept, specifications and tools[R]. A Report for the JISC E-learning Pedagogy Programme, 2004.

[4] Ifenthaler D, Eva-Dobozy D G. Informing learning design through analytics: Applying network graph analysis[J]. Australasian Journal of Educational Technology, 2018, 34(2):117-132.

[5] Koper R. Current research in learning design[J]. Journal of Educational Technology and Society, 2006, 9(1):13-22.

[6] Mor Y, Craft B. Learning design: Reflections upon the current landscape[J]. Research in Learning Technology, 2012, 20(Suppl):85-94.

[7] Dobozy E. Learning design research: Advancing pedagogies in the digital age[J]. Educational Media International, 2013, 50(1):63-76.

[8] Agostinho S. The use of visual learning design representation to document and communicate teaching ideas[C]//Proceeding of 23rd Annual Conference of the Australasian-Society-for-Computers-in-Learning-in-Tertiary-Education. Sydney, 2006.

[9] Conole G. The Role of Mediating Artefacts in Learning Design[M]//Lockyer L, Bennett S, Agostinho S, et al. Handbook of Research on Learning Design and Learning Objects: Issues, Applications and Technologies. Hershey: IGI Global, 2008:188-208.

[10] Dalziel J. Learning design: Sharing pedagogical know-how[M]//Liyoshi T, Kumar M K. Opening up Education: The Collective Advancement of Education Through Open Technology, Open Content and Open Knowledge. Cambridge: MIT Press, 2008:375-388.

[11] Papadakis S. Enabling Creative Blended Learning for Adults Through Learning Design[M]//Blended Learning Environments for Adults: Evaluations and Frameworks. Hershey: IGI Global, 2012:257-273.

[12] Conole G. Designing for learning in an open world[J]. Educational Media International, 2013, 50(3):225-226.

[13] Hernández-Leo D, Harrer A, Dodero J M, et al. A framework for the conceptualization of approaches to "Create-by-Reuse" of learning design solutions[J]. Journal of Universal Computer Science, 2008, 13(7):750-760.

[14] Cross S, Conole G. Learn about Learning Design[M]. Milton Keynes: Open University, 2009.

[15] Donald C, Blake A, Girault I, et al. Approaches to learning design: Past the head and the hands to the HEART of the matter[J]. Distance Education, 2009, 30(2):179-199.

[16] Lockyer L, Heathcote E, Dawson S. Informing pedagogical action: Aligning learning analytics with learning design[J]. American Behavioral Scientist, 2003,57(10):1439-1459.

[17] Lockyer L, Bennett S, Agostinho S, Harper B. Handbook of Research on Learning Design and Learning Objects[M]. New York: Information Science Reference, 2008.

[18] Peterson C. Bringing ADDIE to Life: Instructional design at its best[J]. Journal of Educational Multimedia and Hypermedia, 2003, 12(3):227-241.

[19] Dobozy E. Typologies of learning design and the introduction of a "LD-Type 2" case example[J]. E-learning Papers, 2011, 27, 1-11.

[20] Mor Y, Craft B, Maina M. Introduction-Learning Design: Definitions, Current Issues and Grand Challenges[M]//Art and Science of Learning Design. Rotterdam: Sense Publishers, 2015: 9-26.

[21] 蔡慧英，顾小清.联结学习设计与学习分析：教师技术创新教学的突破口——访西班牙巴利亚多利德大学雅尼斯·迪米特里亚迪斯教授[J].开放教育研究，2020，26（1）: 4-13.

[22] 吴军其，刘玉梅.学习设计：一种新型的教学设计理念[J].电化教育研究，2009（2）: 80-83.

[23] Persico D, Pozzi F, Anastopoulou S, et al. Learning design Rashomon I-supporting the design of one lesson through different approaches[J]. Research in Learning Technology, 2013, 21(0):1-19.

[24] Chai C S, Koh J H L. Changing teachers' TPACK and design beliefs through the Scaffolded TPACK Lesson Design Model[J]. Learning: Research and Practice, 2017, 3(2): 114-129.

[25] Rahimi E, van den Berg J, Veen W. A learning model for enhancing the student's control in educational process using Web 2.0 personal learning environments[J]. British Journal of Educational Technology, 2015,46(4):780-792.

[26] Kerawalla L, Minocha S, Kirkup G, et al. An empirically grounded framework to guide blogging in higher education[J]. Journal of Computer Assisted Learning, 2009, 25(1): 31-42.

[27] Oliver R, Herrington J. Exploring technology-mediated learning from a pedagogical perspective[J]. Interactive Learning Environments, 2003, 11(2):111-126.

[28] Atkinson S P. Embodied and embedded theory in practice: The student-owned learning-engagement model[J]. International Review of Research in Open and Distributed Learning, 2011, 12(2): 1-18.

[29] Salmon G, Wright P. Transforming future teaching through "Carpe Diem" learning design[J]. Education Sciences, 2014, 4(1): 52-63.

[30] Nouri J, Spikol D, Cerratto-Pargman T. A learning activity design framework for supporting mobile learning[J]. Designs for Learning, 2016, 8(1):1-12.

[31] Benton-Borghi B H. A universally designed for learning (UDL) infused technological pedagogical content knowledge (TPACK) practitioners' model essential for teacher preparation in the 21st Century[J]. Journal of Educational Computing Research, 2013, 48(2): 245-265.

[32] Angeli C V. Preservice elementary teachers as information and communication technology designers: An instructional systems design model based on an expanded view of pedagogical content knowledge[J]. Journal of Computer Assisted Learning, 2005, 21(4): 292-302.

[33] Bower M, Hedberg J, Kuswara A. A framework for Web 2.0 learning design[J]. Educational Media International, 2010, 47(3): 177-198.

[34] Bower M. Affordance analysis-matching learning tasks with learning technologies[J]. Educational Media International, 2008, 45(1): 3-15.

[35] Zurita G, Nussbaum M. A conceptual framework based on activity theory for mobile CSCL[J]. British Journal of Educational Technology, 2007, 38(2): 211-235.

[36] Pérez-Sanagustín M, Santos P, Hernández-Leo D, et al. 4SPPIces: A case study of factors in a scripted collaborative-learning blended course across spatial locations[J]. International Journal of Computer Supported Collaborative Learning, 2012,7(3):443-465.

[37] Pozzi F, Persico D. Sustaining learning design and pedagogical planning in CSCL[J]. Research in Learning Technology, 2013, 21: 1-11.

[38] Schmeil A, Eppler M J, de Freitas S. A structured approach for designing collaboration experiences for virtual worlds[J]. Journal of the Association for Information Systems, 2012, 13(10): 8-36.

[39] Stanton G, Ophoff J. Towards a method for mobile learning design[J]. Issues in Informing Science and Information Technology, 2013,10:501-523.

[40] Mor Y, Mogilevsky O. The learning design studio: Collaborative design inquiry as teachers' professional development[J]. Research in Learning Technology, 2013,21(21):22-54.

[41] De Freitas S, Neumann T. The use of "exploratory learning" for supporting immersive learning in virtual environments[J]. Computers and Education, 2009, 52(2):343-352.

[42] Conole G. The 7Cs of Learning Design[M]//Dalziel J. Learning Design: Conceptualizing A Framework for Teaching and Learning Online. New York: Routledge, 2015:117-145.

[43] Emin V, Pernin J-P, Guéraud V. Model and tool to clarify intentions and strategies in learning scenarios design[C]//Proceedings of the European Conference on Technology-Enhanced Learning. Nice, 2009:462-476.

[44] 曹海艳, 孙跃东, 罗尧成, 等. "以学生为中心"的高校混合式教学课程学习设计思考[J]. 高等工程教育研究, 2021（1）: 187-192.

[45] 冯晓英, 曹洁婷, 黄洛颖. "互联网+"时代混合式学习设计的方法策略[J]. 中国远程教育,2020（8）: 25-32, 54, 77.

[46] 冯晓英, 王瑞雪. "互联网+"时代核心目标导向的混合式学习设计模式[J]. 中国远程教育, 2019（7）: 19-26, 92-93.

[47] 多召军, 赵蔚, 李玉斌, 等. 问题解决学习视角下基于网络学习空间的混合式学习设计[J]. 电化教育研究, 2018, 39（2）: 32-38.

[48] 王宇, 汪琼. 慕课环境下的真实学习设计: 基于情境认知的视角[J]. 中国远程教育, 2018（3）: 5-13, 79.

[49] 彭红超，祝智庭.面向智慧课堂的灵活深度学习设计框架研制[J].现代远程教育研究,2021,33（1）：38-48.

[50] 沈书生.从教学结构到学习结构:智慧学习设计方法取向[J].电化教育研究，2017，38（8）：99-104.

[51] 徐显龙，王雪花，顾小清.智慧教室小组合作学习设计及成效[J].开放教育研究，2017，23（4）：112-120.

[52] 杨南昌,刘晓艳.具身学习设计：教学设计研究新取向[J].电化教育研究，2014，35（7）：24-29，65.

[53] 杨开城，刘晗.DCR视野下问题解决类协作学习设计的一项个案研究[J].电化教育研究，2018，39（11）：5-12，68.

[54] 王星霞，刘桂珍.网络课程：交互、合作学习设计模式及策略[J].电化教育研究，2006（2）：52-58.

[55] 陈明选，杨婧.手机直播支持下的交互式学习设计与应用研究[J].远程教育杂志，2017，35（6）：3-11.

[56] 吴明超，李子运.微投技术支持的微型学习设计研究[J].现代教育技术，2011，21（2）：112-115.

[57] 孔维宏，高瑞利.基于Moodle的混合式学习设计与实践研究[J].中国电化教育，2008，253（2）：80-83.

[58] Songer N B, Linn M C. How do students' views of science influence knowledge integration?[J]. Journal of Research in Science Teaching, 1991,28(9):761-784.

[59] Linn M C, Husic F, Slotta J, et al. Technology enhanced learning in science (TELS): Research programs[J]. Educational Technology, 2006,46(3): 54-68.

[60] Petra F S, Jaidin J H, Perera J Q, et al. Supporting students to become autonomous learners: The role of web-based learning[J]. International Journal of Information and Learning Technology, 2016.

[61] Linn M C. The Knowledge Integration Perspective on Learning and Instruction[M]. Cambridge: Cambridge University Press, 2006.

[62] Linn M C, Eylon B S. Science Learning and Instruction: Taking Advantage of Technology to Promote Knowledge Integration[M]. New York: Routledge, 2011.

[63] Quintana C, Shin N, Norris C et al. Learner-Centered Design: Reflections on the Past and Directions for the Future[M]//Sawyer R K. The Cambridge Handbook of the Learning Sciences. Cambridge: Cambridge University Press, 2006: 119-134.

[64] Wagner E. Learning engineering: A primer[EB/OL].(2019-05-23)[2023-09-10]. https://www.learningguild.com/insights/238/learning-engineering-a-primer/.

[65] Wagner E, Barr A, Blake-Plock S, et al. 7 things you should know about learning engineering[EB/OL]. (2018-09-07)[2023-09-10]. https://library.educause.edu/resources/2018/9/7-things-you-should-know-about-learning-engineering.

[66] Dede C, Richards J, Saxberg B. Learning Engineering for Online Education: Theoretical Contexts and Design-Based Examples[M]. New York: Routledge, 2019.

[67] 周子荷，刘三女牙，李卿.从学习科学到学习工程：历史跨越与未来走向[J].远电化教育研究，2020（11）：5-12.

第六章

计算机支持的协作学习（CSCL）

通过本章的学习，学习者能够：

学习目标 ▶ ▶ ▶

1. 理解计算机支持的协作学习的理论基础和开展形式；

2. 理解脚手架的概念；

3. 熟悉计算机支持的协作学习的支持工具和支持策略。

第一节 CSCL概述

一、CSCL的定义和内涵

（一）协作学习

1. 协作学习的概念

随着人类交往在全球范围内变得更加紧密，协作变得越来越重要。在教育环境和劳动力市场中，与他人协作有效解决问题的技能尤为重要。教育领域对协作的关注和重视催生了协作学习。Johnson等人提出协作学习是一种教学法，通常用于面对面学习环境（例如教室）的学习小组中[1,2]。他们认为协作学习应满足积极的相互依存关系、个人和小组的问责制、激励性的互动、社交技巧的适当使用等基本条件，否则协作学习将无法有效地实现学习目标[2]。

协作学习以学习小组为单位开展学习活动，并将小组整体表现作为考核的对象[3]。但毫无章法的小组活动将会是无效的，毫无目的的讨论亦是徒劳，真正的协作要使小组产生有效的社交互动[4]。小组成员通过分享、辩驳、协商等方式达成共同目标。小组成员主动参与、积极探索、不断建构自身的认知。综合来看，在协作学习的定义中，一般将团体（小组）学习视为形式特征，将协作知识建构视为过程特征，将提高团体和个人的学习成果视为目标特征，将教学策略或实践视为归属特征[5]。并且众多研究证明，作为一种学习策略，协作学习比竞争学习、个体学习更能提高学习者的学业成绩[6]，特别是在解决复杂任务时，协作学习效果更好[7]。当前，协作学习应用于教育的各个领域，成为一种主流的学习理论与实践活动。

2. 协作学习和合作学习的异同

协作学习和合作学习是两个既相似又不同的概念，在日常实践或研究中，经常有人将两者混为一谈或混淆使用。两者都是小组学习的形式，但又有各自的特点。合作学习的研究起始于 20 世纪初，20 世纪 70 年代后该领域的研究得到了迅速发展。Johnson 等人将合作学习界定为"小组教学的一种用途，以便学生通过共同努力最大限度地发展自己和其他小组成员的学习"[8]。Rich 将合作学习定义为"小型异质小组共同工作，达成同一个学习目标，并且参与者之间存在协作关系"[9]。上述的概念界定与协作学习界定看似相像，都强调了以小组为基本单位组织学习对于促进学习的价值。此外，两者都有团体的学习任务和目标，都强调小组成员的积极互相依赖、促进性交互、个体责任、社交技能等。

组织领域下的"团队合作"一词与协作学习也有共通之处，用于教育领域时常常指代协作学习。Salas 等认为，团队合作是"每个团队成员需要一组相互关联的想法、行动和感觉，这些想法、行动和感觉可以为一个团队发挥作用，并结合起来以促进协调一致的适应性绩效和任务目标，从而带来增值成果"[10]。Koh 等学者侧重中小学生协作能力的研究，在表述"协作"时，借鉴了组织学和管理学等领域的文献，将其称为"团队合作"（teamwork）而非"协作"（collaboration）[11]。

尽管协作学习和合作学习经常被视为同义词。但有些学者认为两者存在明显的差异。Dillenbourg 等人认为合作通常是通过分工来完成的，任务被划分为子任务，每个人负责完成各自的子任务，而协作强调的是不同个体共同完成同一个任务[12]。许多学者的研究也验证了这一点。Koschmann 指出，在合作学习模式中，即使学生进行小组学习，教师也仍然控制着课堂上发生的大部分活动。而协作学习的目的是让小组学生共同承担起全部责任，以便共同建构知识和发展[13]。

协作学习基于建构主义学习理论，更加强调学习者之间通过协作和互动来提高能力[14]。Miyake 将协作学习视为一种社会过程，其中每个个体参与者或学习者都有责任通过社会互动来创造自己的知识[15]。社会互动在所有学习群体中都具有双重目的。一方面，认知过程需要社会互动，通过社会互动学习者才能交换新思想、进行批判性思考、发表其他观点、形成反馈以及共同理解等[16]。这些认知过程对于一个团队的认知表现至关重要，例如有效解决问题、完成任务和知识建构[17]。另一方面，社会互动对于社会情感过程也非常重要，它是构成社会情感过程和实现良好的社会空间所必需的要素。

3. 为什么要协作

深度学习的最终目标是解决真实情境中的复杂问题，这个目标对学习者个体而言较难单独达成，但是协作学习则会使之更易实现[18]。协作学习强调知识是通过社会互动共同构建的。人们逐渐意识到群体是知识构建的主要来源。当解决复杂问题或任务时，具有不同经验、价值观和知识的团队往往比个人更有效。从 20 世纪 90 年代开始，有一些学者通过元分析的方法对协作学习领域的实证研究进行了综合分析，得出了一致的结论：协作学习对学习者的学业成就和学习态度等方面都产生了积极的效果。如陈娟娟等通过综合 2000—2016 年近百个研究，发现相比于个体学习，协作学习对知识收获产生了效应量为 0.42 的正向效果，显著提升了学生的能力（效应量为 0.64）[19]。在教育实践中，一般当效应量超过 0.25 时，就认为具有极大的推广价值。

（二）CSCL

计算机支持的协作学习（CSCL）是指学习者在计算机网络技术的支持下，结成学习共同体，并在共同活动与交互中协同认知、交流情感、培养协作技能，以提高学习的理论与实践[5]。它是学习科学的重要研究领域。

1989 年，在意大利召开的一个主题研讨会上，CSCL 第一次作为研究主题出现，该研讨会确定了 CSCL 的研究目的是将源自协作学习的研究成果应用于基于计算机的学习系统设计中，也因此，CSCL 是一个整合学习结果、社交过程以及技术的跨学科研究新领域[20]。1995 年，第一次 CSCL 会议在美国印第安纳州举行，与会者围绕知识整合、小组问题解决、互惠共济指导、概念变构以及基础理论框架等主题对 CSCL 进行了深度探讨[21]。2006 年，第一个以 CSCL 为研究专题的期刊《计算机支持的协作学习国际期刊》由国际学习科学协会（ISLS）正式出版，标志着 CSCL 研究开始逐步走向专业化。

2021 年，由全球 90 余位国际知名研究者共同参与编写的《计算机支持的协作学习国际手册》（*International Handbook of Computer-Supported Collaborative Learning*）（以下简称《手册》）正式出版。《手册》共 35 章，从理论基础、学习过程、技术支持以及研究方法四大维度阐述了 CSCL 的研究与发展情况，系统刻画了 CSCL 32 年（1989—2020 年）的发展历程和研究主题，标志着 CSCL 研究开始走向成熟。

32 年的 CSCL 研究整体可以总结为基本理论、协作学习过程、协作学习支持技术和研究方法这四大研究取向：① 基本理论方面呈现出复杂性、多样性和交叉性等特征，CSCL 是一个跨教育学、社会学和计算机科学的交叉研究领域。对 CSCL 有重要影响的理论包括社会文化理论、社会认知理论以及正在兴起的社会数字生态论等。按学习者的学习身份及其关系，CSCL 理论又分为个人主义认识论、关系主义认识论，以及实用与计算认识论。② 协作学习过程聚焦协作参与、群组协作、协作知识建构及三元学习。社区、参与和规模是影响 CSCL 学习过程的三个重要因素。以未来学习空间为代表的新兴技术教育应用正在重塑课堂学习参与的理论与实践。群组规模、群组意识以及群组构建是当前群组协作学习过程的研究重点。协作知识建构和三元学习是在线协作学习过程研究的两大方向。③ 协作学习支持技术主要包括学习空间技术、使能技术和学习分析技术三大类。学习空间技术的目标是为学习者的协作交互提供具有"在场"感的沉浸学习环境创设；使能技术包括为完成相应任务和目标而开发的技术，最具代表性的是教学机器人和智能代理技术；学习分析技术致力于将学习结构和学习者数字痕迹进行有效整合，协助知识建构分析、联合注意分析以及协作学习过程分析等。④ 研究方法强调多元方法论来源以及多模态学习分析趋向。CSCL 研究的具体分析维度包括人工制品分析、日志数据分析、语言会话分析、姿势与眼动分析、视频分析等。多模态学习分析是 CSCL 研究方法的新增长点和研究热点。在线协作学习会产生量大、多元且动态的数据，包括行为日志数据、人工制品数据、人机互动数据、手势和眼动数据等，多模态学习分析能从更微观层面提供研究的证据支持[22]。近些年来，随着大规模在线学习资源供给、泛在化学习环境普及，以及便携式在线协作学习终端的发展，CSCL正在向大规模的跨界协作学习发展[23]，研究焦点正在转向面向大规模的、跨界的以及生态的CSCL研究。

在技术与理论交融发展的推动下，CSCL在教育技术学科领域、计算机应用学科领域得到了重视，并在教学中得到了广泛应用。CSCL探讨了应用信息与通信技术（ICT）来支持协作学习，着重于技术如何促进小组学习、知识共享和共建。国内学者陈娟娟通过综合2000—2016年71项研究，发现相比于传统学习，ICT在协作学习中的使用对知识收获产生了效应量为0.45的正向效果，对学生个人学习感受有积极促进作用（效应量为0.51），显著提升了学生的能力（效应量为0.53），促进了小组任务表现（效应量为0.89）和社交互动（效应量为0.57）[19]。

CSCL基于计算机技术的中介作用克服了人类短时记忆、基于纸张的写作等局限性[24]，也突破了地域和时间上的限制[25]，从而在效能和灵活性上赋能协作学习过程，使得更有效的小组交互和更复杂的知识建构成为可能。CSCL作为教育技术的一种新兴模式，其研究由传统注重结果向注重过程转向，其研究方法也从注重实验性向注重描述性转向[13]。以计算机技术为中介的交互也成了CSCL的核心特征。虽然传统上CSCL主要强调的是以计算机网络为媒介的、时空分离的协作学习，关注的是在线交互层面，但是随着CSCL研究的持续深入，当前国内外研究者倾向于从广义的角度界定CSCL的概念，认为基于"技术为中介的交互"这一核心特征，在技术类型和学习情境方面不应再受到计算机技术和在线学习情境（时空分离）的限制，而可以拓展为任何支持协作的信息技术（协作技术）和应用协作技术的学习情境。CSCL可以是同步进行的，学习者可以实时地相互交流（例如，在线会议、面对面讨论），也可以异步进行（例如，电子邮件交流）。因此，CSCL的实践情境也有了更广泛的界定。由此，从宏观的学习情境视角，可以将CSCL内涵界定为：在技术中介的交互情境下，以群体形式开展的协作学习理论与实践活动。

（三）CSCL研究领域

CSCL研究者们围绕协作学习质量、行为表现、投入程度等议题做了大量的研究。CSCL的评价既重视群体之间的交互，也关注个体层面的表现和差异。协作评估框架研究聚焦于协作交互的编码框架，测量学习者的认知、行为和态度等要素，以此评估协作过程和结果。如Curtis等人基于学习者的协作学习行为提出编码框架，主要对计划、贡献、寻求输入、反思和监控、社交交互等五类协作学习行为进行指标编码[26]。Meier等人侧重CSCL学习情境中的协作交互质量，提出的评级方案从五个维度对讨论过程中的协作过程质量进行分析，这五个维度分别是：① 交流，包括保持相互理解和对话管理；② 共同信息处理，包括引发信息并给出适当的解释并达成共识；③ 协调，包括任务划分、时间管理和技术协调；④ 人际关系，对应二级维度"对等互动"；⑤ 动机，对应二级维度"个人任务导向"[27]。Veldhuis等人重点关注协作学习过程，基于学习活动视角提出一个编码框架，用于分析学习者的知识建构过程。该编码框架主要包括认知活动、元认知活动、情感活动以及其他活动等四个类别活动[28]。Kwon等人重点关注社交情感互动，把社交情感作为协作评估框架中的一级维度，从一个侧面来衡量学习者的协作学习交互过程[29]。同时，由于调节学习过程的能力在个人学习中起着重要作用，协作学习质量在很大程度上依赖于不断协调小组过程的能力、时间管理、个人责任和社会相互依存以及成员之间的高度互动性。因此，Kwon等人还把协调作为评估维度，协调与社会情感共同组成协作评估框架的一级维度。Jiang等人提出的评估框架主要从五个维度对协作学习的交互过程进行分析，这五个维度包括积极社会情感、消极社会情感、任务相关的询问、任务相关的回应以及沉默等[30]。田华等人在分析网络协作学习理论和教学实践的基础上，建立了网络协作学习的评价指标体系，并对各项评价维度进行效度检验[31]。陈向东等人基于Henri框架，提出了一个协作交互分析框架，以对在线异步交流文本进行分析[32]。

在协作评估工具和技术方面，早期的评估仅限于问卷、自我报告和观察方法。如Chou等使用学习环境情感氛围测量问卷，对协作学习过程和结果的满意程度进行测量[33]。Putri等人的研究主要通过观察、自我评估和同伴评估等方法来评估学生在认知层面的协作能力[34]。Putnam等人使用Voeltz、Kishi和Brennan开发的社交互动观察系统（social interaction observation system），直接观察一组预定的互动行为，来测量小组成员间的社交互动[35]。然而，技术进步促使协作评估工具和技术迅速发展，可以收集带时间戳的细粒度数据。同样，诸如数据科学、认知心理学和心理测量学等领域的新思维方式的普及，为我们在复杂环境中准确预测个体表现创造了可能。社会网络分析法通过互动网络凝聚性指标对协作学习中的互动结构进行分析[36]。对学生的行为数据进行分类、编码，使得日志流数据中每个类别的学生协作问题解决行为变为学习评估中通常遇到的测试项目，由此来推断潜在协作问题解决能力[37]。Cooper等人的研究使用隐马尔可夫模型（Hidden Markov Models）来分析学生表现的序列[38]。通过对学生问题解决策略序列进行建模，跟踪学生协作问题解决能力的发展过程。Bergner等人使用隐马尔可夫模型，探讨哪些教师行为与学生成绩相关联、学生收益如何与学生导师活动模式相关联[39]。

协作过程中，性别、团队组成、协作任务、文化背景、语言能力等潜在混杂因素可能会影响协作的过程和结果。① 参与者个体背景：认知能力、个性、知识、人口统计学和异质性。② 任务变量：良构与劣构任务、分配角色、任务内容、任务合作与任务竞争。③ 协作学习期间的过程变量：参与、目标和计划陈述、识别与解决冲突、理解和学习有效的问题解决策略。④ 个体和团队层面的成果：主题知识和问题解决策略、个人层面的学习合作、团队层面的任务知识和团队知识。Zhan等人的研究聚焦于性别这一分组策略，探讨了学生在协作学习过程中的学业表现、学习成绩以及态度等方面的性别差异[40]。研究结果表明，CSCL中性别分组策略主要影响学生个体的态度，而不是其学业表现。Harding等人的研究强调了协作过程中协作任务的重要性，通过设计四个基于数学的交互式任务来衡量学生个体的协作问题解决能力[41]。良好的协作任务设计有助于在协作问题解决范畴内评估学生个体的表现。Burke等人讨论了跨文化语境的重要性，强调文化多样性可能对协作产生巨大影响[42]。Prinsen等人基于跨文化背景，重点关注分析了协作互动过程中的反馈对来自移民和荷兰家庭学生的学习收益所可能产生的互动影响[43]。

二、CSCL的理论基础

（一）认知建构主义

认知建构主义（constructivism）是在瑞士心理学家皮亚杰的认知发展理论之上发展起来的理论，该理论认为学习是一个意义建构的过程，是在儿童以有意义的方式与周围环境互动的过程中完成的，需通过不断地重构才能获取知识[44]。皮亚杰认为儿童和周围环境之间的相互作用主要包括同化和顺应两种形式，同化是指儿童主动将新知识带入自己已有的认知结构中，而顺应则是指儿童必须重组或改造其认知结构以"容纳"新信息或知识。同化和顺应的过程就是儿童寻求原有认知结构与外界环境、刺激之间新平衡的过程。这种认知结构的调整过程发生在学习的全过程中，并在"平衡—不平衡—新的平衡"循环中得到进一步发展和提高。认知建构主义强调学生在学习过程中要充分发挥认知主体作用，通过探索法、发现法等来主动建构知识。例如，探究式学习就是认知建构主义观点在实际教学中的有效应用。通过有意义的问题情境，学生不断地发现问题、解决问题，最终实现知识的意义建构。

（二）社会建构主义

根据社会建构主义（social constructivism）学习理论的观点，学习是获取知识的过程，学习者的知识不是通过教师传授得到的，而是学习者在一定的情境即社会文化背景下，借助其他人（包括教师和学习伙伴）的帮助，利用必要的学习资料，通过意义建构的方式获得的。由于学习是在一定情境即社会文化背景下，借助其他人的帮助即通过人际协作活动实现的意义建构过程，因此建构主义学习理论认为"情境""协作""会话或社交互动""意义建构"是学习环境中的四大要素[45]。与其他建构主义理论一样，社会建构主义也把学习看成个体自己建构的过程，但它更关注这一建构过程中社会性的一面。它的主要观点如下：① 个体与社会是相互联系、密不可分的；② 知识来源于共同建构；③ 学习与发展是社会成员间的互动协商；④ 文化和社会情境在人的认知发展中起着巨大的作用[46]。

社会建构主义以维果茨基（Vygotsky）的心理发展理论为基础，将社交互动视为教育过程的核心。与认知建构主义不同，维果茨基强调社会和文化对学生的影响，认为学习在本质上是一种社会性对话过程，学习不仅发生在个人内部，更重要的是通过社交和协作活动来实现意义建构[47]。同时，维果茨基认为语言作为中介工具在社会性意义协商中发挥着重要的作用。他所提出的社会文化理论强调，学习过程是一个基于对话的、社会互动的实践过程，知识是通过对话和社会活动来建构的。互动对话引起知识建构的发生，从而推动学习。知识的发展、学习的发生有时就是在这种对话的过程中不经意产生的。可见，经由建构产生的知识实际上并不存在于个体的大脑之中，更多是附着和隐匿于对话之间，离开了对话，知识的发展便无从谈起。

相较于认知建构主义，社会建构主义认为学习与周围环境的互动可以产生有效的学习环境，进而推进意义建构的过程，提高效率。需要指出的是，社会建构主义主张为学生提供一个更具动态性和社会互动性的学习环境[48]。例如，维果茨基认为儿童的认知发展和社会性发展是通过与同伴的相互作用和交往发展起来的。他提出的最近发展区（zone of proximal development）概念便与此相关，他将其界定为"由独立解决问题所决定的实际发展水平与由成人的指导或与能力更强的同伴协作解决问题所确定的潜在发展水平之间的距离"。他认为学生可以在教师或同伴的帮助下掌握无法独自掌握的概念和技能。维果茨基为进一步申明学习环境对于知识建构的重要性，强调了创设学习环境以增强学习体验的必要性[49]。社会建构主义认为，通过呈现有意义的且与现实世界中的问题密切相关的真实任务，能够使学生最大限度地参与学习。

简而言之，社会建构主义基本思想包含以下四点：① 学习是意义建构的过程；② 社会交互对学习有促进作用；③ 会话是协作过程中不可缺少的环节；④ 意义学习发生于真实的学习任务情境中。事实上，这种思想通常被概括为四大要素——意义建构、协作、会话、情境。

由此可见，不论是认知建构主义还是社会建构主义，都将交互和情境放在了重要地位，都强调将学习者置于真实的任务情境中，使其在与周围环境和其他个体的交互过程中，逐渐建构自身知识。

三、CSCL 的开展形式

（一）基于问题的学习

基于问题的学习（problem-based learning，PBL）是以问题解决为导向的学习，是在解决劣构问题时获得知识建构的活动，强调以学生为中心，让学生自己去分析问题并解决问题，注重学生自主思考、探索信息并解决问题的过程。PBL 起源于 20 世纪 50 年代的医学教育，用来提高医学生的临床问题解决能力和终身学习能力。之后在高等教育中得到推广。PBL 所涉及的问题可以是诊断性问题、设计性问题和决策性问题。PBL 的目标包括帮助学生发展灵活的知识技能、有效解决问题的技能、自我导向学习技能、有效的协作技能以及提升内在动机。

相比于传统讲授法来说，PBL 具有问题性、探究性、自主性和合作性等特点，关注学生的自我能力提升，注重团队合作。问题解决从问题出发，通过有意义地交互、对话形式，达到某个共识，并形成问题的解决方案，学习者围绕学习过程中产生的问题进行思考和商讨，教师在此过程中提供学习支架等资源工具，帮助学习者进行高效地学习。Barrows 最早提出了基于问题的学习活动流程，分别是成立学习小组、问题创设、问题解决、总结展示和反思评价[50]。Hmelo-Silver 在此基础上提出了 PBL 教学法，包括问题的呈现、确定和分析，以及学生评估。基于问题的学习过程使学生在劣构的问题情境中处理分析问题，最终并解决问题，对学生问题解决能力的提升有积极影响[51]。教师向学生呈现问题，或者学生自主发现一个问题场景。学生通过从场景中识别出相关的事实来分析这个问题场景，这个步骤有助于学生理解问题。若学生能更好地理解这个问题，则他们就会产生相关可能的解决方案或假设，然后基于证据或数据验证解决方案或假设。

（二）科学探究性学习

科学探究性学习（scientific inquiry learning）起源于科学探究实践并且被广泛应用于教育实践中，尤其是科学教育中。科学探究性学习强调学习者扮演类似于科学家的角色，通过提出问题、收集和解释信息或数据，形成基于证据的观点和结论，让学生探索现象和问题[52]。其中，可以直接通过实验来获取数据，也可以使用已有数据库的数据。数据是对自然现象或体系的测量或描述，证据指的是被用来支持或推翻一个观点或假设的数据或知识。科学探究性学习已经出现在科学教室中，要求学生亲自试验去验证他们的假设。

科学探究的任务可以采用多种形式，例如讨论一个开放式问题、解释一个科学现象、构建科学模型来描述或解释科学现象，或者设计一个人工制品。科学解释是对一个科学现象机制或因果关系的描述。科学模型是对物理对象之间整体关系的外部化表示，可以重现实验观察结果或预测其发展。例如，解释为什么池塘生态系统出现鱼大量死亡的现象，为什么乒乓球在吹风机的吹动下悬浮在其上方而不下落。就像科学家在科学探究中所做的那样，科学探究学习需要学生用他们之前的知识和经验以及收集到的证据连接起他们的观点。这是引导学生理解更深层次科学概念而非纯粹记忆事实信息的关键途径。

探究性学习的过程通常是一个迭代循环的过程，一般包含五个步骤：① 分析问题；② 提出假设；③ 通过观察和实验收集信息和数据；④ 通过解释信息和数据验证这些假设和推论；⑤ 得出结论。在探究性学习中，学生不仅可以获得知识，还能够获得学科相关的技能以及在分析、综合和评估中的科学推理能力。而且，在这一过程中，学习者在他们自己的学习中拥有绝对的主体地位。另外，学生对于科学学习的积极性能够通过探究性学习来提高，对于科学学习的态度也能够通过探究性学习来改善。

（三）基于项目的学习

基于项目的学习（project-based learning，PBL）最早是由美国教育学家约翰·杜威于1897年提出来的。它是指以学习制品为驱动，以面向真实情境的问题解决为目的的建构性活动[53]。PBL已经被广泛地应用于教育领域。学习者以小组协作的形式，深入探索复杂、具有挑战性的问题，通过设计产品与方案，进行创新性的实践，从而获得知识和技能。PBL的步骤分为确定问题、设计产品或方案、作品制作、成果交流和活动评价等[53]。

PBL的一般步骤包括：

（1）选定项目：教师结合课程，发布学习任务，学生根据任务需求，提出所要设计的项目。在此过程中，教师作为引导者，应该充分评估学生所选择的项目是否可行，学生是否有能力完成项目。

（2）制定计划：学生需要预计项目完成的时间，制定相应计划。

（3）活动探究：学生以小组的形式对所选择的项目进行构思，提出解决问题的假设，收集资料等。

（4）作品制作：学生运用所学知识与技能，以及所获取的信息来设计、制作产品。

（5）成果交流：各学习小组之间相互展示作品，交流学习过程中的经验和体会。

（6）活动评价：活动评价可以由专家、学者、教师和学生共同完成，目的是更好地改进作品。

与传统学习方式相比，PBL 具有以下四个典型特征[53]：

（1）真实性：基于项目的学习围绕真实的问题或项目开展。基于真实的生活情境，能够增强知识和生活的联系，增强学生利用学科知识解决生活问题的体验。

（2）合作性：PBL 中的问题往往具有挑战性，学习者个人难以独立完成，大多通过团队合作完成。

（3）探究性：要求学生对真实问题进行探究，学生通过收集资料提出假设或问题解决方案。

（4）实践性：PBL 的最终目标是设计出作品或方案，学生需要结合多学科知识，参与实践，达成学习目标。

（四）基于设计的学习

基于设计的学习（design-based learning，DBL）起源于 20 世纪六七十年代，它强调以"设计"为核心，学生通过协作设计与制作创新性方案或产品，促进新旧知识的连接，培养创新能力和合作能力。设计是有明确的目的的、面向实际需求的以及具有创造性的实践活动，例如设计一款手机游戏或者设计一个学习系统。在 DBL 活动中，设计的思想贯穿于整个学习过程，并通过学习结果检验设计的合理性与有效性，且设计的活动需要循环迭代进行多次完善[54]。DBL 具有如下几个特征[54]：

（1）情境性：基于设计的学习以实际生活中的问题出发，设计满足人类需求的产品或服务。

（2）设计性：设计作为 DDL 的核心思想，贯穿于整个学习活动中。学习者解决真实问题的过程就是设计的过程。设计既是目标也是手段。

（3）迭代性：在方案或产品的设计过程中，学习者需要不断地进行设计和测试，不断地修改、完善方案或产品。

（4）协作性：基于设计的学习所解决的问题是具有挑战性的，学习者独立完成具有挑战性的任务的难度较大，效率较低，所以通常都以协作学习的形式进行。此外，学习者采用在协作学习中与同伴交流、协商、共享等方式，能够促进创新思维发展。

第二节　支持CSCL的脚手架

一、脚手架的概念

脚手架是指当学习者所要解决的问题超出其认知范围时，通过为学习者提供结构化的支持，帮助学习者解决问题，促进他们更好地掌握相关领域的知识[55]。脚手架具有三个关键特征：① 应变性（contingency），即响应、定制或调整支持；② 渐退性（fading），即随着时间的推移逐渐减弱这种支持；③ 转移责任（transfer of responsibility），即将完成任务的责任最终移交给学习者[56]。因此，在教学中，脚手架是一种临时、有意、响应性的支持，帮助学习者掌握新的知识和技能，辅助学习者从较低层次的概念理解水平提高到较高层次的概念理解水平。脚手架已经被广泛地运用于多种教学方法中，例如基于问题的学习、基于项目的学习、基于探究的学习和基于设计的学习。

脚手架可以是教师的指导，也可以是能力更强的同伴的帮助。随着计算机技术的发展，计算机为脚手架的支撑手段提供了多样的选择。无论是人提供的脚手架，还是基于计算机的脚手架，通常都具有如下作用：① 帮助学习者更好地思考；② 提供解决问题的策略；③ 判断是否形成概念理解；④ 激发学习兴趣、自主性以及促进自我效能等[56]。

二、CSCL的脚手架支持工具

如何利用技术中介（如ICT）设计和构建协作学习环境，以促进学习者的有效协作，一直是CSCL研究者们探究的主要问题之一。随着移动互联网和智能移动终端设备的发展，移动技术和数字化学习技术的结合创造了一个形式更灵活、时空更开放的学习环境[57]。移动学习不仅可以融合正式和非正式学习，以提高学生校内外的学习技能和经验[58]，并且可以通过构建一个互动更紧密、容纳更广泛对象的在线学习社区，以促进有效教学和反馈、简化学习过程[59]。例如，Northey等人利用脸书（Facebook）构建泛在学习（"here and now" learning）环境，发现相对课堂学习环境，泛在学习环境能够显著促进学习者的参与，并最终影响学习者的学业成绩[60]。Yahya等人利用二维码和与其链接的在线视频来设计翻转课堂，将课前（课外）的学习环境升级为基于移动技术的泛在环境[61]。沉浸式技术如在线游戏、虚拟现实（VR）、仿真模拟等作为在线教学环境，也可以促进学习者的协作。例如，开展基于数字游戏的学习[62]。Lindell等人研究了临床沉浸式体验对护理专业学生临床学习的积极作用与实践中存在的现实问题[63]。

CSCL相关的研究已从验证合作、计算机的使用是否有效，转向如何设计和使用工具来支持合作学习[19]。表6.1罗列了支持协作学习的工具，包含在线讨论工具、可视化表征工具、群体意识工具、图形化或多媒体教学工具、自适应或智能学习系统、虚拟学习环境等。

表6.1　支持协作学习的工具

工具	描述	例子
基本在线讨论工具	通过一般的 ICT 工具进行交流	异步讨论版或论坛、文本聊天工具、在线学习社区
增强在线讨论工具	为学习者提供了一些额外的交流工具	同步视频会议、语音识别工具（用于同步通信）等
可视化表征工具	学习者构建表征，将概念或思维过程可视化，并作为共享理解或群体认知的基础	概念图、思维导图、知识图、推理图、知识建模、图表、列表、矩阵、大纲、外部表示
群体意识工具	监控或可视化团队活动/互动，或提供有关成员知识水平的线索	参与工具、社会意识工具、群体知识意识工具
图形化或多媒体教学工具	由教师预先生成和提供，供学习者观看	图形、多媒体、动画
自适应或智能学习系统	为学习小组提供适应性和智能的帮助	自适应智能学习系统、智能推荐系统
虚拟学习环境	提供互动或沉浸式学习环境，模拟真实世界的情况并提供互动功能	数字游戏、模拟、增强现实、虚拟现实、第二人生

（1）基于在线讨论工具：通过一般的 ICT 工具开展在线交流和对话，包括异步讨论板或论坛、文本聊天工具以及在线学习社区等。

（2）增强在线讨论工具：利用增强的讨论工具，比如同步视频会议、语音识别工具（用于同步通信）等使得分布在各地的小组成员之间可以更便捷地讨论和互动。

（3）可视化表征工具：是指学习者构建的外部表征，如思维导图、概念图、知识图、推理图等。可视化表征使学习者能够明确地将复杂的想法和这些想法之间的关系外化，有助于学生组织概念或想法，促进他们的高阶思维[64]。可视化表征可作为共享理解或群体认知的基础，以促进小组讨论。例如，Janssen 等人要求学生共同构建图表，以推进他们的论证和推理[65]。图 6.1 是一个可视化表征工具的示例，该示例呈现了某小组在线协作学习的过程和结果，界面中有过程讨论区、成果共建区以及听众质疑点评留言区。

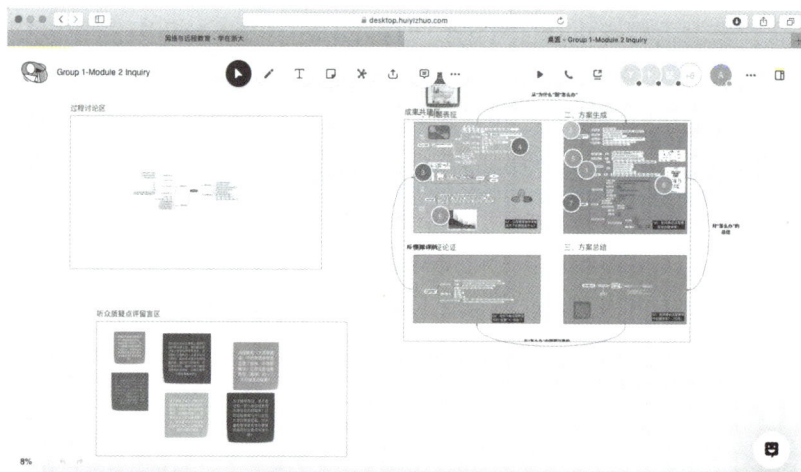

图 6.1　可视化表征工具示例

（4）群体意识工具：是指对群体各方面的感知，群体意识工具是能感知到群体意识的工具，该工具的设计是为了提高协作效果[66]。特别是在远程学习场景中，为了有效地交流和参与知识的共同构建，群体成员必须知道小组中发生了什么，他们的同伴理解了多少。如果成员的知识重叠很多，就没有必要深入讨论潜在的概念。如果一个同伴知道其他人不知道的东西，就可能需要作更多阐述和协商。群体意识工具旨在实现可视化群体活动和互动或为学习者提供关于同伴知识水平的信息[67]。图 6.2 是一个群体意识工具示例。

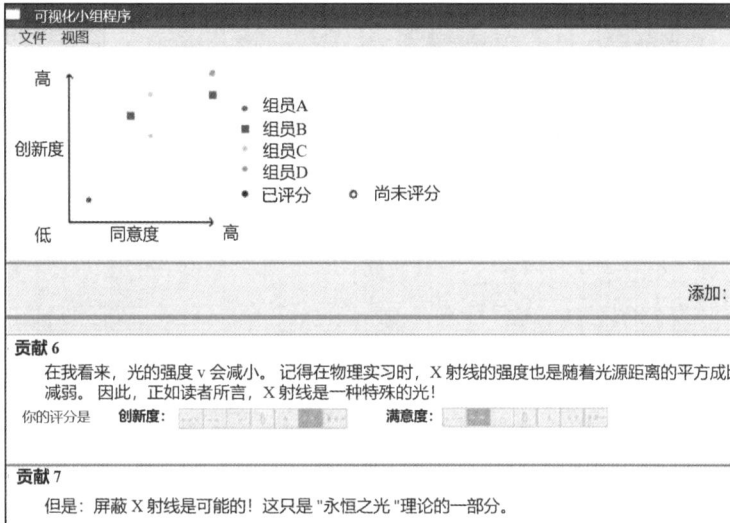

图 6.2　群体意识工具示例

（5）图形化或多媒体教学工具：图形或多媒体工具由教师预先生成或提供，供学习者观看。Rebetez 等人将多媒体教学定义为一种结合了符号（如文本、公式）和非语言信息（如图形、图式）的教学。他们使用静态图片和动画来解释自然动态系统是如何工作的[68]。图 6.3 是一个多媒体教学工具的示例。

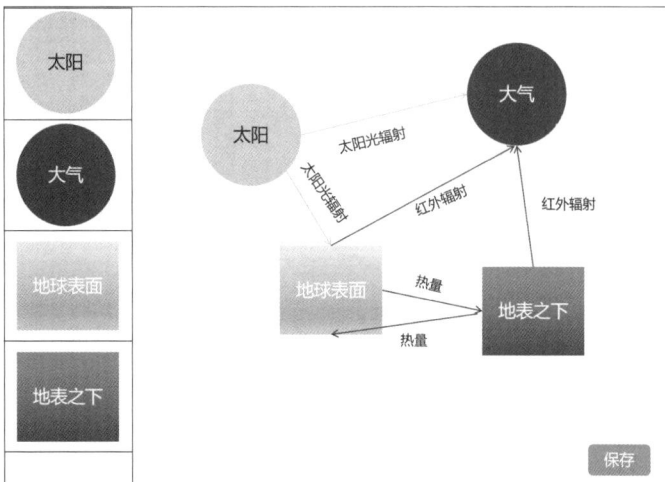

图 6.3　多媒体教学工具示例

（6）自适应或智能学习系统：计算机辅助学习不仅为学习者提供学习资源，而且支持个性化的学习过程。个性化可以利用自适应超媒体和推荐系统实现[69]，使用户能够访问与其兴趣、知识水平相关的学习资源。图6.4是一个自适应智能辅导系统的示例。

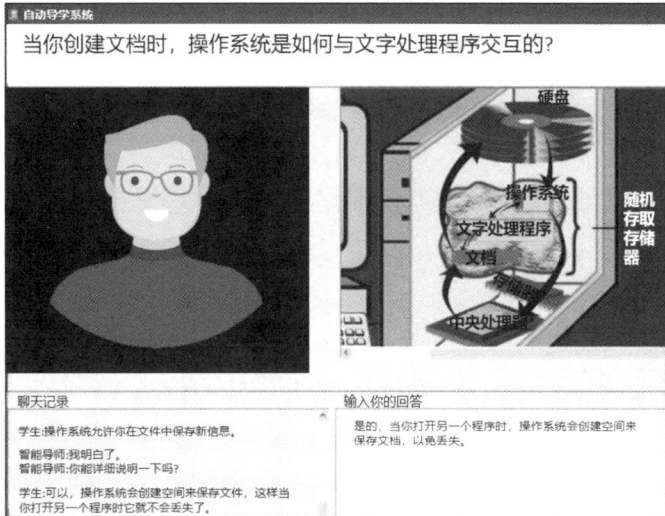

图6.4　自适应智能辅导系统示例

（7）虚拟学习环境：模拟真实世界的情况并为学习者提供实时交互功能[70]。比如，增强现实（结合了虚拟和现实场景）或虚拟现实，以及数字游戏。在基于数字游戏的学习中，通过虚拟角色扮演的方式往往使学习者能更加投入或沉浸在学习活动中。计算机仿真便于学习者操作变量并观察变量之间的因果关系[71]。虚拟环境主要用于支持情境学习，为学习者提供真实的学习体验，培养高阶思维能力，提高学习者的学习动机和注意力。图6.5是一个虚拟学习环境的示例。

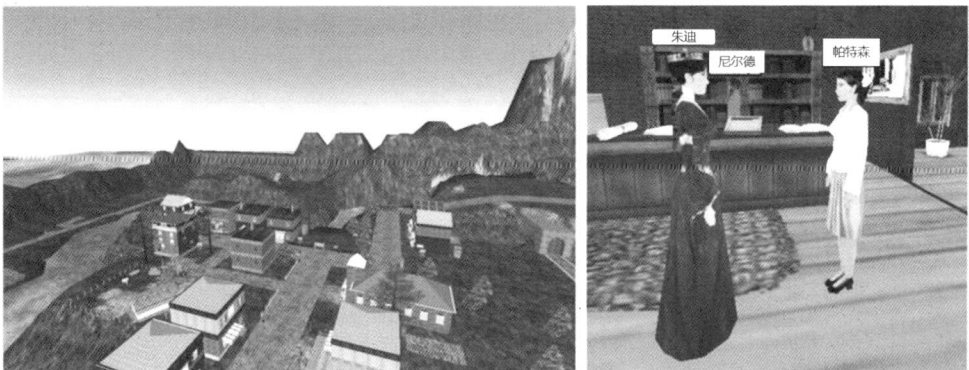

图6.5　虚拟学习环境示例

三、CSCL的脚手架支持策略

虽然学习环境或工具为协作学习提供了重要的机会，但技术本身并不能保证在协作环境下的学习有效。要促成有效的协作，仅仅将学习者放在一起（面对面或在线）是不够的[16]。因此，协作学习领域的研究者和实践者开发了丰富的基于ICT的教学策略，来支持学习者参与协同交互和完成协作任务。表6.2罗列了支持协作学习的策略[19]。常见的协作学习教学支持策略可归结为教师促进、同伴反馈或评估、角色扮演和脚手架式指导干预四种[19]。

表6.2　支持协作学习的策略

策略	描述	例子
教师促进	教师通过使用认知和情感策略为协作过程提供支持和指导	教师的解释和建模、教师的发起和反馈、行为建模
同行反馈或评估	学习者对彼此的表现给予反馈或评论	同行反馈、同行监控、同行评估、同行评审
角色扮演	每组成员都被分配了一个特定的功能角色，并对任务负责	职能角色或领导
脚手架式指导干预	通过提供指导，开始一个讨论话题，继续他们的小组话语，或达成共识，帮助维持小组话语和促进学生的社会互动	动态协作脚本、讨论脚本、社会脚本、认知脚本、建议、关于有效沟通的指导

在角色设计研究中，大多数是针对脚本角色即设定好的角色开展的。脚本角色可以分为功能性角色和认知性角色[72]，功能性角色强调问题解决中如何推进并得到解决方案，而认知性角色鼓励所有成员承担认知分享想法的责任。常见的功能性角色包括资料搜集员、记录者或编辑者等，而反馈者、总结者、理论者是典型的认知性角色。脚本角色还可以是面向内容或过程的等[73]，内容导向的角色类似于总结者角色[74]，关注学习内容；过程导向的角色比如项目管理者[75]，主要负责整个项目的协调控制等。

角色设计研究的类型，大致分为基于在线讨论协作活动的设计和基于实际问题解决情境的协作学习活动设计，其中基于在线讨论协作活动的设计的研究居多。第一类是基于在线讨论的对话式协作学习活动设计，这类研究大多依托于在线协作讨论话题，为学生设计不同的角色，探究角色设计对于知识建构、认知水平、知识共享等的影响。第二类是基于问题解决情境的协作学习活动设计，分为在线协作、混合式教学、线下教学等，通过角色设计赋予学生不同的角色，让学生完成特定的协作学习任务。在整个教学活动实践中，探究角色设计对于学生认知、学习投入、情感体验的影响。如Cheng等在在线学习环境中将学生角色设计为认知领导者（cognitive leader）、元认知领导者（metacognitive leader）、社会情感领导者（social-emotional leader），探究不同角色的功能对基于概念图的协作学习活动的协调影响，结果发现角色功能的设计有助于改善小组内的社会情感体验[76]。Cesareni等在混合学习中探究了社会导师（social tutor）、综合者（synthesizer）、质疑者（skeptic）等角色对于学生知识建构的影响。结果发现角色分配者更倾向于提出问题、整合对话并进行反思，其中质疑者角色注重对内容提问，综合者角色注重对内容的整合，社会导师角色则注重维护成员间的关系和交互[77]。张利峰在基于问题的在线学习活动设计中，运用角色脚本进行角色设计，在活动设计中给出了资料收集与分析者、问题诊断整合者和问题总结者这三个具体的角色。研究结果显示，学习活动中角色设计有助于学生在问题解决情境中的学习[78]。顾小清等基于协作任务设计了六种角色，即启动者、支持者、推理者、提问者、质疑者、控制者（starter、supporter、arguer、questioner、challenger、timer），以讨论小组为分析单位，结果发现设计的角色结构促进了群体认知[79]。廖媛探究了角色设计对于学生学习投入的影响，研究中应用的脚本角色为促进者、质疑者、话题呈现者和总结者，通过实证研究发现，学生自主选择角色的角色设计有助于促进学生的学习投入[80]。马佳叶以中学scratch课程的教学实践为依托，设计了基于角色扮演的合作学习教学模式，在每个小组中设定了总监、设计师、记录员、程序员四种角色。通过三轮行动研究，这种教学模式对于学生的合作交流、反思总结和问题解决能力都有一定的提升作用[81]。

（1）教师促进策略：主要指在教师角色转变的基础上，即从知识权威和传授者转变为协作学习进程的促进者、支持者和指导者，从认知和情感两方面促进学习者有效协作的教学策略，如通过督促学习者专注协作任务进程促进学习者知识建构、通过积极反馈和评价提升学习者学习动机[82]。教师促进策略可以分为两个主要维度：认知策略和情感策略。认知策略帮助学生清晰表达观点，并参与更有意义的互动，促进学生的知识建构，使学生专注于学习任务或主题。情感策略是通过给予积极反馈和帮助持续深入的话语来提高学生的学习动机。

（2）同行反馈或评估策略：使学习者同时扮演评估者和被评估者两种角色，以加深学习者对相关主题和任务的理解，提升学习者动机并培养其批判性思维[83]。在学习情境中，反馈被定义为由教师、计算机和/或同伴等提供的关于学习者表现的信息[84]。作为评估者，学习者需要理解评估标准，判断同行的表现，并提供反馈。被评估者需要审查同行提供的反馈，并进一步对学习进行改进[85]。这些活动可以使学习者更好地理解知识，培养他们的批判性思维，并提高他们的学习动机。

（3）角色扮演策略：通常用于在小组学习中构建协作活动[86]，通过为学习者指定角色（即赋予职责），如数据收集者、数据分析者、文字编辑者、领导或协调者，指导其学习过程中的个人行为并规范协作。角色可以定义为明确的或规定的指导个人行为和规范合作的责任或义务，通常由研究人员或教师分配。Cesareni等探讨了学生角色扮演策略与其课程参与的关系[77]，结果显示，与非角色接受者相比，接受角色的学习者通过提出更多问题、总结对话、反思活动过程等方式提升了课程参与，促进了知识建构。

（4）脚手架式指导策略：基于学习者自身可能难以启动主题讨论、继续小组讨论或达成共识等问题，该策略以协作脚本或信息提示等干预方式，促进学生的有效互动，提高话语交流技能，如质疑、辩论和解释[87]。协作脚本、信息提示是常用的干预措施，为学生提供有效的指导[87]。

【案例6-1】采用角色分配促进小组协作

在Cheng等人的研究中，研究人员为学生分配了认知领导者、元认知领导者和社会情感领导者等不同的角色，不同角色在小组解决问题的过程中发挥不同的作用[76]。在任务开始前，研究人员向学生介绍在线协作概念图工具和小组的协作任务，包括在线小组学习模块的一般要求（例如，目标、所需的主要学习活动和奖励政策）、学习材料（例如，概念图使用技巧和概念图工具中的协作概念映射策略），以及角色职责（见图6.6）。

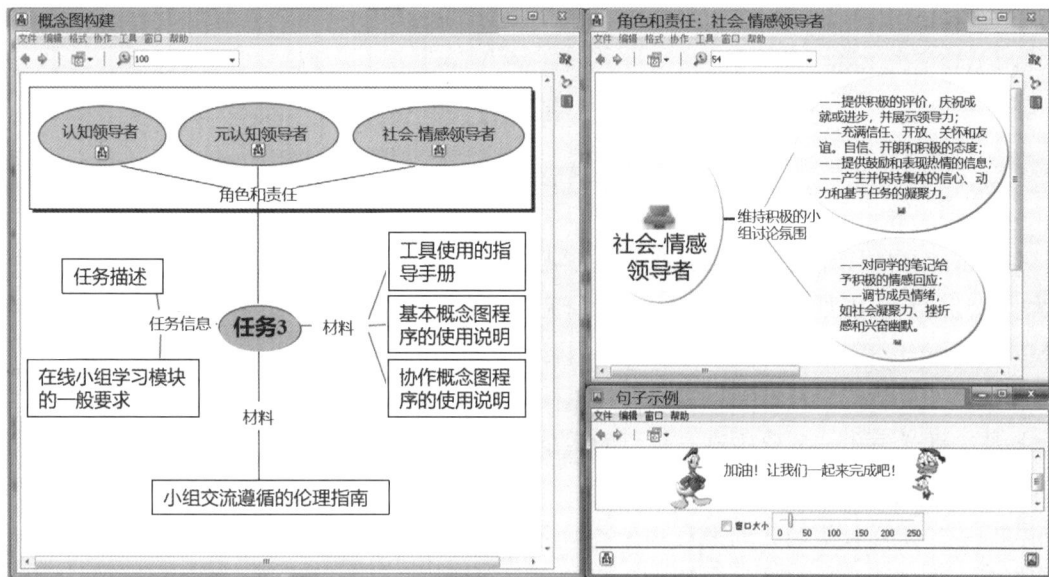

图6.6 角色分配

Wever等探究在线讨论中的社会知识建构，引入五个学生角色，即启动者（starter）、总结者（summarizer）、调节者（moderator）、理论者（theoretician）、资源搜索者（source searcher），研究表明在讨论开始时角色分配对于学生的社会知识建构有积极的影响[88]。Wise等要求学生随机轮换以下七种角色功能：激励别人贡献、给予指导、提供新思想、用理论作为讨论基础、获取资源、回复评论以及总结[89]。Wise等进行了一个学期的在线讨论实验，结果发现被分配了角色的学生比没有被分配角色的学生执行了更多的功能，在学习中作出了更大的贡献，特别是发现启动者对于指导讨论很有价值[89]。Dragan等在在线异步讨论中，采用探究式社区模式，设定学生角色为两种类型：研究专家和实践研究者。具体的职责角色有资源搜索者（source searcher）、理论者（theoretician）、总结者（summarizer）、调节者（moderator）、话题领导者（topic leader）五种。结果显示，角色分配有利于促进高认知水平的呈现[90]。Ylmaz等为在线讨论组的学生设计了以下五种角色：启动者（starter）、调节者（moderator）、推理者（arguer）、资源搜索者（source searcher）、总结者（summarizer）。结果发现通过给讨论组成员分配角色，能够降低学生的交互距离感，有利于学生之间知识共享行为的发生[91]。胡勇等在协作学习中引入了脚本角色，设计了在线讨论中的四种角色：话题发起者、资源搜索者、主持人、总结者。探究了角色设计对在线协作网络的影响，结果发现角色分配有助于学生参与在线讨论[92]。陈静研究发现，角色设计能够帮助学生更好地进行知识建构，聚焦学生的想法和观点[93]。徐晓燕在研究中应用了五种脚本支架角色：提出观点者、支持者、质疑者、反驳者和总结者。以知识建构为出发点，设计在线讨论的学习活动，结果发现角色设计有助于促进学生的知识建构，且提供不同详细程度的角色脚本支架，学生的知识建构程度就不同[94]。王智颖等探究在线异步讨论中角色轮换对于学生深度学习的影响，利用提问者、回答者、评价者和总结者四种角色，设计了角色轮换脚本，结果发现角色轮换脚本的应用有助于促进学生的高阶认知和思维发展[95]。

第三节　CSCL的典型案例

一、面对面协作学习的案例

外部表征的使用有可能促进探究性学习，特别是在假设生成和科学推理方面，这是学生遇到的典型困难。陈娟娟等学者的研究提出并探讨了三维思维图（three-dimensional thinking graph，3DTG）对学生科学推理的影响。学习者生成三维思维图可以将问题信息、学科知识（关键概念及其关系）以及探索问题所涉及的假设和推理过程结合在一起，以支持探究性学习[64]。实验中高二年级的两个班（共97人）被随机分配使用3DTG（实验组）或概念图（控制组），两组学生都使用在线学习系统，通过面对面讨论来完成科学探究任务。研究收集的数据来自多个数据资源，包括小组探究任务表现的测量、知识测试得分、学生共识构建认知问卷和开放式访谈。对小组任务表现的分析结果显示，实验组的参与者在探究任务中比对照组的参与者在生成假设和基于数据的推理方面表现得更好，但在得出结论方面表现不佳。研究结果表明，3DTG在促进探索和论证假设方面具有优势，同时也表明3DTG在得出结论和建立共识方面与概念图具有同等的价值。此外，使用3DTG的学生在知识测试中得分较高。

二、在线协作学习的案例

Palonen等为了研究学生在线协作学习的状况与性别、成绩之间的关系，在加拿大多伦多旧城区的一所公立小学对五年级和六年级的28位学生进行了为期一个学期的教学实验[96]。被试学生是在该校同年龄学生中随机抽取产生的，其中女生19位，男生9位。所有的学生在一个名为CSILE的在线平台上进行协作学习，学习内容包括关于风力、宇宙、电力和人体生物学的四个探究性学习项目，学生不受任何与当前学习相关的干预。CSILE中参与者交互的数据被自动记录，研究者同时也关注了性别与学生成绩的关系。研究表明，虽然CSILE课堂内部的互动密度很高，但存在较大的个体差异。此外，本研究还发现，性别是一个重要影响因素，在CSILE课堂中，成绩一般和成绩优异的女生主导着话语互动，承担着所有学生合作构建知识的主要责任。

课后思考题

1. 什么是脚手架？
2. 计算机支持的协作学习中的支持工具有哪些？
3. 计算机支持的协作学习中的支持策略有哪些？
4. 结合协作学习理论，设计一个关于协作学习的课程。

参考文献
---

[1] Johnson D W, Johnson R T. Learning Together and Alone: Cooperative, Competitive, and Individualistic Learning[M]. 5th ed. Boston: Allyn and Bacon, 1999.

[2] Johnson D W, Johnson R T. An educational psychology success story: Social interdependence theory and cooperative learning[J]. Educational Researcher, 2009, 38(5): 365-379.

[3] 黄荣怀，刘黄玲子. 协作学习的系统观[J]. 现代教育技术，2001，（1）：30-34，41-76.

[4] Guskey T R. Cooperative mastery learning strategies[J]. Elementary School Journal, 1990, 91(1): 33-42.

[5] 彭绍东. 从面对面的协作学习、计算机支持的协作学习到混合式协作学习[J]. 电化教育研究，2010（8）：42-50.

[6] 赵建华，李克东. 协作学习及其协作学习模式[J]. 中国电化教育，2000（10）：5-6.

[7] Gabbert B, Johnson D W, Johnson R T. Cooperative learning, group-to-individual transfer, process gain, and the acquisition of cognitive reasoning strategies[J]. Journal of Psychology, 1986, 120(3):265-278.

[8] Johnson D W, Johnson R T, Holubec E J. Cooperation in the Classroom[M]. Boston: Allyn and Bacon, 1998.

[9] Rich Y. Education and Instruction in the Heterogeneous Class[M]. New York: Thomas, 1993.

[10] Salas E, Sims D E, Burke C S. Is there a "big five" in teamwork?[J]. Small Group Research, 2005, 36(5): 555-599.

[11] Koh E, Hong H, Tan J P L. Formatively assessing teamwork in technology-enabled twenty-first century classrooms: Exploratory findings of a teamwork awareness programme in Singapore[J]. Asia Pacific Journal of Education, 2018, 38(1): 129-144.

[12] Dillenbourg P, Baker M, Blaye A, et al. The Evolution of Research on Collaborative Learning[M]//Spada E, Reiman P. Learning in Humans and Machines: Towards an Interdisciplinary Learning Science. Oxford: Elsevier, 1996: 189-211.

[13] Koschmann T K. CSCL: Theory and Practice of an Emerging Paradigm[M]. Mahwah: Lawrence Erlbaum Associates, 1996.

[14] 杨文阳，王燕. 面对面学习和CSCL对专业学习效果影响的实证研究[J]. 电化教育研究，2011（11）：87-91.

[15] Miyake N. Computer Supported Collaborative Learning[M]//SAGE Handbook of E-Learning Research, 2007: 248-265.

[16] Kreijns K, Kirschner P A, Jochems W. Identifying the pitfalls for social interaction in computer-supported collaborative learning environments: A review of the research[J]. Computers in Human Behavior, 2003, 19(3): 335-353.

[17] Gunawardena C N, Lowe C A, Anderson T. Analysis of a global online debate and the development of an interaction analysis model for examining social construction of knowledge in computer conferencing[J]. Journal of Educational Computing Research, 1997, 17(4): 397-431.

[18] 张浩，吴秀娟.深度学习的内涵及认知理论基础探析[J].中国电化教育，2012（10）：7-11，21.

[19] Chen J, Wang M, Kirschner P A, et al. The role of collaboration, computer use, learning environments, and supporting strategies in CSCL: A meta-analysis[J]. Review of Educational Research, 2018, 88(6): 799-843.

[20] O'Malley C. Computer supported collaborative learning[C]//Proceedings Originating from the NATO Advanced Research Workshop. Berlin: Springer, 1989:24-28.

[21] Goldman S, Greeno. CSCL'95: Environments for collaborating mathematically[C]//Proceedings of the First International Conference on Computer Support for Collaborative Learning. Mahwah: Lawrence Erlbaum Associates, 1995:143-146.

[22] 李海峰，王炜.CSCL研究30年：研究取向、核心问题与未来挑战——基于《计算机支持的协作学习国际手册》[J].现代远程教育研究，2022，34（5）：101-112.

[23] 张进宝.跨界邀请学习：一种社会性学习新方式[J].现代远程教育研究，2022，34（1）：56-62，74.

[24] 赵建华.CSCL的基础理论模型[J].电化教育研究，2005（10）：12-18.

[25] 祝智庭.关于教育信息化的技术哲学观透视[J].华东师范大学学报（教育科学版），1999（2）：11-20.

[26] Curtis D D, Lawson M J. Exploring collaborative online learning[J]. Journal of Asynchronous Learning Networks, 2001, 5(1): 21-34.

[27] Meier A, Spada H, Rummel N. A rating scheme for assessing the quality of computer-supported collaboration processes[J]. International Journal of Computer-Supported Collaborative Learning, 2007, 2(1): 63-86.

[28] Veldhuis Diermanse A E. CSC Learning: Participation, learning activities and knowledge construction in computer-supported collaborative learning in higher education[J]. International Journal of Language and Communication Disorders, 2002, 37(3):325-43.

[29] Kwon K, Liu Y H, Johnson L P. Group regulation and social-emotional interactions observed in computer supported collaborative learning: Comparison between good vs. poor collaborators[J]. Computers and Education, 2014,78(0):185-200.

[30] Jiang M, Li Y, Zheng L, et al. Gender group differences on behavior patterns in collaborative problem solving through LEGO[J]. Journal of Computers in Education, 2017,4(2):127-145.

[31] 田华，魏登峰，孟琦.网络协作学习评价指标体系的开发与实践[J].电化教育研究，2010（7）：73-76，81.

[32] 陈向东，马金金，谢三林，等.在线异步交流的交互分析——以《网络远程教育》在线课程为例[J].现代教育技术，2008（3）：33-38.

[33] Chou S W, Min H T. The impact of media on collaborative learning in virtual settings: The perspective of social construction[J]. Computers and Education, 2009, 52(2):417-431.

[34] Putri F A, Anggraito Y U, Alimah S. The effectiveness of guided inquiry strategy on students' collaborative skill[J]. Journal of Biology Education, 2018, 7(2): 144-150.

[35] Putnam J W, Rynders J E, Johnson R T, et al. Collaborative skill instruction for promoting positive

interactions between mentally handicapped and nonhandicapped children[J]. Exceptional Children, 1989, 55(6):550-557.

[36] 林雪芬. 基于项目的协作学习互动网络分析[J]. 远程教育杂志，2015，33（1）：80-86.

[37] Adams R, Vista A, Scoular C, et al. Automatic Coding Procedures for Collaborative Problem Solving[M]// Griffin P, Care E. Assessment and Teaching of 21st Century Skills. Berlin: Springe, 2015.

[38] Cooper M M, Cox C T, Nammouz M, et al. An assessment of the effect of collaborative groups on students' problem-solving strategies and abilities[J]. Journal of chemical education, 2008,85(6):866-872.

[39] Bergner Y, Walker E, Ogan A. Dynamic Bayesian Network Models for Peer Tutoring Interactions[M]//von Davier A A, Zhu M, Kyllonen P C. Innovative Assessment of Collaboration. Berlin: Springer, 2017.

[40] Zhan Z, Fong P S W, Mei H, et al. Effects of gender grouping on students' group performance, individual achievements and attitudes in computer-supported collaborative learning[J]. Computers in Human Behavior, 2015, 48: 587-596.

[41] Harding S M E, Griffin P, Awwal N, et al. Measuring collaborative problem solving using mathematics based tasks[J]. Aera Open, 2017, 3(3): 1-19.

[42] Burke C S, Feitosa J, Salas E, et al. Measuring Collaboration in Cross-Cultural Contexts[M]//Innovative Assessment of Collaboration. Berlin: Springer, 2017.

[43] Prinsen F R, Terwel J, Zijlstra B J H, et al. The effects of guided elaboration in a CSCL programme on the learning outcomes of primary school students from Dutch and immigrant families[J]. Educational Research and Evaluation, 2013,19(1):39-57.

[44] Piaget J, Cook M. The Origins of Intelligence in Children[M]. New York: International Universities Press, 1952.

[45] 何克抗. 建构主义——革新传统教学的理论基础(上)[J]. 电化教育研究，1997，18（3）：2-9.

[46] 王文静. 社会建构主义研究[J]. 全球教育展望，2001（10）：15-19.

[47] Vygotsky L S. Thought and Language[M].Cambridge: MIT Press, 2012.

[48] Powell K C, Kalina C J. Cognitive and social constructivism: Developing tools for an effective classroom[J]. Education, 2009,130(2):241-250.

[49] Schreiber L M, Valle B E. Social constructivist teaching strategies in the small group classroom[J]. Small Group Research, 2013,44(4):395-411.

[50] 姜坤. 论建构主义理论及其在课堂教学中的应用[J]. 教育教学论坛，2012（31）：205-206.

[51] Hmelo-Silver C E. Problem-based learning: What and how do students learn?[J]. Educational psychology review, 2004, 16(3): 235-266.

[52] Chen J, Cognitive Mapping for Problem-Based and Inquiry Learning: Theory, Research, and Assessment[M]. New York: Routledge, 2022.

[53] 刘景福，钟志贤. 基于项目的学习（PBL）模式研究[J]. 外国教育研究，2002，29（11）：18-22.

[54] Kolodner J L, Crismond D, Gray J, et al. Learning by design from theory to practice[C]//Proceedings of the International Conference of the Learning Sciences. 1998, 98: 16-22.

[55] Wood D, Bruner J S, and Ross G. The role of tutoring in problem solving[J]. Journal of Child Psychology and Psychiatry, 1976,17(2):89-100.

[56] Van de Pol J, Volman M, Beishuizen J. Scaffolding in teacher-student interaction: A decade of research[J]. Educational Psychology Review, 2010,22(3):271-296.

[57] 魏雪峰，杨现民．移动学习：国际研究实践与展望——访英国开放大学迈克·沙普尔斯教授[J].开放教育研究，2014，20（1）：4-8.

[58] Linsey T, Panayiotidis A, Ooms A. Integrating the in-classroom use of mobile technologies within a blended learning model[C]//7th European Conference on E-Learning. Academic Conferences Limited, 2008:118-122.

[59] Avci H, Adiguzel T. A case study on mobile-blended collaborative learning in an English as a foreign language(EFL) context[J].International Review of Research in Open and Distributed Learning, 2017,18(7):45-58.

[60] Northey G, Govind R, Bucic T, et al. The effect of "here and now" learning on student engagement and academic achievement[J].British Journal of Educational Technology, 2018,49(2):321-333.

[61] Yahya F H, Abas H, Yussof R L. Integration of screencast video through QR code: An effective learning material for m-learning[J].Journal of Engineering Science and Technology, 2018, 13(Special): 1-13.

[62] Yang Y T C. Virtual CEOs: A blended approach to digital gaming for enhancing higher order thinking and academic achievement among vocational high school students[J].Computers and Education, 2015,81:281-295.

[63] Lindell D, Koppelman C, Marchi N. A unique, hybrid approach to the clinical immersion experience[J]. Journal for Nurses in Professional Development, 2018,34(4):E1-E6.

[64] Chen J, Wang M, Grotzer T A, et al. Using a three-dimensional thinking graph to support inquiry learning[J].Journal of Research in Science Teaching, 2018,55(9):1239-1263.

[65] Janssen J, Erkens G, Kirschner P A, et al. Effects of representational guidance during computer-supported collaborative learning[J]. Instructional Science, 2010,38(1):59-88.

[66] Buder J, Bodemer D. Supporting controversial CSCL discussions with augmented group awareness tools[J]. International Journal of Computer-Supported Collaborative Learning, 2008,3(2):123-139.

[67] Janssen J, Bodemer D. Coordinated computer-supported collaborative learning: Awareness and awareness tools[J]. Educational Psychologist, 2013,48(1):40-55.

[68] Rebetez C, Bétrancourt M, Sangin M, et al. Learning from animation enabled by collaboration[J]. Instructional Science, 2010,38(5):471-485.

[69] Wang M, Yuan B, Kirschner P A, et al. Reflective learning with complex problems in a visualization-based learning environment with expert support[J]. Computers in Human Behavior, 2018,87(0):406-415.

[70] Dede C. Immersive interfaces for engagement and learning[J]. Science, 2009,323(5910):66-69.

[71] Corter J E, Esche S K, Chassapis C, et al. Process and learning outcomes from remotely-operated, simulated, and hands-on student laboratories[J]. Computers and Education, 2011,57(3):2054-2067.

[72] Palincsar, A. S., and Herrenkohl, L. R. Designing collaborative learning contexts[J]. Theory into Practice, 2002,41(1):26-32.

[73] Weinberger A, Ertl B, Fischer F, et al. Epistemic and social scripts in computer-supported collaborative learning[J]. Instructional Science, 2005, 33(1):1-30.

[74] Schellens T, Van Keer H, Valcke M. The impact of role assignment on knowledge construction in asynchronous discussion groups: A multilevel analysis[J]. Small Group Research, 2005,36(6):704-745.

[75] Strijbos J W, Martens R L, Jochems W M G, et al. The effect of functional roles on perceived group efficiency during computer-supported collaborative learning: A matter of triangulation[J]. Computers in Human Behavior, 2007, 23: 353-380.

[76] Cheng B, Wang M, Mercer N. Effects of role assignment in concept mapping mediated small group learning[J]. Internet and Higher Education, 2014, 23(1): 27-38.

[77] Cesareni D, Cacciamani S, Fujita N. Role taking and knowledge building in a blended university course[J]. International Journal of Computer-Supported Collaborative Learning, 2016, 11(1): 9-39.

[78] 张利峰.基于角色脚本与问题提示的 PBL 在线协作学习活动设计与应用研究[J].中国远程教育，2014（2）：36-40，96.

[79] Gu X, Shao Y, Guo X, et al. C. P. Designing a role structure to engage students in computer-supported collaborative learning[J]. Internet and Higher Education, 2015,24(1):13-20.

[80] 廖媛.CSCL中角色设计对学生学习投入的影响研究[D].上海：华东师范大学，2019.

[81] 马佳叶. 基于角色扮演的合作学习教学实践研究——以中学scratch课程为例[D]. 上海：华东师范大学，2020.

[82] Hsieh Y H, Tsai C C. The effect of moderator's facilitative strategies on online synchronous discussions[J]. Computers in Human Behavior, 2012,28(5):1708-1716.

[83] Xiao Y, Lucking R. The impact of two types of peer assessment on students' performance and satisfaction within a Wiki environment[J]. Internet and Higher Education, 2008,11(3-4):186-193.

[84] Hattie J, Timperley H. The power of feedback[J]. Review of Educational Research, 2007,77(1):81-112.

[85] Hovardas T, Tsivitanidou O E, Zacharia Z C. Peer versus expert feedback: An investigation of the quality of peer feedback among secondary school students[J]. Computers and Education, 2014,71(1):133-152.

[86] Morris R, Hadwin A F, Gress C L Z, et al. Designing roles, scripts, and prompts to support CSCL in gStudy[J]. Computers in Human Behavior, 2010,26(5):815-824.

[87] Kollar I, Fischer F, Hesse F W. Collaboration scripts-a conceptual analysis[J]. Educational Psychology Review, 2006,18(2):159-185.

[88] Wever B D, Keer H V, Schellens T, et al. Roles as a structuring tool in online discussion groups: the differential impact of different roles on social knowledge construction[J]. Computers in Human Behavior, 2010,26(4):516-523.

[89] Wise A F, Padmanabhan S P. Towards more precise design guidance: specifying and testing the functions of assigned student roles in online discussions[J]. Educational Technology Research and Development,

2012,60(1):55-82.

[90] Dragan Gašević, Olusola Adesope, Srećko Joksimović, et al. Externally-facilitated regulation scaffolding and role assignment to develop cognitive presence in asynchronous online discussions[J]. Internet and Higher Education, 2015,24(1):53-65.

[91] Ylmaz R, Ylmaz F G K. Assigned roles as a structuring tool in online discussion groups: Comparison of transactional distance and knowledge sharing behaviors[J]. Journal of Educational Computing Research, 2018, 57(5): 1303-1325.

[92] 胡勇，李美凤.基于协作脚本的角色设计及其对协作学习网络的影响初探[J].电化教育研究，2012 33（1）：54-58.

[93] 陈静.CSCL环境下角色承担对大学生在线讨论参与影响的研究[D].上海：华东师范大学，2018.

[94] 徐晓燕.在线讨论中角色设计对知识建构的影响研究[D].兰州：西北师范大学，2020.

[95] 王智颖，翟芸，吴娟.在线异步讨论中角色轮换脚本对大学生深度学习的影响[J].现代远程教育研究，2021，33（3）：100-112.

[96] Palonen T, Hakkarainen K. Patterns of interaction in computer-supported learning: A social network analysis[C]//4th International Conference of the Learning Sciences. Mahwah: Lawrence Erlbaum Associates, 2013:334-339.

第七章

学习评估

学习目标 ▶ ▶ ▶

通过本章的学习，学习者能够：

1. 理解学习评估的概念；

2. 熟悉学习评估的类型；

3. 熟悉学习评估的方法；

4. 熟悉学习分析的方法。

第一节　学习评估的概念

学习者在学习开始之前处于什么样的状态？对即将学习的知识了解多少？在经过一段时间的学习后，学习者是否达到了教师预设的学习目标？他们的学习效果如何？换言之，经过学习，"学生知道了什么"和"学生能够做什么"是学习和教学的关键问题，教师或者第三方评估机构需要通过对学习者进行学习评估，得到学习者学习的证据。学习评估旨在评估学习者的知识获取、技能习得和感知，目的在于为学习者提供反馈，同时为之后的教学提供证据[1]。

认知心理学的一个基本问题是：研究者如何从可观察到的行为中推断出学生内部的心理状态和过程？学习评估不同于考试，它需要评估学习者不外显的心理状态和认知过程。这种评估需要在证据的基础上进行推理。由此可见，学习评估是一种工具，旨在观察学生的行为，从而产生数据，并用来合理推断学生学到了什么[1]。图7.1展示的是一个帮助描述此过程的三角评估模型[2]。三个顶点分别代表评估的三个关键要素：学习者的知识理解、可观察的外显的学习成果、学习者的认知状态。每一次评估都基于假设，解释观察中收集到的证据。这个三角评估模型描述了从一组评估任务中获得的观察结果如何构成关于被评估的知识和技能的证据[2]。要注意的一点是，其中的每一个元素不仅必须自己有意义，而且必须以一种有意义的方式与其他两个呼应，这样才能形成有效的评估和合理的推论。

从教师的课前测试、随堂测验和期中或期末考试，到国家和国际管理的标准化测试，对学生知识和技能的评估已经成为教育中重要的组成部分。学校开展学习评估，其目的是给教育工作者、管理者、政策制定者、学生、家长或研究人员提供相关信息，帮助他们判断学生的学习状态[1]。例如，在课堂环境中，教师将各种形式的评估作为决定下一步教学设计调整的重要依据，同时评估结果给学生的学习进展提供反馈并在过程中激励他们。

119

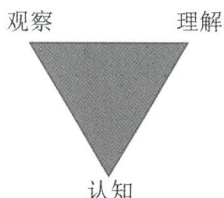

图 7.1　描述推理过程的三角评估模型

　　值得一提的是，学习评估和学习目标紧密相关。学习目标一般在学习开始前确定，而学习评估可以发生在教学/学习之前（目的是了解学习者的初始学习水平，以便准备合适的教学内容和策略），也可以发生在教学/学习过程之中（目的是了解学习者的学习状态，以便调整教学内容或策略），还可以发生在教学/学习结束后（目的是记录学习者在一段教学/学习经历中的学习所得，为后续教学方案的调整提供依据）（见表 7.1）。学习评估的目的是检验学习者离学习目标有多远以及经过一段时间的学习后，他们学习目标的达成情况。学习评估的内容和依据也是和学习目标密不可分的，评估内容的范围和难易程度要和学习目标相一致，超出学习目标的评估内容设计原则上是不合理的。学习评估领域的首要目标是开发合适的工具或方法来判断学习者是否学到了什么，即经过学习后学习者有关特定主题的知识（事实、概念、程序、策略、信念等）是否发生了一些改变。此外，学习评估领域也注重研发一些工具或方法，用以了解学习者在学习过程中的认知过程或学习者的一些个性特征。

表7.1　评估的三种目的

时间	目的	评估常问的问题
教学/学习之前	了解学习者的初始学习水平，以便准备合适的教学内容和策略	关于某个学习主题，你知道什么？
教学/学习之中	了解学习者的学习状态，以便调整教学内容或策略	你在学习过程中有何收获？
教学/学习之后	记录学习者在经过一段时间的教学/学习后的收获，为后续教学方案的调整提供依据	你从整个教学/学习过程中学到了什么？

第二节　学习评估的类型

　　学习评估的类型包括总结性评估和形成性评估[1]。换句话说，评估可以是总结性的（即对学习者学习效果的评价），也可以是形成性的（即对学习者学习过程的评价）。所有评估的最终目的都是促进学生的学习[3]。各类评估都遵循一个基本原则，即评估是从学生学习证据中进行推理的过程[1]。

一、总结性评估

　　总结性评估是在学习活动之后进行的评估，用来确定一个学生在经过一个特定的教育阶段后是否达到了相应能力水平[1]。这一评估的对象可以是为期两周的课程，也可以是一整个学期的课程，还可以是长达 12 年的学校教育。主要形式包括单元测试、课程测试和期末测试。学校领导和政策制定者也越来越多地使用总结性评估（如国家标准化测试）对个人、项目和机构作出决策[1]。例如国际大规模测试的代表 PISA（programme for international student assessment，国际学生评估项目），这是经济合作与发展组织进行的15 岁学生阅读、数学、科学能力评价研究项目。从 2000 年开始，每 3 年进行一次测评。虽然 PISA 评估与日常教学并不直接相关，但是能够为区域教育发展、教育公平等问题提供依据。

二、形成性评估

形成性评估提供了关于学生学习过程或进展的信息[1]。例如，统计学老师需要知道的不仅仅是学生不理解概率这一事实，他们还需要知道这种不理解的细节，比如学生可能存在混淆条件概率和复合概率的问题。教师可以使用这种类型的评估信息来调整他们的教学，以满足学生的需求。对学生而言，学生可以利用这些信息来确定哪些知识和技能需要他们进一步学习，他们的思维需要作出哪些方面的调整[1]。形成性评估应该建立在关于人们如何学习特定主题的认知理论的基础上。

形成性评估的主要形式包括教师自制的测验、课堂项目、课堂观察、家庭作业以及与学生之间的对话等[1]。

教育评估已悄然转变，从目标取向、结果取向转变为过程取向，将评价作为教学中的重要环节，从教师主导转变为学生参与。倡导学生参与评价，并在评价中学会独立思考和自主学习。

三、形成性评估和总结性评估的比较

作为学习评估的两大类型，形成性评估和总结性评估在目的、方法以及影响等方面有着显著的不同。形成性评估的主要目的是为教学提供持续性反馈，它一般在教学过程中实施。形成性评估过程中鼓励学习者学习的参与，教师需要及时提供具体的反馈信息，根据形成性评估结果，必要时针对教学内容和教学策略作出调整；形成性评估侧重了解学生是否进行了深层次理解、应用、推理等认知活动。形成性评估的内容高度具体化，评估对象个性化，评估程序灵活多样，方法上包含正式和非正式的评估方法，形成性评估对学习者学习的影响是较为持久和巨大的。相比较而言，总结性评估通常是在一个教学周期结束后对学生学习效果的整体检验，它通常在教学结束后实施，评估过程中并不鼓励学习者学习的参与，教师负责测量学生的学习结果，并进行等级评定，侧重评估学生的知识掌握情况和理解水平，评估内容比较具有概括性，评估对象是参与教学的一个学生群体，评估程序较为固定，评估方式是比较正式的，评估结果对学习者的学习影响是微弱和暂时的。表 7.2 从多个维度呈现了两者的差异。

表7.2　形成性评估和总结性评估的比较

比较的维度	形成性评估	总结性评估
评估目的	为教学提供持续性反馈	在一个教学周期结束后对学生学习效果的整体检验
实施的时间	在教学过程中	在教学结束后
学习的参与	鼓励	不鼓励
教师的角色	及时提供具体的反馈信息，必要时作出教学调整	测量学生的学习结果，并进行等级评定
侧重的认知水平	深层次理解、应用、推理	对知识的理解
评估内容	评估内容高度具体化	评估内容具有概括性
评估对象	评估对象个性化	评估对象具有群体性
评估程序	灵活多样	固定
评估方式	非正式和正式	正式
对学习的影响	持久、巨大	微弱、短暂

第三节　学习评估的方法

一、评估工具的开发与验证

评估工具的设计应以目的（如促进学习、衡量个体学业收获）、使用环境（如课堂或大规模评估）和实际约束（如资源、时间）为指导[1]。设计学习评估工具的基本原则主要包括：① 融合总结性评估和过程性评估等多种形式，为学习评估设计多种环节，或者设计多种评估材料；② 评估任务需要与教学目标和内容相呼应；③ 要为学习者呈现他们较为熟悉的问题情境。

高质量且有效的评估应该具备三个要素：① 评估来自基于内容认知的理论和数据，并且表明应该评估的知识和技能；② 评估包括任务和观察，这些可以提供学习的证据；③ 评估利用定性和定量的方法来描述学习者的表现，并且可以描述学习者之间知识与技能掌握的差异程度[1]。

评估领域通常有两种针对评估的观点：以检验学习效果为目的的评估（assessment of learning）和以促进学习为目的的评估（assessment for learning）。设计以检验学习效果为目的的评估通常包含以下步骤：

（1）分析：分析目标评估的认知领域。

（2）具体化：用足够详细的语言指定要评估的结构，以指导任务设计。

（3）界定：确定评估应该支持的推论。

（4）证据：列出支持这些推论所需的证据类型。

（5）任务：设计收集证据的任务，为如何收集证据建模，并使用这些证据得出有效的结论。

（6）迭代：迭代上述阶段以细化过程，特别是在获得新的证据时。

设计以促进学习为目的的评估通常需要具备以下三个要素[4]：

（1）清晰的学习目标（来自课程）。

（2）了解学生的学习现状（来自评估）。

（3）根据评估结果采取适当的教学促进措施。

制定课堂使用的评估程序可以刺激教师更加具体地思考学习目标，从而推动课程和教学过程的改进。这些改进又可以反过来推动评估程序的完善。因此，仅仅有课堂评估并不能保证有效的学习。课程目标的清晰和适当、目标相关的评估的有效性、评价证据的解释以及紧随其后的教学的相关性和质量都是影响结果的决定性因素。

二、传统评估方法

传统的评估方法主要是大规模的总结性评估。认知和学习方面的研究表明，在衡量学生成绩时应该评估一系列广泛的能力，但其中许多能力的评估目前尚未得到开发[1]。例如，关于知识组织、问题表达、策略使用、元认知以及参与性活动（如提出问题、构建和评估观点、帮助群体解决问题）的评估就尚未开发出来。这些也是传统的大规模评估中最容易忽略的方面。

但大规模的评估如果设计和使用得当，仍然可以对学习有所帮助。如果测试是基于认知和学习理论的，这些测试就可以为教学提供积极的方向，使传统的"为测试而教"的应试教育对学习有帮助[1]。但不幸的是，鉴于目前标准化考试管理的限制，大规模评估的改进是非常有限的。这些限制包括：① 需要为个人和群体提供可靠的和可比较的分数；② 需要在有限的测试时间内对大量的课程进行测试；③ 在开发、评分和管理方面需要考虑成本问题[1]。因此，为了满足这些需要，学习评估的设计者通常会在特定时间让所有学生在严格标准化的条件下参加相同的测试[1]。任务通常是可以用纸笔呈现的，学生可以快速作出反应的，并且可以按一定标准有效地打分的。在这样的条件下，可以通过这些方式对学习结果进行评估，但在这些约束条件下无法观察到的学习内容就不会得到评估。因此需要设计能够把握认知和学习复杂性的新的评估，打破当前的评估范式，探索传统大规模评估的替代方法，探索使用创新技术来实现[1]。

从实用的角度来看，未来的研究应该探索：① 何种新形式的评估可以让教师在教室实地使用；② 如何在K-16教学环境中有效使用评估；③ 各种新形式的评估如何影响学生学习、教师实践和教育决策；④ 教师如何协助将新形式的评估整合到他们的教学实践中，如何更好地利用这些评估的信息；⑤ 教育教学中的结构性特征（例如，上课时间、班级规模和组织机构，以及学生或教师合作的机会等）如何影响新型评估的可行性和有效性[1]。

三、微遗传学方法

微遗传学方法（microgenetic methods）是一种适用于研究学习过程和人类发展的方法[5]，起源于发展心理学领域，心理学家罗伯特·西格勒（Robert Siegler）最早提出这一概念。在学习科学的研究中，使用微遗传学方法可以对学习、推理和解决问题过程进行详细分析[1]。分析的目的不仅仅是确定影响学习的因素，更是理解这些因素是如何在学习过程中调节学习的，即观察学习发生的过程，并通过严密推理对学习过程进行研究。例如，可以对学生使用计算机模拟仿真工具进行科学实验的情况进行观察，也可以让学生将思考过程大声说出来，即"发声思考"，解释他们在每次实验中所做的事情：为什么这样做，从每次实验中得到哪些结论，为什么得出这些结论等。经过几十次的实验，学生在对实验的设计和科学解释方面都会有所提高。通过对学生实验过程的详细记录和研究，研究人员可以得出一些结论，如什么导致了变化，变化是如何发生的，以及关于学生知识变化过程的其他一些问题。

微遗传学方法有三个基本特征[5]。

（1）"对学习和发展的长时间观察（observations span the period of rapidly changing competence）"。微遗传学方法需要较长时间地研究实验，这意味着研究人员需创造一个足够促使学习发生的环境。长时间的观察可以捕捉到学习发生的时刻。

（2）"高频率和密集型的观察（the density of observations is high, relative to the rate of change）"。密集型的观察足以检测到学习和变化发生的时刻。

（3）"对观察结果深入细致的分析和推断（observations are analyzed intensively, with the goal of inferring the representations and processes that gave rise to them）"。在微遗传学研究中，研究人员试图超越行为，对所涉及的认知结构和过程作出描述和推断。

微遗传学方法已被证明适用于许多不同的研究主题和不同年龄的研究对象，研究对象可以是儿童、大学生、老年人，研究领域多样化，包括策略研究、概念变化研究等[1]。微遗传学方法还适用于个人和协作群体的调查，分析个人和协作小组的学习情况[1]。在微遗传学研究中，一种常见形式是：把学习者置于一个共同的环境中，分析个体学习者如何进步，他们彼此间有何差异，并提供一定的教学指导或干预[1]。

在微遗传学方法中，由于需要学习者参与类似或相同的任务（如解决许多数学问题），因此存在学习者对同样问题感到厌倦的风险[1]。解决这个问题有两种方法，一个是将任务分成多个阶段，以避免学生感到疲劳；另一个是采用学生觉得有趣的学习任务[1]。此外，在微遗传学研究中，通常使用较少的样本和较长的、持续的观察[1]。教育数据挖掘这项技术为这一问题提供了一个解决方案，当学习者与教、学工具互动时，他们每时每刻的互动都可以被记录下来，实现大量的、高密度的短观察[1]。

四、视频研究

研究教学视频是学习评估的重要手段之一。现场录制的教学视频收集和保存了真实的教学情况。通过对这些视频进行多维度的分析，可以较真实、全面地评估教师教学或学习者学习情况[6]。摄像机、网络摄像头、直录播系统等是常被用来收集教学视频数据的工具[1]。应用视频进行学习评估，首先要明确研究问题、应用框架和分析方法。在数据收集开始之前，教学人员最好思考以下问题：我评估的重点是什么？哪些评估目标和问题将指导学习评估？我需要收集哪些信息来回答这些问题或验证我的假设？定性社会科学研究的相关软件，如NVivo、ATLAS. Ti等具有支持视频分析的功能，特别是基于视频的转录文本[1]。

课堂学习是视频研究的一大应用领域，学校、教师、研究人员等广泛使用数字视频技术来记录课堂情境[1]。例如，Zahn等人利用数字视频方法调查计算机支持的历史课堂中学生小组合作模式的质量，使用网络摄像头捕捉两人小组在计算机上执行创造性设计任务的过程，屏幕捕捉工具还记录了学生与计算机、软件的所有交互，之后对视频和屏幕记录进行转录和编码，从而揭示了计算机支持下的协作学习小组如何理解科学和历史观点，以及他们如何获得重要的分析技能[7,8]。

第四节　学习分析与教育数据挖掘

一、学习分析的定义

2011年，在第一届国际学习分析与知识大会上，学习分析（learning analytics）的概念被正式界定，它指的是对学习者和学习情境的数据进行收集、测量、分析和汇报，目的是理解并优化学习及其环境。典型的学习分析包括收集数据、分析数据和结果汇报三大环节。分析的对象既可以是学习者的学习过程、学习内容、学习结果及个人相关信息，也可以是教师的教学环境、教学过程以及教学工具等。

相应的，学习分析技术指的是那些能够测量、收集、分析和报告有关学生及其学习环境的数据，用以理解和优化学习及其产生的环境的技术[9]。学习分析技术是围绕与学习者学习相关的数据，运用不同的分析方法和数据模型来解释这些数据，根据解释结果探究学生学习过程与情境，发现学习规律的技术；或者是根据数据阐释学生学习表现，为其提供相应反馈，从而促进其更加有效地学习的技术。从学习分析的定义可知，学习分析的目的是优化学生学习。学习分析可以从支持教师教学和学生学习两个方面实现优化学生学习的目的。教师教学方面，学习分析使教师根据每位学生的需求和能力为其提供适当的支持成了可能[10]。学生学习方面，学习分析能使学生了解自身学习，从而为学生主动采取学习行动提供支持。

具体实践中，首先相关利益者需要结合具体学习环境，回答收集什么数据的问题。学习分析最重要的挑战不是技术，而是确定数据的范围和质量[11]，数据的范围和质量对于学习分析是否能够达到优化学生学习的目的非常重要。因此，需要考虑学习分析应该收集多少数据和收集什么数据，尤其是需要考虑什么数据是有价值的，通过分析这些数据可以获得什么信息。二是分析与可视化呈现。首先进行什么分析，取决于学习分析的目的，不同的目的，使用不同的分析方法。其次是可视化呈现，即在对数据进行分析后，需以表格、图等可视化的方式呈现学习分析结果。三是将分析结果反馈给相关利益者，包括学生、教师、管理者、家长等。四是干预，即基于学习分析结果，对个体、教学、课程、管理等作出优化行动。学习分析最终是否能够真的促进教育教学变革，很大程度上取决于学习分析之后的干预。只有做好干预，学习分析的功效才能发挥到极致。

根据学习分析生命周期模型（见图 7.2），学习分析包括学习环境、大数据、分析与行动四个方面[12]。其中，学习环境不仅为学生提供了学习环境，重要的是为学习分析提供数据，是学习分析数据的来源。常见的学习环境包括学习管理系统（learning management systems）、虚拟学习环境（virtual learning environments）、移动学习环境（mobile learning environments）、智能导师系统（intelligent tutoring systems）等，学习环境覆盖面较广，主要包含学生在学习环境中进行的学习活动。学生在学习环境中学习的过程中会产生各种类型的数据，学习分析通过分析这些数据，挖掘数据背后潜在的价值。在干预行动阶段，利益相关者对分析结果进行解释，并且采取行动，以实现学习分析优化学习与学习环境的目标。

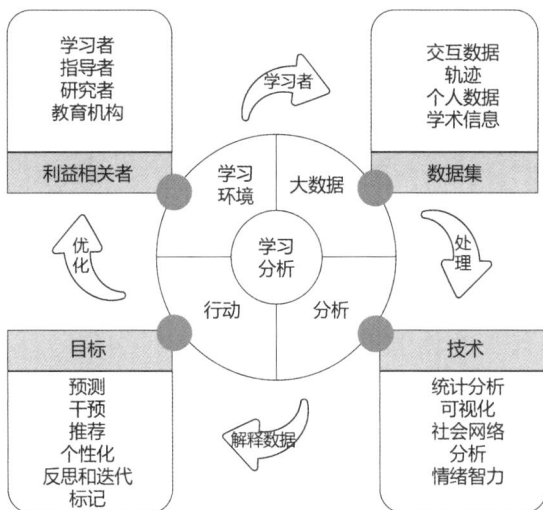

图 7.2 学习分析生命周期模型

在具体应用方面，学习分析生命周期模型对于学习分析优化学生学习和学习环境的路径提供了理论指导。从实践应用的视角出发，在学习环境、大数据、分析与行动四个环节中，实施明确的干预行动或措施对于实现学习分析的价值至关重要。例如，学生通过学习分析仪表盘数据，改进自身学习；又如，教师基于分析结果对存在风险的学生采取干预措施。由此可见，学习分析是一个闭环，首先从学习环境中获得数据、分析与解释数据，接着采取干预行动，以优化学生学习和学习环境，然后获取数据，开启新的学习分析。如果学习分析没有实现闭环，则无法确定根据学习分析结果实施的干预的成效。因此，学习分析需要形成一个闭环才能确定是否达到了优化学习过程和学习环境的目的。

学习分析的作用及其对于教与学的贡献可以从教师、学习者、学校、研究者、课程设计者以及家长六个利益相关者的视角来理解（见表 7.3）。从教师视角来看，学习分析可以优化教学[10]。对于教师而言，学习分析可以作为一种评价方式，帮助教师实施有效干预、获得实时反馈与见解（insight）、了解学生学习习惯、根据学生的期望修改内容、监控学生学习活动、对于教与学有更深刻的理解、提升教学策略、为学生推荐符合需求和能力的学习资源等[13]。教师可以从学习系统中获得有关学生学习过程、环境以及结果的信息等。通过数据分析，对学生学习需求、学习风格、学习进展进行诊断，为教学改进寻找证据，从而制定能够满足学生学习需求的教学方案。

从学生视角来看，学习分析可以用于自我评估、诊断与导向，为自我导向学习提供支持。学生根据学习分析报告提供的反馈，将自身学习过程和结果与他人的学习过程和结果进行对比，进行自我评价，了解自身优势与不足，明确下一步需要努力的方向。对于课程设计者而言，学习分析可以帮助其优化学习设计，如根据学生对于不同学习活动的参与度，识别更受学生欢迎的学习活动。

表7.3 学习分析带给利益相关者的益处

利益相关者	益处	利益相关者	益处
学习者	加强参与	学校（机构）	改进教育决策
	提高学习结果		增加学生的成功率
	实现个性化学习		获得学生成功的建模
	提高适应能力		监控学生的活动
	丰富个性化学习环境		提高成本率
	增加自我反思和自我评价		提高保留率
教师	提供评价服务		作出基于证据的决定
	实施有效干预		防止学生辍学
	获得实时反馈		识别有风险的学生
	获得实时见解		课程改革
	了解学生学习习惯		建立更完善的问责制度
	根据学生的期望修改内容	研究者	提高教育的效率
	监控学生学习活动		识别知识鸿沟
	对于教与学有更深刻的理解	课程设计者	识别目标课程
	预测学生学习表现		优化学习设计
	提供预警信号	家长	监控学生学习
	提升教学策略		
	提升教学表现		
	推荐资源		

学习分析方法有很多，包括社会网络分析、内容分析、话语分析、时序分析、事件序列分析、滞后序列分析、社交网络分析、认知网络分析、文本挖掘、情绪分析、预测模型、多模态分析、课堂观察等。下面对常用的一些学习分析方法进行逐一介绍。

二、社会网络分析

社会网络指的是社会行动者（social actor）和他们之间的关系集合。一个社会网络通常是由多个点（社会行动者）和各点之间的连线（表示行动者之间的关系）组成的集合[14]。社会网络分析是一种通过分析行动者间的交互关系，解释社会现象的方法[14]。这种分析方法基于数学图论，可以把交互活动的网络结构通过图像的形式展现出来，使交互关系可视化。

【案例7-1】对学生在cMOOC课程中的对话进行社会网络分析

杨业宏等人运用网络分析方法，揭示了学习者社会交互与话题交互所形成的网络的特征与规律，通过分析话题交互网络，归纳出当前课程中学习者关注的重点，寻找学习者在cMOOC学习中存在的不足及其原因[15]。

三、内容分析

内容分析是一种对研究内容作客观系统的量化并加以描述的研究方法[16]。它将定性研究与定量研究相结合，以定性研究为基础，找出能够反映文本内容的特征，将其转化为定量数据。

【案例7-2】对学生开放性问卷进行内容分析

陈娟娟等学者采用准实验设计，探讨了在线环境下使用三维思维图3DTG对科学探究学习的影响[17]。实验组的学生使用3DTG，对照组的学生使用概念图来促进解决问题。该研究通过开放性问卷的方式了解学生在科学探究学习活动中遇到的困难。该问卷共包含两道题：① 你们小组在解决这个问题上有何困难吗（例如，假设、推理的过程）？ ② 三维思维图或概念图对你解决问题有帮助吗？ 如果有，它对你有什么帮助？

研究人员收集了实验组（$N=68$）和对照组（$N=67$）所有学生的开放性问卷回答后，采用内容分析法，对其内容进行定性分析，生成能代表其看法的主题内容。研究者针对两组学生有关问题①的回答进行编码，发现有九类问题，涉及假设的产生、问题原因调查、数据处理、总结或结论、小组工作、概念图绘制，以及技术、时间等（见表7.4）。根据确定的主题或类别，学生的回答可以通过内容主题进行编码，每个回答可以包含多个主题。两位编码者分别对学生的开放性问卷进行编码，其内部一致性系数为0.87。

表7.4　实验组与对照组学生在探究学习活动中遇到的困难对比

主题 / 类别	例子	频次	
		实验组（$N=68$）K	对照组（$N=67$）K
1. 产生假设的困难	制定假设	7（10%）	6（9%）
2. 难以处理多种假设	有很多的可能，我们不知道从哪里开始假设	5（7%）	1（1%）
3. 难以调查根本原因	只能找到表面原因，但找不到根本原因	2（3%）	0
4. 难以处理大量交织复杂的数据	信息和数据太多了，难处理和综合	14（20%）	9（13%）
5. 难以用数据进行推理和证明假设	收集的证据不能证明这个假设	14（20%）	26（39%）
6. 很难得出结论或作出总结	难以从混乱的思维中得出结论	8（12%）	3（4%）

续表

主题 / 类别	例子	频次	
		实验组（N=68）K	对照组（N=67）K
7. 小组工作中的挑战	小组成员的不同想法很难融合在一起	3（4%）	6（9%）
8. 绘制概念图的困难	绘制推理图（实验组）；绘制概念图（对照组）	3（4%）	5（7%）
9. 其他 ① 技术问题 ② 时间问题 ③ 知识问题	① 电脑坏了； ② 需要更多的时间； ③ 我们的理论知识不足	3（4%） 2（3%） 1（1%）	1（1%） 0 3（4%）
10. 没有困难		6（9%）	7（10%）

四、话语分析

话语分析是对学习过程中的交流进行定性分析的方法[18]。分析对象包括面对面的交流内容、网络课堂和会议中产生的问题内容、网上异步交流内容、符号语言等，只要是连贯的句子就可以成为分析的对象。主题包括话语类型、话语之间的关系、文本和情境之间的关系、话语和互动之间的关系等。运用话语分析法，可以了解网络学习交流过程中话语的文本性含义，以此来探究知识建构与共享、意义表达等过程[18]。

【案例 7-3】小组话语分析

陈凯亮利用调节学习行为编码表（见表 7.5）对学生谈话内容进行分析，探索小组协作学习中调节学习行为的特征[19]。根据调节学习行为编码表，小组协作学习中的调节学习行为按照调节过程可以分为计划、监控、调整以及评价四个阶段；按照调节类型可以分为同伴调节和集体调节两类；根据调节焦点可以分为任务知识、任务理解、过程监控、组织分工以及情感等五大话题。

表7.5　调节学习行为编码表

调节行为		解释说明
调节过程	计划	在协作活动任务开始时，学习者制定学习计划和学习策略，进行时间安排和任务分工等
	监控	学习者监控协作进展、成员的情绪以及对任务进程进行的讨论
	调整	学习者围绕提出的问题进行知识构建，帮助学习者思考、推理、记忆等
	评价	学习者对自己、同伴、其他小组的作品进行评价，并且对完善协作成果的过程进行讨论
调节类型	同伴调节	协作小组中的学习者向小组某个成员寻求帮助
	集体调节	小组所有成员对同一个问题进行讨论

续表

	调节行为	解释说明
调节焦点	任务知识	对材料的内容、语法以及对于学习者所写的内容和语法进行讨论
	任务理解	对学习者之间任务理解的差异进行讨论
	过程监控	学习者对学习任务时间进行调节
	组织分工	小组对任务分工进行讨论
	情感	缓和团队气氛

对学习小组在协作活动过程中交流讨论的数据进行话语分析。共有三组学习者参与在线学习活动。在协作学习的四次活动中，三个小组共产生 744 个话语片段，通过对这些讨论记录进行分析，得出这三个小组的调节学习行为特征，结果如表 7.6 所示。由此可见，在小组协作学习的过程中，调节发生频次最多的是调整阶段，之后是监控阶段、评价阶段和计划阶段。集体调节的频次多于同伴调节。最主要的调节焦点是任务知识，其次是过程监控、任务理解和组织分工，情感方面关注度最低。

表7.6 调节学习行为描述统计结果

	调节行为	频次	平均值	标准差
调节过程	计划	58	19.33	4.16
	监控	227	75.67	23.69
	调整	373	124.33	17.04
	评价	86	28.67	6.43
调节类型	同伴调节	295	98.33	14.74
	集体调节	449	149.67	55.90
调节焦点	任务知识	412	137.33	41.48
	任务理解	92	30.67	6.43
	过程监控	152	50.67	22.03
	组织分工	55	18.33	2.89
	情感	33	11.00	3.61

五、滞后序列分析

滞后序列分析（lag sequential analysis）是一种能够检验行为序列关系的分析方法，可以识别具有重要意义的行为序列模式，并用可视化图表的方式进行展示[20]。滞后序列分析通过计算过渡频率、z值等来反映编码间的过渡情况。若行为过渡序列的z值大于 1.96，则代表该序列具有统计上的显著性（$p < 0.05$），且数值越大代表该行为序列显著水平越高（见表 7.7）。在滞后序列分析中，首先基于行为序列编码形成过渡频率表，然后对不同行为的过渡进行残差计算，形成残差表，据此来识别具有统计学显著性的行为序列，并绘制行为过渡图，以此来比较不同组别的行为序列差异（见图 7.3）。

表7.7　行为过渡序列z值表

实验组	定向 （O）	概念化 （CP）	假设 （H）	调查 （I）	推理 （R）	共识 （CB）	元认知 （MC）	技术 （TP）	情绪 （EM）
定向	15.42*	−1.39	−1.14	−1.32	−1.52	−0.66	0.26	0.23	0.40
概念化	−4.30	13.77*	−0.80	−1.95	−5.24	−1.57	−5.32	−5.40	−1.64
假设	−2.18	−1.55	7.43*	−1.38	−1.04	1.12	−0.05	−1.62	−1.44
调查	−1.32	−1.12	−1.16	13.32*	−3.28	−1.64	−2.89	−0.35	−1.02
推理	−1.09	−5.86	−3.70	−3.28	16.11*	5.03*	−1.74	−3.17	−0.32
共识	0.90	−2.32	−0.68	−1.64	3.04*	3.01	1.03	−0.73	0.70
元认知	3.04*	−6.43	0.49	−1.09	−2.78	−2.19	8.73*	3.65*	2.32*
技术	2.79*	−3.40	−0.88	−1.73	−5.01	−1.46	2.55*	12.07*	1.66
情绪	−0.84	−2.82	0.47	0.57	−1.11	−0.72	2.75*	1.66	2.46*

注：* 表示在 $p < 0.05$ 水平上差异显著。

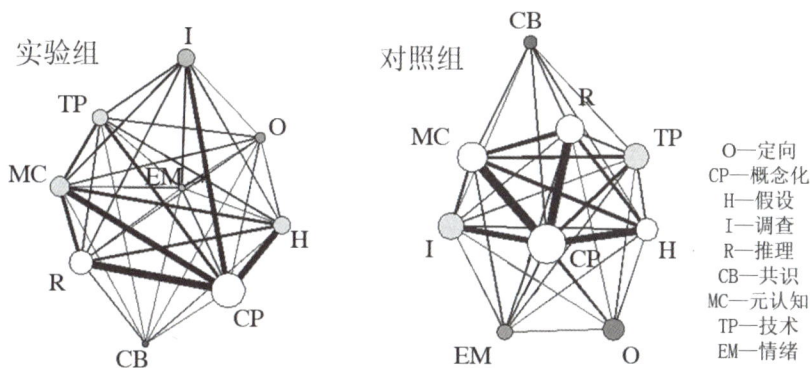

图 7.3　行为过渡频率网络图

六、时序分析

时序分析，即时间序列分析，是一种通过绘制并行的时间序列图来展现行为随时间变化的情况的分析方法[21]。通过将学习者的行为按照时间排列和按照编码类型分层，可以得知学习者的行为和认知特征。将不同实验被试对象的行为编码按照对话发生的序数作为横轴，将编码类型作为纵轴排列，可以使用R软件绘制成时间序列图像。

从图 7.4 和图 7.5 两个时间序列图可以看出，两个小组在相同的条件下展现了不同的问题解决方式。从认知的过程来看，高得分组（见图 7.5）在学习活动的前半段便围绕工具（TP）展开了讨论，意味着该组从前期便开始使用图示工具辅助解决问题。与之相比，低得分组（见图 7.4）在学习活动的后半段才展开对工具的集中讨论，说明该组主要在后半段使用工具，将绘制图像作为学习任务来完成。如图 7.4、7.5 所示，比较高得分组和低得分组，可以发现，两组假设、推理、调查的对话编码分布有较大差异。高得分组的假设、推理和调查对话相对较集中，并且从时间顺序来看有比较明显的递进趋势，体现了该组在有目的地解决问题。而低得分组的假设、推理和调查的对话则较分散，体现出无目的探索的认知状态。

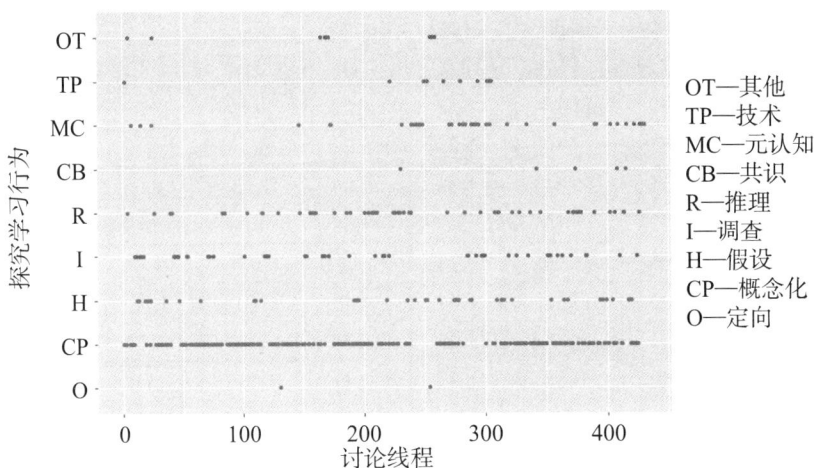

图 7.4 低得分组的时间序列图

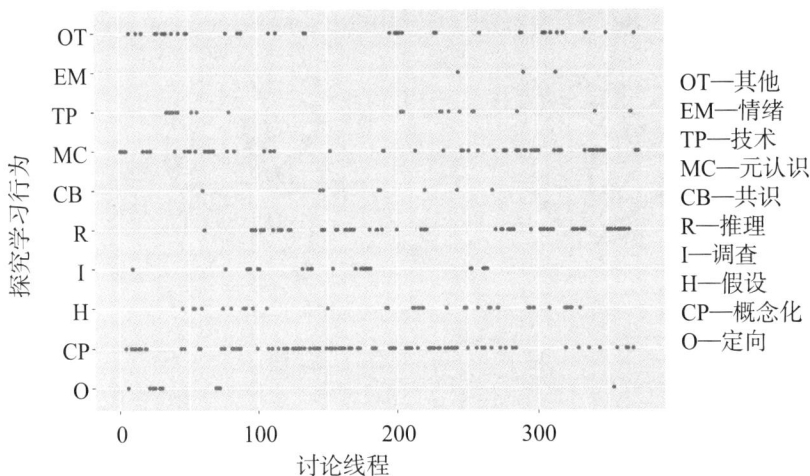

图 7.5 高得分组的时间序列图

七、认知网络分析

认知网络分析（epistemic network analysis，ENA）是一种通过对学习者在交互过程中的文本或者话语数据进行定量分析，来描述学习者认知框架模式，采用动态网络图对学习者认知元素间的网络关系进行表征的分析方法[22]。ENA可以实现对个人（或团体）的复杂认知网络的可视化表征，从而了解个人（或团体）不同网络间的差异。简单来说，ENA可以将个人（或团体）的复杂的认知结构通过网络图来表征，以网络节点来表示，并通过节点间连接的强度和网络结构的变化，探究学习者认知要素的发展变化[23]。

【案例7-4】对学生话语进行认知网络分析

采用ENA对学生在工程设计实践中的话语进行分析，来评估学生在实践过程中的专业思维发展情况和特征，共有48名学生参与课程实践。本研究将学生分为有工程设计实践经验组与无工程设计实践经验组。通过ENA工具对有、无经验的两组学生的讨论情况，初步进行邻接矩阵、降维等一系列分析操作，得到每位学生的思维发展评估情况。此外，对两组平均认知网络的质心位置进行t检验。在已知两组学生在第一维度上存在显著差异的基础上，为了获得两组学生的工程设计思维各元素表现的分析，本研究进一步查看两组学生的平均网络图。为了获得明显的对比效果，将两组网络图进行叠减呈现（即如果两组存在元素间连线的重叠，最终呈现出来的是连接较强组的颜色，并且线条会相互叠减），如图7.6所示。

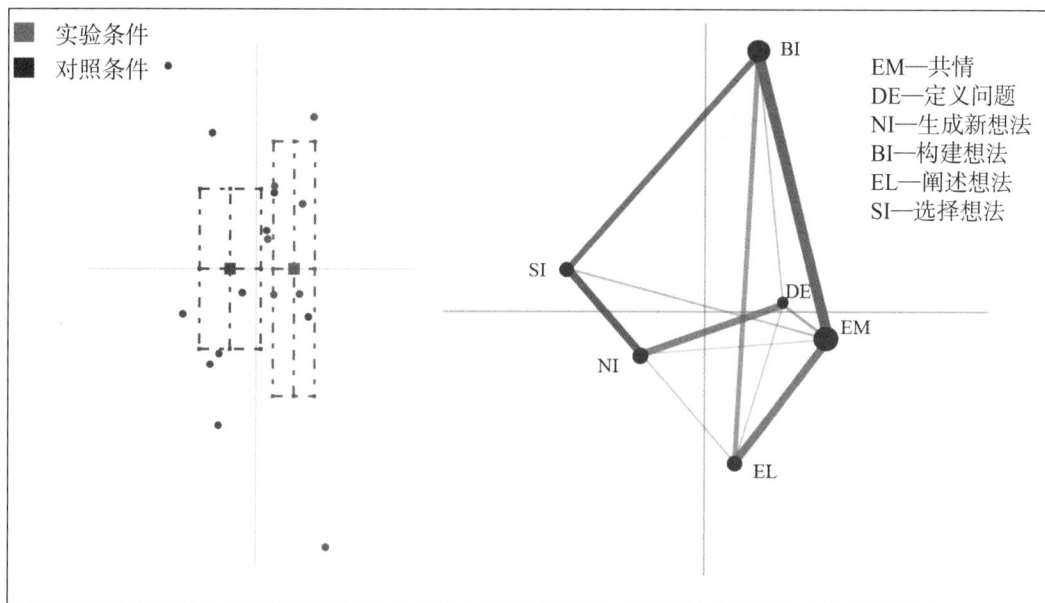

图7.6　两组学生的平均认知网络图

八、教育数据挖掘

教育数据挖掘（educational data mining，EDM）是综合运用数学统计、机器学习和数据挖掘的技术和方法，对教育大数据进行处理和分析，通过数据建模，发现学习者学习结果与学习内容、学习资源和教学行为等变量的相关关系，从而预测学习者未来的学习趋势[24]。教育数据挖掘特别关注基于算法的自动发现或挖掘技术，经常被用作进行自适应学习系统的基础（如智能教学系统）。所用数据的来源可以是教学或学习系统、网络上的学习轨迹、传统课程数据、移动终端数据、教师或学生调查数据等。

根据挖掘任务，数据挖掘方法可分为分类、聚类、预测模型发现、文本挖掘、关系挖掘、回归分析。根据挖掘方式，数据挖掘方法可分为机器学习法、统计方法、神经网络方法和数据库方法等。其中，机器学习法又可细分为归纳学习法（决策树、规则归纳等）、基于范例学习法、遗传算法等；统计方法又可细分为回归学习（多元回归、自回归等）、判别分析（贝叶斯判别、费歇尔判别、非参数判别等）、聚类分析（系统聚类、动态聚类等）、探索性分析（主元分析法、相关分析法）等。各方法简述如下：

（1）分类：找出数据库中一组数据对象的共同特点并按照分类模式将其划分为不同的类，例如将学生分成有辍学风险和无辍学风险的学生。

（2）聚类：把一组数据按照相似性和差异性分为几个类别，其目的是使得属于同一类别的数据间的相似性尽可能大，不同类别中的数据间的相似性尽可能小[1]。例如使用k-means算法，从一批学生数据中获得几种类型的学生，分析此类学生的特征。

（3）预测模型发现：最突出的EDM方法之一是预测[25]。预测指的是使用回归和分类技术来预测学习结果；聚类指的是应用不同的无监督机器学习方法对相似实例（如学生或学习材料）进行分组。预测模型是指用于预测的，用数学语言或公式所描述的事物间的数量关系[1]。它在一定程度上揭示了事物间的内在规律，预测时把它作为计算预测值的直接依据。因此，它对预测准确度有极大的影响，例如预测学生的辍学风险和考试不及格风险。

（4）关系挖掘：旨在探索数据集中各变量之间的相互关系，或者试图发现任意两个变量之间的关系最密切的规律。通过关联规则挖掘、序列模式挖掘、过程挖掘、随机数据挖掘等相关方法挖掘变量之间的关系[26]。

（5）文本挖掘：指从文本数据中抽取有价值的信息和知识，例如关键词提取。

（6）回归分析：分为线性回归、多元回归和非线性回归。例如，建立学生学习成绩的线性模型，从而提前预测学生成绩，及早干预有风险的学生。

教育数据挖掘方法可以帮助教师改进教与学的设计和过程、生成学习者学习的特征模式、预测学习者学习结果并及时提供反馈意见、促进以数据为导向的学习评估、为学习者的学习进程提供个性化辅助，如智能化和个性化课程资源的开发，基于学习者行为的自适应内容推荐系统的开发。

学习分析方法聚焦于教学维度的挑战，为教师提供优化学习的机会。而教育数据挖掘专注于技术维度的挑战，例如教师如何从与学习相关的数据中提取价值。教育数据挖掘和学习分析虽然是新的研究领域，但已经对学习科学和实践作出了贡献。教育数据挖掘和学习分析应用越来越广泛，并且受到越来越多学科研究人员的关注，这些方法在提高学习科学的实践和理论方面有巨大潜力。

课后思考题

1. 简述学习评估的概念和主要类型。

2. 学习分析包含哪些方法？

3. 简述学习分析各种方法的主要特点。

4. 试从本章的学习分析方法中选取一个分析方法，谈谈你的研究将如何运用该方法。

参考文献

[1] Pellegrino J W. A Learning Sciences Perspective on the Design and Use of Assessment in Education[M]// Mayer R E. The Cambridge Handbook of Multimedia Learning. 2nd ed. New York: Cambridge University Press, 2014: 233-252.

[2] Pellegrino J W, Chudowsky N, Glaser R. Knowing What Students Know: The Science and Design of Educational Assessment [M]. Washington: National Academies Press, 2001.

[3] Wiggins, G. Educative Assessment: Designing Assessments to Inform and Improve Student Performance[M]. San Francisco: Jossey-Bass, 1998.

[4] Sadler D R. Formative assessment and the design of instructional systems[J]. Instructional Science, 1989,18(2):119-144.

[5] Siegler R S, Crowley K. The microgenetic method: A direct means for studying cognitive development[J]. American Psychologist, 1991,46(6):606.

[6] Goldman R, Pea R, Barron B, et al. Video Research in the Learning Sciences[M]. Mahwah: Lawrence Erlbaum Associates, 2007.

[7] Zahn C, Krauskopf K. Hesse F W, et al. How to improve collaborative learning with video tools in the classroom? Social vs. cognitive guidance for student teams[J]. International Journal of Computer-Supported Collaborative Learning, 2012,7(2),259-284 .

[8] Zahn C, Pea R, Hesse F W, et al. Comparing simple and advanced video tools as supports for collaborative design processes[J]. Journal of the Learning Sciences, 2010,19(3),403-440.

[9] Siemens G. Learning and knowledge Analytics-Knewton-the future of education? [EB/OL].[2023-09-12]. http://www.learning-analytics.net/?p=126.

[10] 顾小清，张进良，蔡慧英.学习分析：正在浮现中的数据技术[J].远程教育杂志，2012，30（1）：18-25.

[11] Siemens G. Learning analytics[J]. American Behavioral Science, 2013,57(10):1380-400.

[12] Khalil M, Ebner M. Learning analytics: Principles and constraints[C]//World Conference on Educational Multimedia, 2015.

[13] Banihashem S K, Aliabadi K, Ardakani S P, et al. Learning analytics: a systematic literature review[J]. Interdiplinary Journal of Virtual Learning in Medical Ences, 2018,9(2):1-17.

[14] 汤汇道.社会网络分析法述评[J].学术界，2009（3）：205-208.

[15] 杨业宏，张婧婧，郑瑞昕.联通主义学习中社会交互与话题交互的网络化特征[J].现代远距离教育，2020（1）：36-45.

[16] 邱均平，邹菲.关于内容分析法的研究[J].中国图书馆学报，2004，30（2）：14-19.

[17] Chen J, Wang M, Kirschner P A, et al. The role of collaboration, computer use, learning environments, and supporting strategies in CSCL: A meta-analysis[J]. Review of Educational Research, 2018,88(6):799-843.

[18] 郑兰琴.协作学习交互分析方法研究综述[J].远程教育杂志，2010，28（6）：76-82.

[19] 陈凯亮 .CSCL中调节学习工具的设计开发与应用研究 [D].北京：北京师范大学，2020.

[20] Yang T C, Chen S Y, Hwang G J. The influences of a two-tier test strategy on student learning: A lag sequential analysis approach[J]. Computers and Education, 2015,82:366-377.

[21] Hmelo-Silver C E, Chernobilsky E, Jordan R. Understanding collaborative learning processes in new learning environments[J]. Instructional Science, 2008,36(5):409-430.

[22] Shaffer D W, Collier W, Ruis A R. A tutorial on epistemic network analysis: Analyzing the structure of connections in cognitive, social, and interaction data[J].Journal of Learning Analytics, 2016,3(3):9-45.

[23] 吴忭，王戈，盛海曦 . 认知网络分析法：STEM教育中的学习评价新思路 [J]. 远程教育杂志，2018，36（6）：8.

[24] 徐鹏，王以宁，刘艳华，等 . 大数据视角分析学习变革——美国《通过教育数据挖掘和学习分析促进教与学》报告解读及启示 [J]. 远程教育杂志，2013，31（6）：7.

[25] Baker R S J D, Yacef K. The state of educational data mining in 2009: A review and future visions[J]. Journal of Educational Data Mining, 2009,1(1):3-17 .

[26] Viberg O, Hatakka M, Bälter O, et al. The current landscape of learning analytics in higher education[J]. Computers in Human Behavior, 2018,89:98-110.

第八章

未来的学习

通过本章的学习，学习者能够：

1.了解未来的学习方式；

2.了解未来的学习空间；

3.了解未来的教师；

4.了解未来的学习科学研究趋势。

第一节　未来的学习方式

一、智能时代的特征和学习方式的变革

大数据、云计算、人工智能、虚拟现实、区块链等新技术的研发与普及标志着人们从网络时代迈向了智能时代。智能时代是以信息为引擎、数字为驱动、技术为抓手、引领社会形态加速变迁的新时代[1]。智能时代对人力资本技能的需求趋向多元化，对劳动者知识体系的需求趋向复杂化。此外，鉴于智力劳动者所占比重增加，创新能力成为个人发展的门槛，劳动者的软实力成为竞争焦点，劳动者必须主动提升自身的创新意识和创新能力，并将创新能力熟练运用于所从事的工作中[2]。由此可见，在智能时代，知识只是人才的一个方面，它只在指尖上，更重要的是通过知识这个载体培养学生的5C核心能力，它包括创新能力（creativity）、批判性思维能力（critical thinking）、交流能力（communication）、合作能力（collaboration）以及可持续学习能力（continuous learning ability），社会需要多元化、能够应对复杂问题以及具有创新性的人才，而规模化、批量化、标准化的教育方式已经与时代脱节，在培养学生创新能力等方面的问题也逐步凸显，这就导致学校培养出来的学生难以满足社会之需，因此，学生的学习方式需要变革。

在智能时代，教育要为学生提供能个性化发展的宽松的空间和时间，更好地保护学生的好奇心，激发学生的想象力[3]。但传统教育模式下，针对每个学生或少数学生的个性化教学是不可能实现的，这不仅是因为教师的时间、教学技能、教学资源等方面的问题，更主要的是无法（也不容易）获得和处理相关信息，如确定学生在特定科目或主题中的最佳学习风格等关键问题[4]。智能技术为学习方式的变革提供现实基础，智能技术教育应用的根本目标在于促进学习，为学习者构建全面、科学、系统的学习支持服务体系，充分发挥学习者个人的潜能，助力于个性化学习的实现。

在智能技术的支持下，受教育者从传统的"读书人"变成为采用读书、读网、看屏、

虚游、虚练、视听等不同方式获得教育的学习者。其中，新的学习方式都是由智能技术支持的，学习者也因此成为被智能技术所武装的受教育者。受教育者通过互联网、电视、数字化资料、课堂、书本、真人教师、虚拟教师等媒介获得信息和知识，成为多媒介的接受者。由于虚拟的学习空间不设"疆界"，没有"围墙"，且移动学习实现了泛在学习，学习者可以利用这些新型学习方式实现个性化学习，同时智能诊断和学习指导、大数据学习分析使得学习者的个性化学习更加精准和科学。

目前一些软件系统已经具备一些促使学生开展个性化学习的功能，如拍照搜题、在线答疑、作业自动批改、智能测评、对教学体系进行反馈和评测等[5]。这些软件通过对学习者学习数据的采集、学生画像的构建、学习需求的分析、学习资源的推荐、学习路径的规划，为课堂学习、家庭学习、终身学习等多样化的学习群体提供多元、精准、智能的学习支持服务，进而助力"人人皆学、处处能学、时时可学"学习型社会的实现。

二、未来学习方式的趋势和实现条件

表 8.1 展示了 2009—2019 年促进高等教育技术应用的关键趋势，混合式学习是关键的趋势之一（出现 7 次）。多媒体与网络技术（尤其是互联网）的逐步普及促使混合式学习的产生。2015 年，《政府工作报告》中首次提出"互联网+"的概念，要求对传统行业优化升级，促使互联网与传统行业相融合，使传统行业能适应当下的新发展，这一提法极大地带动了教育领域混合式学习的应用和研究。此外，2019 年底暴发的新冠疫情，也使混合式学习成为疫情防控常态化背景下的新样态。

表8.1　2009—2019年促进高等教育技术应用的关键趋势

关键趋势	2009年	2010年	2011年	2012年	2013年	2014年	2015年	2016年	2017年	2018年	2019年
移动工具普及	■										
全球化带来的工作、合作、沟通方式变革	■										
群体智慧	■										
可视化工具与视觉素养	■										
游戏化学习	■										
分布式信息技术支持		■	■								
泛在学习		■	■								
重新思考教育者角色		■	■								
协作学习		■	■						■		
转向深度学习方法				■				■			
混合式学习日益普及					■			■		■	
正式学习与非正式学习融合					■						
开放教育资源扩散					■					■	

续表

关键趋势	2009年	2010年	2011年	2012年	2013年	2014年	2015年	2016年	2017年	2018年	2019年
在线学习变革					■	■					
日益关注学习测量					■	■					
学生从消费者到创造者角色转变						■					
应对变革的敏捷方法						■					
社交媒体普及						■					
重新思考高等院校运行模式							■	■	■		
跨机构跨部门合作							■	■	■	■	
推进文化创新							■	■	■	■	
重新设计学习空间							■	■	■	■	
新型跨学科研究兴起										■	
在线课程模块化和教育分解											■

资料来源：2009—2019年《地平线报告》。

混合式学习就是将传统的学习方式，例如听讲、实地考察、观摩、亲身实践，与利用信息技术进行学习的方式结合起来，既发挥教师引导、启发、监控教学过程的主导作用，又充分体现学生作为学习过程主体的主动性、积极性与创造性，两者优势互补，获得最佳的学习效果[6]。

混合式学习模式通过在线学习与面授学习相混合的形式实现教学模式的重构。构建线上线下混合式学习方式，目的是以网络教学平台为基础，以学生为主体，以教学设计为核心，重组教学内容和流程，转变传统教学模式下教师和学生的角色定位，实现以"教"为中心到以"学"为中心、以"知识传递"到"能力培养"的转变。在混合式学习中，教师的"教"由台前变为幕后，重在引导和启发；学生的"学"由幕后移至前台，重在探究和发现，师生双方的教与学从课堂延伸到网络，拓宽了教与学的时间和空间，学生根据自己的学习进度和学习风格制定学习计划、自主选择学习内容，学习的方式更灵活和自主，教学质量和学习效果更佳[7]。

翻转课堂属于混合式学习重构教学模式的典型代表。翻转课堂一般是指教师将课堂内容在线提供给学生，让学生进行课前学习，学生利用课堂活动和练习加深对内容的理解。翻转课堂主要分为以下三个阶段：课前学习准备、课上学习活动和课后学习巩固。在课前，学生通常需要先自主学习相关知识、观看讲座视频等，之后在课上通过与同学和老师共同解决问题进行深度学习，最终用课后测验和作业的方式巩固所学知识。该教学方式可以锻炼学生的批判性思维能力，因为当学生提出问题时，教师只提供一些可能的解决方法而不告诉他们具体的过程或者答案来促进学生深度思考，翻转课堂也鼓励学生在不依靠他人帮助的情况下解决问题，在整个学习过程中频繁地批判性思考是一种有益的思考锻炼。翻转课堂也可以有效提升学生合作能力，一方面，学生在课堂上合作学习，同伴之间的互相学习不仅可以使学习能力较弱的学生得到提高，还有助于基础较好的学生巩固知识；另一方面，学生必须频繁地与他人进行交流与合作，才能高效地完成课上的任务，这种教学方式可有效地培养学生的合作责任感[8]。

为了更好地开展混合式学习，许多学校开始完善混合教学所需要的设备[9]。例如，浙江大学根据"K-CPS"创新理论体系，在可靠稳定的全链路支撑体系保障下，整合教学平台（platform）、智慧教室（classroom）、智云课堂（cloud service）和知识图谱（knowledge），打造智能化创新教学体系，支撑分布在一百多个国家和地区的师生开展远程在线教学。学校在新冠疫情期间共服务师生11万余人，遍布137个国家和地区，快速实现研究生和本科生教务系统春、夏学期课程全部在线开课，支撑师生开展在线教学，保障课程全部完成在线考试，真正做到"不停教、不停学"[10]。

混合式学习促使教师与学生的关系发生变化，从而引发教师行为发生变化，这一教学方式也对教师提出了新的要求，导致教师面临诸多挑战与困难，如教师技术能力、角色转变等[11]。为了提高学生的混合学习效果，教师除了要提升教学能力之外，还需要关注自身的信息素养，如为适应教学需要，教师应具备图片编辑、课件制作、音频视频剪辑等能力。

表8.1表明，日益关注学习测量也是2009—2019年促进高等教育技术应用的关键趋势之一（出现7次）。在智能时代，学习的测量逐步凸显过程性和个性化的特点。2002年，《教育部关于积极推进中小学评价与考试制度改革的通知》明确指出，要把形成性评价与终结性评价结合起来，使发展变化的过程成为评价的组成部分[12]。除了必要的终结性评价，也需要借助信息技术手段监测学生的学习轨迹，如在物理空间中通过让学生佩戴脑波仪、皮电仪、脑血氧仪等神经生理数据测量工具实现教学过程中对学习状态的综合分析和评估。同时，结合信息空间中课程学习、资源管理、在线讨论、互动问答、练习测试、成果总结等学业数据，形成对学生学习全过程的科学评价，精准刻画学生的个体画像和群体画像，全面了解学生的学习与发展状况。

大数据学习分析等技术的成熟为测量的过程化和个性化提供了现实条件，智能教育平台提供了许多智能化评价工具，如智能上课考勤系统、智能上课行为检测与分析系统、自动考试系统、自动监考系统、智能的个性化学习诊断和学生反馈分析等，这些智能工具大大提高了学习测量的准确性和及时性。

网络推荐系统是学习测量个性化的体现方式之一，通过对学生过程性数据的收集、分析和评估，基于每位学习者的学习状况、学习能力、学习偏好和教育资源等，为学习者推荐个性化学习内容、学习路径以及学习节奏等，不仅节省了学习者寻找学习资料和内容的时间，还提高了其学习效率。如松鼠AI推出的中学各科的诊断和推荐系统通过对学生的精准测量提供个性化指导，其个性化指导的基本流程如下：首先收集数据，主要收集学生的背景数据，如国籍、家庭背景、学术数据（如学习成果、学到的知识等）、行为数据（如各类学习的时长、各类活动数据、消费数据等）、身心数据（如情绪变化、释放情绪数据等）。其次，依据数据描述学习者的画像，如学生成绩、学习风格、知识点、行为、消费等方面的画像。最后是数据分析结果的应用，如根据学生的画像精确引导学生采用适合自己特点的学习材料、学习路径和学习节奏。

虽然目前的一些智能系统或产品已经在个性化学习测量方面进行了初探并产生不错的效果，但在未来，相关研究的开展还应该强化对学生学习过程数据的监测，能够让智能产品对学生进行个性化的学情分析、对学生潜在的学习需求进行智能诊断，为学生提供主动、精准、智能的学习支持服务，由此对智能教育的服务模式进行完善。一方面，通过智能技术的应用强化对学习过程和学习结果数据的挖掘分析，对与学生学业发展相关的核心特征和关键要素进行精准刻画，主要包括学生的知识结构、认知水平、情感体验、学习风格、学习动机、学习态度等，通过构建精准化的学习者模型，对学生真实的学习状态进行有效表征；另一方面，通过对学生心理发展状况的精准测评，分析特定年龄阶段学生学习面临的关键问题，如学习动机不强烈、学习策略不科学、学习反思不准确等，由此对学生学习面临的关键问题进行有效诊断，构建更加系统、精准、完善的智慧教育解决方案。

第二节　未来的学习空间

一、重构学习空间的重要性和必要性

学习空间指用于学习的场所[13]，"学习空间"这一术语兴起于20世纪90年代，在"学习空间"之前，人们通常使用"教学空间"来指代这种场所，将有教学活动的场所称作教学空间[14]。目前，教室仍然是学生接受教育的主要学习空间。但传统的教室在考勤环节、教学过程的互动环节、教学质量的测试环节存在很多的问题，如何重构学习空间，如何构建以学生为中心的学习空间，并与学生建立高质量的互动和联系，以丰富学生的学习体验成为人们关注的话题。

信息技术的出现和发展为重构学习空间提供了现实的可能性，以元宇宙、智能教室为代表的智能教育空间能够为学生创建一种轻松、有趣的智能学习环境，在物联网、网络技术、移动技术、云计算等新兴技术的支持下，教学内容可以可视化、教学过程可以互动化、教育评价可以智能化、教学资源获取可以便捷化；集教、学、管、研于一体，为学习者提供个性化、智能化和适应性的学习环境，满足不同学习者的不同教育需求，增强其教育的体验感，进而提升教育的价值。

重构的学习空间更重要的是带来教学方式的转变，促使教学更多地关注人的能力的培养。技术的应用有助于教学方式的转变。在课前，融合云计算、混合现实技术进行教学设计、课程开发、课前预习、自主学习等，以促使学生达成记忆、理解的认知目标；课中，融合全息投影、物联网、人工智能等技术进行高效互动、人机互动、过程评价、群组学习、知识内化等，以促使学生达成应用、分析的认知目标；课后，融合社交网络、学习分析、云计算等技术实现互动答疑、作业分析、总结评价、协作探究等，以促使学

生达成评价、创新的认知目标。英国开放大学通过虚拟现实等技术扩展教育和培训，使学生获得沉浸式学习体验。

二、未来学习空间的特征和可能样态

智能学习空间是未来学习空间的主流形态之一，智能学习空间主要包括两部分，分别为智慧教室和智慧课堂。智慧教室总的来说是通过有线网和无线网把教学环节中使用的各种教学硬件资源和软件资源联系起来，提高优质教育资源的利用率，在此过程中使用先进的教学模式，以学生为主体、教师为主导的能够互动的教学方式，能够有效地促进学生对知识的深度学习与提高学生的各项学习能力和综合素质。

推动智能技术与教学的深度融合是智慧教育时代的核心主题[15]，智能学习空间则是深度融合的具体产物，它超越单纯的物理空间而存在，是集开放、共享、创造等于一体的综合性教育场域。在智能技术的推动下，从传统学习空间到智能学习空间，学习空间得到了革命性的发展——从唯一到丰富、由实体到虚拟、由地面到云端，具体有以下特征：

1. 云端一体化的教育云空间

与其他教育空间相比，云端一体化的教育云空间更智能化。它使得教育资源顺畅流动，用户在任何有网络的地方，都能使用自己的特有空间，极大地便利了教育过程，促进了教育公平。

2. 虚拟教育空间

与实体教育空间相比，虚拟教育空间能提供更多的智能教学模式，如提供同步课堂、网络直播课堂、慕课课程、讨论社区、个性化课堂等多样化的教育空间，满足不同的学习需求。在虚拟的教学空间中，授课、交作业、答疑、讨论、评卷等均不需要或较少需要人或物的流动和实体空间的创建。鉴于对这些便利、成本、价值等的考量，有些大学将部分课程改成网络课程，或将课程的一部分改成网络授课，在减少对教学楼的需求的同时，减少了对教师的需求。此外，虚拟学习共同体是在虚拟网络环境下由学习者和助学者基于共同目标而建立的学习型团体，他们通过交互、协作和共享等多种方式共同完成学习任务[16]。元宇宙是通过整合扩展现实、数字孪生等新兴技术，将虚拟和现实深度融合的一种超元社会形态。在元宇宙的支撑下，学习者可依据学习需求切换学习场景，实现超域的协同学习[17]。

3. 移动学习空间

移动学习空间能实现个性化的泛在学习，使得原来的非学习场景转变为学习场景，原来的非学习时段转化为学习时段，大大提高了学习场景的多样性，提高了学习者的整体学习效率。

4. 智慧教室

智慧教室以学习者为中心，以人工智能等新兴技术为支撑，以智慧教育理念为指导，融技术、资源、教学法、服务、数据于一体，具有感知性、适应性、交互性和泛在性。智慧教室是集内容呈现、环境管理、资源获取、及时互动、情境感知等于一体的智能化教学环境，是信息时代开展教育教学研究的重要场所。在智慧教室开展教学，有助于实现教学与管理的智能化、信息化，促进师生认知水平的提高[18]。如美国东北大学的智慧学习空间为师生提供环形工作区、触摸屏、投影的自习室以及自助打印设备，师生每人有一个校园ID，个人的所有相关数据信息都会呈现在这个ID上。

5. 无边界

基于远程直播技术的异地空间的连接，不仅能实现异地教室之间的连接，还可以将教室与图书馆、实验室、阅览室、田野等可以开展学习的地方进行连接，让学生的视野突破教室的围墙，将学生在教室内"看不见摸不着"的东西具象到眼前，让学生在情境中学习。专递课堂、同步课堂、双师课堂以及校际协同教学都是异地空间连接的实例。

总体而言，未来的学习空间能够通过有线网和无线网把教学环节中用到的各种教学硬件资源和软件资源联系起来，提高优质教育资源的利用率。在此过程中使用先进的教学模式，实现以学生为主体、教师为主导，处处体现师生间的互动，有效促进学生对知识的深度学习，提高学生的各项学习能力和综合素质。智能学习空间的基本配置如表8.2所示[19]。

表8.2　智能学习空间的基本配置

类别	内容
教学硬件	电子白板可以在教师的教学过程中有效结合教学软件和电子设备。平板电脑和智能手机可以协助教师对要讲的内容进行预习，可以实现教学过程中与教师和各种教学资源的高效互动，可以对学生进行课后复习和课后作业测试，提供了高效的教与学的教育模式，为实现教育中的"颠倒课堂"和学生随时进行碎片化学习提供了基础，高度契合了教育界公认的行之有效的教学模式：课前预习；带着问题学习；课后高质量完成作业，及时复习巩固，自我诊断，及时解决问题。除此之外还包括功放、音箱、无线麦克风、拾音器、问答器和配套控制软件等
LED系统	在电子白板上能够显示任课教师、上课班级、课程科目和各种感知器集成的数据，比如温度、湿度、光照度、CO_2含量等数据
学生和教师考勤	在教室门口安装RFID考勤机，在考勤软件的支持下，使用校园一卡通对学生和教师进行考勤。提高了考勤的准确性，缩短了考勤时间，提高了考勤的效率。同时可以通过网络技术对考勤情况进行远程监控
资产管理系统	使用RFID技术，在教室前后门安装RFID读卡器，对教室内的实验仪器、设备等资产贴上RFID标签，可以对出入教室的资产进行监控与管理，提高了设备管理人员对教室资产管理的高效性
环境控制系统	由灯光控制系统、换气控制系统、空调控制系统等组成，由各类控制器、传感器、和相应的配套软件组成，可以调节室内灯光的使用和明暗程度，可以监测室内的温度、湿度、空气质量等情况，控制各种可控设备，达到调节室内环境的目的

未来学习空间的构建离不开智能技术的支持，智能技术的应用有助于学生在未来学习空间中发挥主体性作用。如物联感知技术不仅可以实现物理空间之间的互联互通，还可以创建物联感知课堂，实现对学习者在不同空间中的学习状态的全过程监控。在未来学习空间中，物联感知技术的融合作用主要体现在以下两个方面：一方面，利用物联感知技术可以制成含有RFID的校园卡，通过校园卡能够随时查看并自动统计学生在不同学习空间的出勤情况；另一方面，利用物联感知技术构建的物联感知课堂可以随时感知课堂中的温度、湿度、灯光等情况，并进行自动调节，将物理空间中的环境特征数据转化为信息数据，实现课堂环境的实时监控和调节。江苏无锡的许多中小学利用物联感知技术监测整个校园内的气象、室温环境以及电力情况，还利用物联感知技术进行植物栽培研究，监控和改善植物生长环境，提高植物生长的质量。

5G也是未来学习空间中具代表性的技术之一。5G技术具有速度快、可连接设备多的特点，支持多个异地空间之间的连接，同时不会出现卡顿、不同步的现象。5G技术的发展与应用将为异地空间的连接提供高速网络支持，促使虚拟空间与物理空间进行虚实融合，切实做到融人（利益相关者）、物（技术与环境）、境（教育情境）、事（教育活动）、脉（知识的内在关联）于一体[20]。因此，未来异地空间的连接将会越来越普遍，也将极大推进跨班级、跨学校、跨区域甚至跨国的教学活动，实现优质教育资源的融通与高效共享，缩小教育差距。英特尔的未来教室是一个异地空间连接的典型案例，利用远程直播技术，身处桥梁建造场景中的工程师可以结合实物为教室中的学生实时讲授相关知识，让学生的学习不再建立在虚无缥缈的想象之上，促使学生学得更扎实，理解得更深刻。

第三节　未来的教师

一、未来学习对教师多重角色的要求

作为教育改革的践行者，教师对人工智能教育发展至关重要。虽然技术无法取代教师完成复杂性的工作[21]，但在人工智能时代，鉴于学习者对个性化教学等的需求提升，教师的角色也需要随之改变，其应能高质高效地进行和完成各种教育活动，进而适应智能时代发展的要求。未来教师不仅仅能传道、授业、解惑，他们更是学习活动的引导者和设计者，还是终身学习者。

首先，作为引导者，教师已不再是知识的唯一来源，也不再是知识的权威，而成了引导者[22]。除了传授知识外，教师的核心价值在于"育人"，重要职责是引导学生学会学习，这也对教师提出了更高要求。在知识传授过程中，教师要适应智能时代学生的个性化学习需求，借助智能技术成为知识的传授者；在知识转换过程中，教师要成为学生理解和掌握知识的帮助者，成为促进学生思维能力和创造能力的培养者，这些是智能技术所无法替代的；在教学评价过程中，教师要基于大数据、人工智能等技术对学生的学习成效进行分析，依托伴随性数据成为数据的分析者和教学的评价者；在育人发展过程中，教师要关注学生的发展，成为学生的育人领航者。

各种智能技术的应用有助于教师发挥其引导者的作用。云端技术、泛在网络技术、可点触式电子屏幕技术、智能环境控制技术等所创造情境促使学生更好地与终端设备交互、与教师交互、与学生交互、与各种云端资源交互，而教师在整个过程中起到了引导的作用，通过提出问题等方式引导学生高效交互。

其次，教师要成为智慧的创造者，必须要有足够的时间投入创新性工作。尽管教学活动总体上是富有创造性的，但目前很多教师被一些流程化、重复性的环节所困扰，包括字词拼读、课文复述、试题讲解、口语练习等，这些环节可以交给教育机器人或智能教育助理，如智能教学系统（intelligent tutoring system，ITS）、智能问答系统、智能学习游戏、智能教务管理系统、智能决策支持系统（intelligent decision supporting system，IDSS）、智能批改系统等，智能系统能够根据不同的教学情境选择更加合理的教学路径开展教学活动，教学设计方案将成为教师与人工智能协同作业的结果。

基于智能系统的建议，教师可以选择合适的教学策略开展教学活动，并对学生的学习过程进行监督，更多地发挥设计者、监督者与决策者的作用[22]，同时教师也有更多精力去从事创造性的教学，将教师从繁碎低效、简单重复的劳动中解放出来，把更多的时间、精力和智慧投入个性化教学、创造力的培养、设计具有创新价值的教育教学过程，通过创造性的教学设计，为每个学生提供个性化支持。但值得注意的是，教师在整个过程中也要对智能化教学情境进行思考，基于对学生的了解作出科学的教学决策，对智能技术合理地取舍等[23]。

最后，教师也是终身学习者。在智能技术环境下，传统意义上的教师只有不断学习、提升信息化技能才能适应智能技术条件下的教育环境，成为终身学习者才能适应社会的发展，智能教育环境为教师快速获取相关内容和知识进而成为高效学习者提供了便捷通道。

一些智能系统有助于教师学习专业知识，"AI好老师"基于北京师范大学中国好老师平台采集的一线优秀育人案例和优秀教师访谈数据，在领域专家的指导下，结合心理学、教育学等专业理论，构建育人知识图谱，将德育领域的隐性知识显性化，为育人问题的诊断推理提供知识基础。同时，利用人工智能领域的自然语言处理技术，构建任务驱动对话系统，针对个体学生存在的育人问题进行深度解析。基于领域专家育人问题答疑数据，构建智能问答系统，自动解答教师的常见育人问题。利用信息检索技术构建的智能案例检索系统，可以为教师提供优秀育人案例。"AI好老师"是教师育人的得力助手，可以帮助教师树立育人意识，解决育人问题，掌握育人知识，提升育人能力[24]。

罗强以整合技术的学科教学法知识（technological pedagogica content knowledge，TPACK）为基础，构建了智能时代教师知识结构的发展框架。在该发展框架中，第1步是基于跨学科理念设计学科教学知识，第2步是基于智能技术设计整合技术的学科知识，第3步是基于智能教育空间设计整合技术的教学知识，第4步是基于智能教育境脉设计整合技术的学科教学知识，旨在实现教师知识结构的动态转换[25]（见图8.1）。

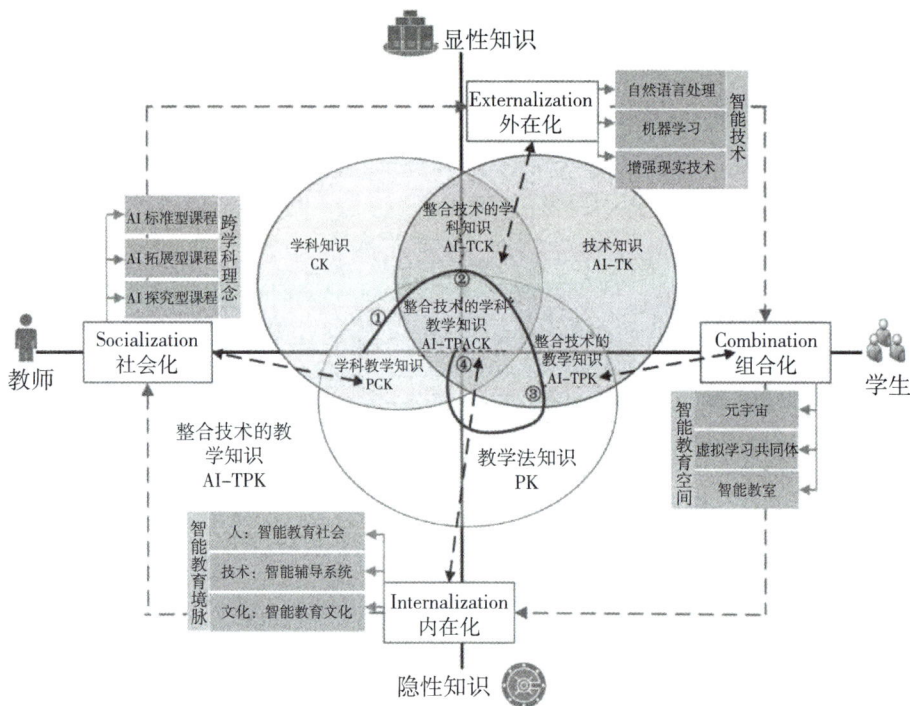

图 8.1　智能时代教师知识结构的发展框架

　　但当前一线教师教育理念落后严重限制了教育的创新发展。当前阶段，强调较多的是利用智能技术优化、改进和重构教育教学，但从教育创新的实践效果来看，对于如何应用智能技术改进教学，一线教师的教育理念相对滞后，无法有效发挥智能技术在教育创新发展中的核心作用，这在一定程度上阻碍了我国教育改革的实践进程。从当前我国教育发达地区的信息技术应用现状来看，往往只有少数教师才能熟练运用信息技术来改进课堂教学，大部分教师对于信息技术的应用还停留在初级阶段，与利用信息技术推动教育变革之间尚有较大差距，这也是阻碍信息技术与教育教学深度融合的难点之一[26]。

二、教师教育技术能力的标准/框架

　　鉴于智能时代对教师提出了新的要求，国际和国内的一些组织发布了指导框架来指导教师的发展，具有代表性的框架有联合国教科文组织的《教师ICT能力框架》（第3版）、美国的国际教育技术协会（international society for technology in education，ISTE）标准和我国的《中小学教师教育技术能力标准（试行）》《教师数字素养》，这些框架不仅从宏观角度为教师提供了发展方向，也从实际操作的角度为教师提供了具体路径。

（一）联合国教科文组织的《教师ICT能力框架》（第3版）

　　为了支持教师采用新的教学方法、适应新的教师角色以及掌握未来教学技能，联合国教科文组织将教师使用信息技术的能力分为三个层次（知识获取、知识深化和知识创造），与教师工作的六个实践维度（理解信息技术教育应用的政策、课程与评估、教学方法、数字技能应用、组织与管理、教师专业学习）相交叉，发布了包含 18 项信息技术教育应用能力的《教师ICT能力框架》（第 3 版）（见表 8.3）。每个层次都与教师通常采用技术的方式一致，都包含上述六个实践维度，要求教师综合和熟练地使用技术，以实现教育目标[28]。

表8.3 《教师ICT能力框架》基本内容

维度	知识获取层次的教师能力	知识深化层次的教师能力	知识创造层次的教师能力
实践维度一：理解信息技术教育应用的政策	阐明如何基于机构和国家教育政策开展课堂教学实践活动	设计、修改相关机构和国家教育政策，实现国际承诺(如联合国公约)和开展课堂实践	评价相关机构和国家的教育政策，并据此提出修改建议，设计改进方案，并推测教育政策更新所产生的影响
实践维度二：课程与评估	分析课程标准相关内容和目标，并确定如何利用信息技术开展教学，从而实现课程标准规定的目标	将信息技术融入学科教学和评估过程，并创造性利用信息技术强化学习环境，让学生在信息技术的支持下，展示对课程标准的掌握情况	确定信息技术如何融入以学生为中心的协作学习，确保学生达成多学科课程标准的要求
实践维度三：教学方法	选择适宜的信息技术，支持特定的教学方法	设计信息技术支持的项目学习活动，利用信息技术帮助学生创建、实施和监测项目计划，并解决复杂问题	确定学习参数，鼓励学生在协作学习中进行自我管理
实践维度四：数字技能应用	使用硬件组件和常用生产力软件应用程序并能识别其功能	融合各种数字工具和资源，创造综合性数字化学习环境，培养学生高阶思维和解决问题的技能	设计知识社区并使用数字工具支持常态学习
实践维度五：组织与管理	组织物理环境，确保技术以包的方式支持不同的学习方法	灵活使用数字工具，促进协作学习的开展，管理好学习者和学习过程	发挥领导作用，为所在学校设计技术战略，使其转变为学习型组织
实践维度六：教师专业学习	利用信息技术支持教师自身的专业发展	利用技术与教师专业网络的互动，支持自身专业发展	通过开发、试验、指导、创新和分享信息技术应用实践，确定如何更好地为学校提供技术服务

1. 信息技术应用的三个能力层次

信息技术应用的三个能力层次主要包含教师的知识获取能力、知识深化能力以及知识创造能力，具体内容如表 8.4 所示。

表8.4 教师信息技术应用的三个能力

维度	解释	具体要求
知识获取能力	知识获取是指教师获得使用信息技术知识的过程	阐明如何基于国家教育政策开展课堂教学； 确定如何利用信息技术实现课程标准规定的课程目标； 选择合适的信息技术支持特定的教学方法； 能够识别和使用硬件组件和常见教育软件应用程序的功能； 组织物理环境，确保技术以包容的方式支持不同的学习方法； 利用信息技术支持教师自身的专业发展
知识深化能力	教师获得信息技术能力并能够创建以学生为中心的具有合作性质的学习环境，将教育政策与课堂实际行动联系起来，制定可操作性方案维护学校的信息技术资产，并预测未来的教育需求	设计、修改和实施支持机构和国家教育政策、国际承诺（如联合国公约）和社会优先事项的课堂实践； 将信息技术融入学科教学和评估过程，并强化学习环境，让学生在信息技术支持下展示对课程内容的掌握程度； 设计信息技术支持的基于项目的学习活动，帮助学生创建、实施和监测项目计划，并解决复杂问题； 融合各种数字工具和资源，创造综合的数字化学习环境，提高学生的高阶思维和解决问题的技能； 灵活使用数字工具，促进协作学习，管理学习者和学习过程； 利用技术与专业网络互动，支持教师专业发展
知识创造能力	知识创造是指教师能够建立学习环境，鼓励学生创造更加和谐、充实的社会所需的新知识	评价机构和国家的教育政策，推测教育政策变化的影响，提出改进设计的建议； 确定如何开展以学生为中心的协作学习，推动多学科课程标准的实施； 确定学习参数，鼓励学生在协作学习中进行自我管理； 设计知识社区并使用数字工具支持泛在学习； 发挥领导作用，为所在学校设计技术战略，使其转变为学习型组织； 开发、实施、指导、创新和分享最佳教育实践，确定如何才能更好地为学校提供技术服务

2. 信息技术应用的六个实践维度

六个实践维度主要包含理解信息技术教育应用的政策、课程与评估、教学方法、数字技能应用、组织与管理以及教师专业学习，具体内容如表8.5所示。

表8.5 教师信息技术应用的六个实践维度

维度	内容
理解信息技术教育应用的政策	鼓励教师理解如何将信息技术与政策涉及的国家教育优先事项保持一致，并明确信息技术在培养高效且富有创造力的社会成员方面的价值
	在知识获取阶段，教师了解信息技术教育应用的政策；在知识深化阶段，教师理解和应用教育政策；在知识创造阶段，教师正确认识国家教育改革政策，并就存在问题提出改进建议

续表

维度	内容
课程与评估	探讨信息技术如何支持课程标准所规定的具体教学目标的实现，以及如何在教学评估方面发挥作用
	在知识获取阶段，信息技术为课程教学和评估提供效能；在知识深化阶段，教师应用信息技术工具；在知识创造阶段，教师重新诠释课程目标和内容，以便在知识社会中发挥有效作用，并制定真实的评估策略，监控课程发展
教学方法	鼓励教师获得信息技术应用技能，以便选择和使用有效的教与学方法
	在知识获取阶段，信息技术被整合到传统教学方法中。虽然在该阶段教师往往使用说教性的教学方法，但在知识深化和知识创造阶段，教师应采取以学生为中心的教学方法，即最好采用合作的、以项目和问题为基础的现代教学方法
数字技能应用	该维度在知识获取阶段表现较明显，因为教师掌握基本信息技术应用能力是其将技术融入教学工作的先决条件。知识获取阶段的数字工具都很常见，使用率很高，如文字处理程序、演示包、电子邮件客户端和社交网络应用程序等。然而，在知识深化和知识创造阶段，教师使用的工具往往不那么明确，可根据教学任务加以选择。数字工具的功能指向学习任务的完成和成效的提高
组织与管理	提出如何组织学校数字资产，并通过相应的管理机制设计保护和科学运用这些教学资产的方法
	在知识获取阶段，重点是组织物理环境，如计算机实验室和教室，支持有效使用信息技术进行学习。在知识深化和知识创造阶段，重点转移到营造协作学习环境，将学校转变为学习型组织，支持课外学习，甚至建立支持翻转课堂和游戏化学习的虚拟学习环境。该维度还包括教师如何支持信息技术计划的发展，实施学校教育技术战略
教师专业学习	旨在提出信息技术如何增强教师终身专业发展能力的方法
	知识获取阶段着眼于教师如何发展自己的数字素养，并利用信息技术提高其专业水平。知识深化阶段的重点是教师如何参与专业网络互动并获取资源。知识创造阶段的重点转移到教师（作为知识生产者）如何创新和示范教育实践，甚至充当学校同事的教练和指导者

（二）美国的 ISTE 标准

美国的国际教育技术协会（ISTE）一直致力于教师专业发展、知识传递、鼓励与引导教育创新等方面的研究和标准制定，已先后于 1993 年、1997 年、2000 年、2008 年颁布了四版国家教师教育技术标准，以适应信息技术发展对教师的要求，这些标准对美国和其他国家都产生了深远的影响。自 2008 年之后，直到 2017 年 7 月，ISTE 才发布新版国家教师教育技术标准[28]。

新标准主要由理解、准备和实施三部分构成：准备部分是关于如何使用标准的描述，实施部分是关于标准实施的保障措施介绍，而位于理解部分的教师角色定位是标准的核心内容[29]。具体而言，教师的角色具体可分为两大类、七个维度：第一类为赋能教师专业发展，主要从教师作为社会人（领导者、学习者、公民）的视角，强调技术为教师专业赋能的方向和内容；第二类为催化学生学习，强调教师在技术辅助下提升学生学习成效的作用，其中教师作为协作者、设计者、促进者、分析者在教学活动和教学过程中发挥着不同的作用。教师的七维角色定位如图 8.2 所示。

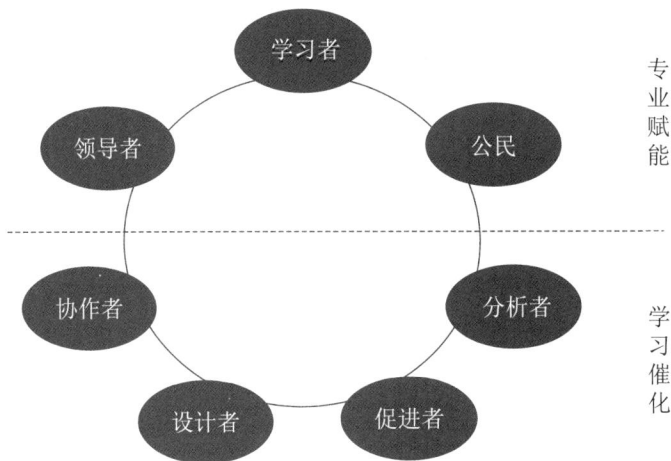

图 8.2 教师的七维角色定位

维度一：领导者角色。

教师要寻找机遇，施展个人领导才能，为学生学习赋能，为学业成功提供支持，进而促进教学。变革通常始于那些课内、课外都能鼓励学生学习的教育工作者，教师要树立敢为人先的领导意识，将自己的专业观点与其他教育工作者、管理者和共同体成员分享，以促进有效且有意义的教育变革——此处"领导"更多的是发挥引领和推广的作用，而不是进行管理。该标准包含以下指标：①通过教育利益相关方的多主体参与，加速形成以技术赋能学习的共同愿景；②倡导教育技术、数字内容、学习机会的公平获取，满足学生的多样化学习需求；③为同行在新兴数字学习资源和工具的识别、探索、评价、管理、应用方面提供示范。

维度二：学习者角色。

教育工作者需要不断学习，提高自身利用技术促进学生学习的能力。互联网的普及和媒体技术的发展，极大地减少了信息的不对称，世界朝扁平化方向发展，致使教师在教育活动中的知识权威地位受到挑战。为适应时代潮流和个人的专业发展要求，教师必须树立终身学习理念，通过自主或合作的形式不断地发现、探索最佳实践的方式，并将学习塑造成一个持续发展的过程，由此不断提升自我、促进教学。该标准包含以下指标：①设定专业目标来探索和应用技术使能的教学方法，并反思方法的有效性；②通过创建和积极参与全球性的学习网络寻求专业兴趣；③与时下有助于改善学习者学习结果的研究成果保持同步，包括学习科学领域的研究发现。

维度三：公民角色。

教师应激励学生积极承担数字社会的责任并作出贡献。无论是教师还是学生，首先都应是一个合格的社会公民，其次才有其他社会身份加持的可能——在数字时代也是如此，师生只有首先做一个合格的数字公民，才有享受其他数字红利的权利。在一个高度联结且快速发展的、拥有多种数字化工具的世界中，技术将不断呈现新的、无法预料的挑战与机会，教师需要批判性地审视自身的价值和义务，引导自己与学生对技术合规使用和有序参与。该标准包含以下指标：①为学生提供建立人际关系和社群的体验，使学生能够在线上作出积极的、具有社会责任的贡献，并表现出共情行为；②建立能够激发学生好奇心、批判性评价在线资源、促进数字素养和媒体熟练度养成的文化；③指导学生安全、合规、合法地使用数字工具，注重知识产权和财产的保护；④示范并促进个人数据和数字身份的管理，保护数据隐私。

维度四：协作者角色

教师应致力于与同事和学生协作，以改善教学实践、发现和分享教育资源与观点、解决教学问题。互联网的普及，带来的最大影响之一就是协作方式的变革，使得大规模、全球范围内的协作成为可能，同时便捷的信息沟通也极大地提升了协作的效率。而教育领域更注重知识信息的传导和交互，因此教师的协作能力至关重要。为了改善实践和支持深度学习，教师的协作应有目的地进行。该标准包含以下指标：①致力于与同事协作，以创建技术支持的教学实践；②与学生协作、共同学习，探索和使用新的数字资源，诊断并解决其中的技术问题；③运用协作工具让学生通过虚拟的方式加入当地或全球性的专家、学生团体，丰富学生基于真实场景的学习体验；④与学生、家长、同事交流时展现文化素养，以合作者的身份与学生、家长、同事互动，以共同促进学生的学习。

维度五：设计者角色。

针对学生差异，教师应设计出能够及时应变的、真实的、学习者驱动的教学活动和教学环境。在一个数字化世界中，教师更应了解当前技术环境中学生的学习特点和学习需求，并依托信息技术对教学环境进行优化、重构，进而为学生提供参与最佳实践和教学活动的机会，并与这些实践和活动保持同步。该标准包含以下指标：①应用技术创建适应性、个性化的学习体验，以促进学生的自主学习，满足不同学生的差异化学习需要；②设计符合内容标准的真实学习活动，使学生能够利用数字工具和资源，最大限度地进行深度学习；③探索并应用教学设计原则，以创建支持学生学习的创新型数字化学习环境。

维度六：促进者角色。

教师需掌握并运用技术促进学生学习目标的达成，使其达到美国国家学生教育技术标准对学生的要求；同时，引导学生成为终身学习者，给他们提供必要的知识、技能，对他们的工作习惯进行培养，以使他们能够面对未知的挑战。教师发挥的促进作用对学生将来的成功非常重要，且意味着教师需在学习过程中的各个方面给予学生更大的选择权。该标准包含以下指标：①培养一种文化氛围，在这种氛围中不管是进行自主学习还是进行小组学习，学生对自己的学习目标和成果都拥有充分的自主权；②对学生在数字平台、虚拟环境、创客空间或户外的技术应用和学习策略进行管理；③创建一些对学生来说具有挑战性的学习机会，让他们通过设计学习进程或运用计算思维来解决问题；④示范和培养学生的创造力和创造性表达能力，以交流观点并建立思想联结。

维度七：分析者角色。

教师要理解并运用大数据驱动自身的教学，为学生学习目标的达成提供支持。该标准包含以下指标：①为学生提供多种可选的、用于展示能力和学习反思的分析技术；②运用分析技术设计和实施一系列关于学生需求的形成性与终结性评价，给学生提供及时的反馈并指导学生的学习；③运用评价数据来管理教学进程，并与学生、家长、教育利益相关者进行交流，通过数据反馈来辅助学生进行自主学习。

（三）我国的《中小学教师教育技术能力标准（试行）》

为提高中小学教师教育技术能力水平，促进教师专业能力发展，根据《中华人民共和国教师法》和《中小学教师继续教育规定》有关精神，教育部于 2004 年制定了《中小学教师教育技术能力标准（试行）》[30]。该标准适用于中小学教学人员、中小学管理人员、中小学技术支持人员教育技术能力的培训与考核。标准包含三部分，分别为教学人员教育技术能力标准、管理人员教育技术能力标准以及技术人员教育技术能力标准。表8.6 呈现了教学人员教育技术能力标准的内容，包含意识与态度、知识与技能、应用与创新以及社会责任四部分。

表8.6　教学人员教育技术能力标准

维度	类别	内容
意识与态度	重要性的认识	1.能够认识到教育技术的有效应用对于推进教育信息化、促进教育改革和实施国家课程标准的重要作用。 2.能够认识到教育技术能力是教师专业素质的必要组成部分。 3.能够认识到教育技术的有效应用对于优化教学过程、培养创新型人才的重要作用
	应用意识	1.具有在教学中应用教育技术的意识。 2.具有在教学中开展信息技术与课程整合、进行教学改革研究的意识。 3.具有运用教育技术不断丰富学习资源的意识。 4.具有关注新技术发展并尝试将新技术应用于教学的意识
	评价与反思	1.具有对教学资源的利用进行评价与反思的意识。 2.具有对教学过程进行评价与反思的意识。 3.具有对教学效果与效率进行评价与反思的意识
	终身学习	1.具有不断学习新知识和新技术以完善自身素质结构的意识与态度。 2.具有利用教育技术进行终身学习以实现专业发展与个人发展的意识与态度
知识与技能	基本知识	1.了解教育技术基本概念。 2.理解教育技术的主要理论基础。 3.掌握教育技术理论的基本内容。 4.了解基本的教育技术研究方法
	基本技能	1.掌握信息检索、加工与利用的方法。 2.掌握常见教学媒体选择与开发的方法。 3.掌握教学系统设计的一般方法。 4.掌握教学资源管理、教学过程管理和项目管理的方法。 5.掌握教学媒体、教学资源、教学过程与教学效果的评价方法

续表

维度	类别	内容
应用与创新	教学设计与实施	1. 能够正确地描述教学目标、分析教学内容，并能根据学生特点和教学条件设计有效的教学活动。 2. 积极开展信息技术与课程的整合，探索信息技术与课程整合的有效途径。 3. 能为学生提供各种运用技术进行实践的机会，并进行有针对性的指导。 4. 能应用技术开展对学生的评价和对教学过程的评价
	教学支持与管理	1. 能够收集、甄别、整合、应用与学科相关的教学资源以优化教学环境。 2. 能在教学中对教学资源进行有效管理。 3. 能在教学中对学习活动进行有效管理。 4. 能在教学中对教学过程进行有效管理
	科研与发展	1. 能结合学科教学进行教育技术应用的研究。 2. 能针对学科教学中教育技术应用的效果进行研究。 3. 能充分利用信息技术学习业务知识，发展自身的业务能力
	合作与交流	1. 能利用技术与学生就学习进行交流。 2. 能利用技术与家长就学生情况进行交流。 3. 能利用技术与同事在教学和科研方面广泛开展合作与交流。 4. 能利用技术与教育管理人员就教育管理工作进行沟通。 5. 能利用技术与技术人员在教学资源的设计、选择与开发等方面进行合作与交流。 6. 能利用技术与学科专家、教育技术专家就教育技术的应用进行交流与合作
社会责任		1. 公平利用努力使不同性别、不同经济状况的学生在学习资源的利用上享有均等机会。 2. 有效应用努力使不同背景、不同性格和能力的学生均能利用学习资源得到良好发展。 3. 健康使用促进学生正确地使用学习资源，以营造良好的学习环境。 4. 规范行为能向学生示范并传授与技术利用有关的法律法规知识和伦理道德观念

2014 年，为全面提升中小学教师的信息技术应用能力，促进信息技术与教育教学深度融合，教育部又制定了《中小学教师信息技术应用能力标准（试行）》。该标准是规范与引领中小学教师在教育教学和专业发展中有效应用信息技术的准则，是各地开展教师信息技术应用能力培养、培训和测评等工作的基本依据。其基本内容如表 8.7 所示。其中，"I.应用信息技术优化课堂教学"的能力为基本要求，主要包括教师利用信息技术进行讲解、启发、示范、指导、评价等教学活动应具备的能力；"II.应用信息技术转变学习方式"的能力为发展性要求，主要针对教师在学生具备网络学习环境或相应设备的条件下，利用信息技术支持学生开展自主、合作、探究等学习活动所应具有的能力。该标准根据教师教育教学工作与专业发展主线，将信息技术应用能力区分为技术素养、计划与准备、组织与管理、评估与诊断、学习与发展五个维度。

表8.7 《中小学教师信息技术应用能力标准（试行）》基本内容

维度	Ⅰ.应用信息技术优化课堂教学	Ⅱ.应用信息技术转变学习方式
技术素养	1. 理解信息技术对改进课堂教学的作用，具有主动运用信息技术优化课堂教学的意识	1. 了解信息时代对人才培养的新要求，具有主动探索和运用信息技术变革学生学习方式的意识
	2. 了解多媒体教学环境的类型与功能，熟练操作常用设备	2. 掌握互联网、移动设备及其他新技术的常用操作，了解其对教育教学的支持作用
	3. 了解与教学相关的通用软件及学科软件的功能及特点，并能熟练应用	3. 探索使用支持学生自主、合作、探究学习的网络教学平台等技术资源
	4. 通过多种途径获取数字教育资源，掌握加工、制作和管理数字教育资源的工具与方法	4. 利用技术手段整合多方资源，实现学校、家庭、社会相连接，拓展学生的学习空间
	5. 具备信息道德与信息安全意识，能够以身示范	5. 帮助学生树立信息道德与信息安全意识，培养学生良好行为习惯
计划与准备	6. 依据课程标准、学习目标、学生特征和技术条件，选择适当的教学方法，找准运用信息技术解决教学问题的契合点	6. 依据课程标准、学习目标、学生特征和技术条件，选择适当的教学方法，确定运用信息技术培养学生综合能力的契合点
	7. 设计有效实现学习目标的信息化教学过程	7. 设计有助于学生进行自主、合作、探究学习的信息化教学过程与学习活动
	8. 根据教学需要，合理选择与使用技术资源	8. 合理选择与使用技术资源，为学生提供丰富的学习机会和个性化的学习体验
	9. 加工制作有效支持课堂教学的数字教育资源	9. 设计学习指导策略与方法，促进学生的合作、交流、探索、反思与创造
	10. 确保相关设备与技术资源在课堂教学环境中正常使用	10. 确保学生便捷、安全地访问网络和利用资源
	11. 预见信息技术应用过程中可能出现的问题，制定应对方案	11. 预见学生在信息化环境中进行自主、合作、探究学习可能遇到的问题，制定应对方案
组织与管理	12. 利用技术支持，改进教学方式，有效实施课堂教学	12. 利用技术支持，转变学习方式，有效开展学生自主、合作、探究学习
	13. 让每个学生平等地接触技术资源，激发学生学习兴趣，保持学生学习注意力	13. 让学生在集体、小组和个别学习中平等获得技术资源和参与学习活动的机会
	14. 在信息化教学过程中，观察和收集学生的课堂反馈，对教学行为进行有效调整	14. 有效使用技术工具收集学生学习反馈，对学习活动进行及时指导和适当干预
	15. 灵活处置课堂教学中因技术故障引发的意外状况	15. 灵活处置学生在信息化环境中开展学习活动发生的意外状况
	16. 鼓励学生参与教学过程，引导学生提升技术素养并发挥其技术优势	16. 支持学生积极探索使用新的技术资源，创造性地开展学习活动
评估与诊断	17. 根据学习目标科学设计并实施信息化教学评价方案	17. 根据学习目标科学设计并实施信息化教学评价方案，并合理选取或加工利用评价工具
	18. 尝试利用技术工具收集学生学习过程信息，并能整理与分析，发现教学问题，提出针对性的改进措施	18. 综合利用技术手段进行学情分析，为促进学生的个性化学习提供依据

续表

维度	Ⅰ. 应用信息技术优化课堂教学	Ⅱ. 应用信息技术转变学习方式
评估与诊断	19. 尝试利用技术工具开展测验、练习等工作，提高评价工作效率	19. 引导学生利用评价工具开展自评与互评，做好过程性和终结性评价
	20. 尝试建立学生学习电子档案，为学生综合素质评价提供支持	20. 利用技术手段持续收集学生学习过程及结果的关键信息，建立学生学习电子档案，为学生综合素质评价提供支持
学习与发展	21. 理解信息技术对教师专业发展的作用，具备主动运用信息技术促进自我反思与发展的意识	
	22. 利用教师网络研修社区，积极参与技术支持的专业发展活动，养成网络学习的习惯，不断提升教育教学能力	
	23. 利用信息技术与专家和同行建立并保持业务联系，依托学习共同体，促进自身专业成长	
	24. 掌握专业发展所需的技术手段和方法，提升信息技术环境下的自主学习能力	
	25. 有效参与信息技术支持下的校本研修，实现学用结合	

（四）我国的《教师数字素养》

2022年12月，为了深入贯彻落实党的二十大精神，扎实推进国家教育数字化战略行动，完善教育信息化标准体系，提升教师利用数字技术优化，创新和变革教育教学活动的意识、能力和责任，教育部研制并发布了《教师数字素养》标准。其中将教师数字素养界定为教师适当利用数字技术获取、加工、使用、管理和评价数字信息和资源，发现、分析和解决教育教学问题，优化、创新和变革教育教学活动而具有的意识、能力和责任。教师数字素养包括五个维度：数字化意识、数字技术知识与技能、数字化应用、数字社会责任以及专业发展。其中，"数字化意识"维度指的是客观存在的数字化相关活动在教师头脑中的能动反映，包含数字化认识、数字化意愿以及数字化意志三个二级维度。其中，数字化认识指的是教师对数字技术在经济社会和教育发展中价值的理解，以及在教育教学中可能产生新问题的认识，包括理解数字技术在经济社会和教育发展中的价值，以及认识数字技术发展给教育教学带来的机遇与挑战两个三级维度；数字化意愿指的是教师对数字技术资源及其应用于教育教学的态度，包括主动学习和使用数字技术资源的意图，以及开展教育数字化实践、探索、创新的能动性两个三级维度；数字化意志指的是教师在面对教育数字化问题时，具有积极克服困难和解决问题的信念，包括战胜教育数字化实践中遇到的困难和挑战的信心与决心（见表8.8）。

表8.8 "数字化意识"维度的具体内容描述

一级维度	二级维度	三级维度	描述
数字化意识	数字化认识	理解数字技术在经济社会和教育发展中的价值	了解数字技术引发国际数字经济竞争发展；理解数字技术推动教育数字化转型的重要意义
		认识数字技术发展对教育教学带来的机遇与挑战	认识到数字技术正在推动教育创新发展；意识到数字技术资源应用于教育教学过程会产生教学理论、教学模式、教学方法方面的创新要求，以及可能出现伦理道德方面的问题

续表

一级维度	二级维度	三级维度	描述
数字化意识	数字化意愿	主动学习和使用数字技术资源的意图	主动了解数字技术资源的功能作用，有在教育教学中使用的愿望；理解合理使用数字技术资源能够推动教育高质量发展
		开展教育数字化实践、探索、创新的能动性	具有实施数字技术与教育教学融合的主动性，愿意开展教育教学创新实践
	数字化意志	战胜教育数字化实践中遇到的困难和挑战的信心与决心	能够战胜教育数字化实践中面临的数字技术资源使用、教学方法创新方面的困难与挑战，坚信并持续开展数字化教育教学实践探索

  "数字技术知识与技能"维度关注教师在日常教育教学活动中应了解到的数字技术知识与需要掌握的数字技术技能，包含数字技术知识和数字技术技能两个二级维度。其中，数字技术知识指的是教师应了解的常见数字技术知识，包含常见数字技术的概念和基本原理；数字技术技能指的是教师应掌握的数字技术资源应用技能，包括数字技术资源的选择策略和数字技术资源的使用方法两个三级维度（见表8.9）。

表8.9　"数字技术知识与技能"维度的具体内容描述

一级维度	二级维度	三级维度	描述
数字技术知识与技能	数字技术知识	常见数字技术的概念、基本原理	了解常见数字技术的内涵特征，及其解决问题的程序和方法。例如，了解多媒体、互联网、大数据、虚拟现实、人工智能的内涵特征，及其解决问题的程序和方法
	数字技术技能	数字技术资源的选择策略	掌握在教育教学中选择数字化设备、软件、平台的原则与方法
		数字技术资源的使用方法	熟练使用数字化设备、软件、平台，解决常见问题

  "数字化应用"维度关注教师应用数字技术资源开展教育教学活动的能力，包含数字化教学设计、数字化教学实施、数字化学业评价以及数字化协同育人四个二级维度，每个二级维度又包含3~4个三级维度（见表8.10）。数字化教学设计指的是教师选用数字技术资源开展学习情况分析、设计教学活动和创设学习环境的能力，包括开展学习情况分析，获取、管理与制作数字教育资源，设计数字化教学活动，以及创设混合学习环境四个三级维度；数字化教学实施指的是教师应用数字技术资源实施教学的能力，包括利用数字技术资源支持教学活动组织与管理、优化教学流程，以及开展个别化指导三个三级维度；数字化学业评价指的是教师应用数字技术资源开展学生学业评价的能力，包括选择和运用评价数据采集工具、应用数据分析模型进行学业数据分析，以及实现学业数据可视化与解释三个三级维度；数字化协同育人指的是教师应用数字技术资源促进学校、家庭、社会协同育人的能力，包括学生数字素养培养，利用数字技术资源开展德育、心理健康教育、家校协同共育四个三级维度。

表8.10 "数字化应用"维度的具体内容描述

一级维度	二级维度	三级维度	描述
数字化应用	数字化教学设计	开展学习情况分析	能够运用数字评价工具对学生的学习情况进行分析。例如，应用智能阅卷系统、题库系统、测评系统对学生知识准备、学习能力、学习风格进行分析
		获取、管理与制作数字教育资源	能够多渠道收集，并依据教学需要选择、管理、制作数字教育资源
		设计数字化教学活动	能够依据教学目标，设计融合数字技术资源的教学活动
		创设混合学习环境	能够利用数字技术资源突破时空限制，创设网络学习空间与物理学习空间融合的学习环境
	数字化教学实施	利用数字技术资源支持教学活动组织与管理	能够利用数字技术资源有序组织教学活动，提升学生参与度和交流主动性
		利用数字技术资源优化教学流程	能够使用数字工具实时收集学生反馈，改进教学行为，优化教学环节，调控教学进程
		利用数字技术资源开展个别化指导	能够利用数字技术资源发现学生学习差异，开展针对性指导
	数字化学业评价	选择和运用评价数据采集工具	能够合理选择并运用数字工具采集多模态学业评价数据
		应用数据分析模型进行学业数据分析	能够合理选择与应用合适的数据分析模型开展学业数据分析
		实现学业数据可视化与解释	能够借助数字工具可视化呈现学业数据分析结果并进行合理解释
	数字化协同育人	学生数字素养培养	能够指导学生恰当地选择和使用数字技术资源支持学习，注重培养学生的计算思维和数字社会责任感
		利用数字技术资源开展德育	能够利用数字技术资源拓宽德育途径，创设德育模式
		利用数字技术资源开展心理健康教育	能够利用数字技术资源辅助开展多种形式的心理健康教育活动。例如，利用数字技术资源辅助开展心理健康诊断、团体辅导、心理训练、情境设计、角色扮演、游戏辅导
		利用数字技术资源开展家校协同共育	能够利用数字技术资源实现学校与家庭协同育人，主动争取社会资源，拓宽育人途径

"数字社会责任"维度关注教师在数字化活动中的道德修养和行为规范方面的责任，包括法治道德规范和数字安全保护两个二级维度。其中，法治道德规范指的是教师应遵守的与数字化活动相关的法律法规和道德伦理规范，包括依法规范上网、合理使用数字产品和服务，以及维护积极健康的网络环境三个三级维度；数字安全保护指的是教师在数字化活动中应具备的数据安全保护和网络安全防护的能力，包括保护个人信息和隐私、维护工作数据安全，以及注重网络安全防护三个三级维度（见表8.11）。

表8.11 "数字社会责任"维度的具体内容描述

一级维度	二级维度	三级维度	描述
数字社会责任	法治道德规范	依法规范上网	遵守互联网法律法规，自觉规范各项上网行为
		合理使用数字产品和服务	遵循正当必要、知情同意、目的明确、安全保障的原则使用数字产品和服务，尊重知识产权，注重学生身心健康
		维护积极健康的网络环境	遵守网络传播秩序，利用网络传播正能量
	数字安全保护	保护个人信息和隐私	做好个人信息和隐私数据的管理与保护
		维护工作数据安全	在工作中对学生、家长及其他人的数据进行收集、存储、使用、传播时注重数据安全维护
		注重网络安全防护	辨别、防范、处置网络风险行为。例如，辨别、防范、处置网络谣言、网络暴力、电信诈骗、信息窃取行为

"专业发展"维度关注教师利用数字技术资源促进自身及共同体专业发展的能力，包含数字化学习与研修，以及数字化教学研究与创新两个二级维度。其中，数字化学习与研修指的是教师利用数字技术资源进行教育教学知识技能学习与分享，教学实践反思与改进的能力，包括利用数字技术资源持续学习、利用数字技术资源支持反思与改进，以及参与或主持网络研修三个三级维度；数字化教学研究与创新指的是教师围绕数字化教学相关问题开展教学研究，以及利用数字技术资源实现教学创新的能力，包括开展数字化教学研究，以及创新教学模式与学习方式两个三级维度（见表 8.12）。

表8.12 "专业发展"维度的具体内容描述

一级维度	二级维度	三级维度	描述
专业发展	数字化学习与研修	利用数字技术资源持续学习	根据个人发展需要，利用数字技术资源开展学习。例如，利用数字教育资源进行学科知识、教学法知识、技术知识、教育教学管理知识的学习
		利用数字技术资源支持反思与改进	利用数字技术资源对个人教学实践进行分析，支持教学反思与改进
		参与或主持网络研修	参与或主持网络研修共同体，共同学习、分享经验、寻求帮助、解决问题
	数字化教学研究与创新	开展数字化教学研究	针对数字化教学问题，利用数字技术资源支持教学研究活动
		创新教学模式与学习方式	利用数字技术资源不断创新教学模式、改进教学活动、转变学生学习方式

第四节　国内外代表性大学的学习科学研究

一、国外代表性大学的学习科学研究

（一）哈佛大学教育研究生院

哈佛大学教育研究生院目前拥有的研究中心和项目主要包括：① 教育政策研究中心（center for education policy research）；② 儿童发展中心（center on the developing child）；③ 教育创业（education entrepreneurship）；④ 教育再设计实验室（education redesign lab）；⑤ 哈佛移民倡议（immigration initiative at harvard）；⑥ 让关爱变得普遍（making caring common）；⑦ 零计划（project zero）；⑧ 公共教育领导力项目（public education leadership project）；⑨ 世界难民研究、教育和行动（research, education, and action for refugees around the world）；⑩ 索尔·赞茨早期教育倡议（Saul Zaentz early education initiative）。哈佛大学教育研究生院研究的领域包括学习、评估、成就议题、青少年、成人发展、平权行动、教育中的艺术、问题青少年、双语教育、儿童发展、公民教育、认知发展、合作学习、计算机科学教育、咨询和临床心理学、文化研究、课程开发、儿童思维发展、远程学习、多样性、早期儿童发展、经济与教育、教育公平、教育媒体、情绪发展、创业、道德议题、教育中的财政议题、性别、高中、高等教育管理、高等教育课程、教育史、移民问题、跨学科教育、国际教育、劳工议题、语言发展、领导力、领导力学习、学习障碍、法律问题、图书馆服务、素养、管理和组织、数学教育、初中教育、少数民族、道德研究、动机、多文化教育、神经科学、抚养议题、教育哲学、政策分析和评估、贫穷和儿童、学徒制、教师专业发展、心理学、改革议题、研究方法、阅读发展、学校文化、科学教育、教师教育、特殊教育、教与学、测试、技术与学校、女性研究、写作与文学等。

（二）麻省理工学院媒体实验室

麻省理工学院媒体实验室成立于 1985 年，前身是媒体学习实验室，是世界领先的研究和学术机构之一。媒体实验室的设计师、工程师、艺术家和科学家不受传统学科的约束，他们努力创造技术，积累经验，使人们能够理解和改变他们自己的生活、社区和环境。

麻省理工学院媒体实验室倡导跨学科研究文化，将不同的兴趣和研究领域结合在一起。与麻省理工学院的其他实验室不同，媒体实验室有广泛的研究议程和媒体艺术与科学的研究生学位课程。教职员工、学生和研究人员共同参与了数百个跨学科的项目，包括社会机器人、物理和认知假肢、新的学习模型和工具、社区生物工程和可持续城市模型等。艺术、科学、设计和技术在一个为合作和灵感而设计的环境中构建和发挥作用。

一群世界知名的教员和高级研究人员领导实验室的研究和学术项目，与研究生、来访科学家、博士后研究人员、讲师和工作人员合作。此外，许多麻省理工学院的本科生通过麻省理工学院的本科生研究机会项目在实验室从事研究项目。

媒体实验室的校友和研究人员继续从事研究和学术事业；或成为企业家，将他们独特的技能和见解带入行业；或成为独立的设计师、艺术家、发明家和顾问。媒体实验室开发的研究项目也经常在实验室之外发展和演变：它们或作为衍生公司，或进行展览和表演，或向成员公司进行技术转让，但也许最重要的是，作为实验室内部人员和世界各地其他人继续进行研究和探索的基础。

（三）牛津大学教育学院

牛津大学教育学院拥有一个博士研究生项目（教育哲学）和七个硕士研究生项目（教育评价、应用语言学和第二语言习得、教育学、学与教、教师教育、语言教学中的应用语言学、媒介教育）。学院的科研主要围绕三大主题开展：①"语言、认知和发展"主题，聚焦儿童发展与学习将应用语言学和英语作为教学媒介，该主题关注学习者如何学习和发展，尤其关注语言和素养、认知推理、认知发展方面以及学习环境对学习结果的影响等；②"政策、经济和社会"主题，聚焦比较和国际教育以及哲学、信仰和教育，该主题关注与学习相关的全球、区域和本国的政治经济环境；③"教学法、学习和知识"主题，聚焦学习与新技术、学科教学法、社会文化与活动理论、教师教育与专业学习等，该主题关注知识和教学法政策与实践的关系、学习活动的设计如何促进知识学习等。

（四）美国威斯康星大学麦迪逊分校教育学院教育心理专业"学习科学"项目

威斯康星大学麦迪逊分校教育学院教育心理专业"学习科学"项目旨在将学习科学和教育实践联系起来，教师的研究兴趣包括基于技术的学习工具设计、教与学之间关系的长期研究、实质性探究不同学科（如数学、科学和作文）中知识的本质、分析和挖掘学生在学习过程中的数据。在培养模式方面，项目主要通过学徒制让学生在早期就参与实践研究，学生也可以和教师合作共同开展研究，学生主要关注的研究领域主要包含三个方面，分别为人类发展、学习科学以及定量方法。该项目也注重学生沟通技能的发展，以便学生能够参与教育重要问题的研究。教育心理学系提供教育心理学硕士和哲学博士学位，学生也可以获得学校的心理学博士学位。

（五）英国诺丁汉大学学习科学研究所

英国诺丁汉大学学习科学研究所是欧洲第一个学习科学研究中心，致力于学习科学与技术方面的创新研究。该研究所团队是一个充满活力的多学科团体，他们通过协作、发明、实施和传播来学习人们是如何学习的，分别从认知、社会和文化多方面对学习开展研究，通过设计创新技术或教育实践探索学习的基本过程，进而丰富教育。项目在幼儿园、中小学、大学、学院、工作场所和非正式学习中心都可以实施。为了寻找和解决学习基本问题，研究所建立了对应的实验室空间。这项研究得到了国家和国际资助者的支持，研究所产出了高质量的成果，包括报告、期刊和图书出版物以及开放获取的材料等。

二、国内代表性大学的学习科学研究

（一）北京师范大学认知神经科学与学习国家重点实验室

2005 年，中国科技部在北京师范大学布局成立了认知神经科学与学习国家重点实验室。实验室聚焦人脑发育规律和认知发展与学习机理，以服务国家教育、健康等重大需求为牵引，打通基于动物模型的微观、介观研究和基于人类被试的大脑皮层神经网络和认知行为研究，重点开展脑发育规律及其与个体综合智力、学习能力以及心理行为发展关系的基础理论研究，并推进针对不同年龄段人群和特殊群体的认知学习能力提升和积极心理健康促进的应用转化。

自成立以来，实验室基于北京师范大学在心理学、系统科学、教育学等文理学科的雄厚实力，取得了快速发展，并带动了国内的认知神经科学研究。建立了跨学科、文理交融的优秀人才队伍，建设了具有国际一流水平的脑智发育与学习研究平台，具备原始创新能力、国际竞争力和国内外影响力，成为我国在脑与学习研究领域的重要科技创新和人才培养基地。

实验室拥有磁共振脑成像中心、脑电实验平台、功能近红外成像实验平台、脑功能调控实验平台、行为数据采集实验平台、实验动物平台、脑影像数据高性能计算平台。按照国家重点实验室开放、流动、联合、竞争的运作方针，实验室每年特别设立开放课题基金，资助国内外相关领域的高水平研究人员在该实验室从事科学研究。

（二）东南大学学习科学研究中心

东南大学学习科学研究中心是由韦钰院士创立的从事学习科学、神经信息工程的研究和教学机构。中心依托东南大学信息科学和生物医学工程优势学科，结合神经生物学、认知心理学、科学教育暨技术等学科，基础研究和应用实践并举、微观探索和宏观研究结合，开展理、工、文、医多学科交叉的前沿研究。中心拥有学习科学二级学科博士点，是江苏省重点建设学科。拥有儿童发展与学习科学教育部重点实验室和汉博科学教育培训中心，拥有国际先进的实验条件和研究装备，建立了基因与生化实验室、生物信息研究、网络与信息技术、应用系统开发室、儿童情感研究室、脑图像研究室、虚拟现实研究室、情感信息处理研究室、认知行为研究室、EEG/ERP 研究室、儿童发展研究室。中心的研究方向包括神经教育学与探究式科学教育、儿童关键智能的发展与测评、学习的神经基础和检测技术。中心的研究特色主要集中在神经信息工程、教育信息技术、心理和情感检测、儿童发展研究、科学教育标准和评估技术等方面。中心研究人员学术背景包括脑科学、神经科学、心理学、教育学、信息科学和技术、生物医学工程、生物化学和分子生物学等众多学科。

（三）华东师范大学学习科学研究中心

华东师范大学学习科学研究中心是在华东师范大学 211 工程资助的"课程与教学开发实验室"基础上，联合国内外具有长期学术合作关系的有关学习研究、教育技术、教学设计及计算机等相关专业的研究者，所组建的一个学术共同体。中心依托"学习科学与技术设计"博士点项目的建设，搭建与国际学习科学领域进行学术对话的平台，创建立足中国的学习科学研究团队，努力将学习的新思想和新技术融入学习技术的研究和设计，支持课堂教学和社会教育的创新，促进学习者有效地建构新知。该中心关注的领域包括学习科学的前沿发展、建构主义教育思想、教学设计的基础理论和实践、基于设计的研究方法、教学设计模型的研究和开发、真实境脉下的学习研究、学习环境研究、复杂学习研究、对话教学、理解性教学、情境认知与学习、实践共同体与学习。

（四）北京大学教育学院学习科学实验室

北京大学教育学院学习科学实验室成立于2015年，目前有基于脑科学的数学教学研究、学习科学视角下的游戏化学习研究、游戏化编程教育、游戏化创新思维培养等几个研究方向。自2017年7月开始，实验室启动了为期十年的"人是如何学习的——中国学生学习研究及卓越人才培养计划"项目。项目旨在针对学习展开长期性、前瞻性和基础性的研究，力求从更深层次上推动中国教育发展。2018年、2019年和2020年，实验室先后发布了《中国学习计划报告（2018）》、《中国学习计划报告（2019）》和《中国学习计划报告（2020）》，介绍了国际学习科学领域的研究进展、实证研究和实践案例。2019年，实验室和《教学研究》杂志社联合承办了"2019中国高等教育学会学习科学研究分会年会"。

（五）浙江大学教育学院课程与学习科学系

浙江大学教育学院课程与学习科学系成立于2015年1月，其背景是为推动世界一流学科建设、培养拔尖创新人才，在对国内外有关学科发展趋势、社会需求与人才培养需要广泛调研的基础上，经浙江大学教育学院学术委员会论证，学院党政联席会议讨论决定，将学院原课程与教学研究所、现代教育技术研究所、应用心理学科交叉研究中心、教育部浙江大学基础教育课程研究中心等四个机构合并，组建教育学院"课程与学习科学系"。向学校学术委员会提出申请，最终获得批准。

课程与学习科学系的三个重要交叉研究领域包括：① 课程与学习环境设计；② 网络学习与测评；③ 儿童发展与早期学习。自2015年成立以来，本系教师承担的代表性课题包括中小学课堂学习环境的设计研究（2016国家社会科学基金一般项目）、基于智能教学系统的精准教学模式与发生机制研究（2019国家自然科学基金面上项目）、人工智能支撑大规模教育的个性化实现研究（2019国家社会科学基金重大项目"人工智能促进未来教育发展研究"子课题）、大学生在线协作式知识创新研究：实时学习分析工具的开发及应用（2019国家自然科学基金青年项目）、认知控制在情景记忆早期发展中的作用及脑机制研究（2020教育部人文社会科学研究项目）、人工智能赋能教育强国社会实验研究（2020国家科技创新2030-"新一代人工智能"重大项目"人工智能综合影响社会实验研究"子课题）、融入认知策略的编程学习对低龄儿童认知控制和情景记忆的影响及脑机制（2020国家自然科学基金面上项目）、在线学习环境下学习者知识隐藏行为研究

（2020 教育部人文社科项目青年基金项目）、融合视觉健康的在线学习资源自适应表征及关键技术研究（2021 国家自然科学基金面上项目）、基于过程可视化的协作问题解决模型设计与认知机制研究（2021 浙江省哲学社会科学重点课题）、融入视觉训练的虚拟现实教学资源优化与关键技术研究：基于眼动追踪分析（2021 国家重点实验室开放课题）、新时期以学为中心教学范式话语体系的重构：基于中西方师生行为差异的探讨（2021 全国教育科学规划课题）、"互联网+"背景下学生自主学习及家校指导策略研究（2021 全国教育科学规划课题青年项目）。

第八章相关网址

课后思考题

1. 选取一个学段的学习场景，畅想一下未来的学生会如何学习、交流和被评价？
2. 未来的师范生培养会看重哪些知识和技能的训练？

参考文献

[1] 岳伟，苏灵敏.学会学习：智能时代学习方式变革的本质透视[J].广西师范大学学报（哲学社会科学版），2023，59（4）：58-67.

[2] 荆思凤，刘希未，宫晓燕，等.人工智能时代人力资本新需求与教育变革的关系研究[J].华东师范大学学报（教育科学版），2022，40（9）：10-18.

[3] 钱颖一.人工智能将使中国教育优势荡然无存[J].商业观察，2017，26（8）：88-90.

[4] 郑勤华，熊潞颖，胡丹妮.任重道远：人工智能教育应用的困境与突破[J].开放教育研究，2019，25（4）：10-17.

[5] 李昭涵，金桦，刘越.人工智能开启"互联网+教育"新模式[J].电信网技术，2016（12）：6-10.

[6] 何克抗.从 Blending Learning 看教育技术理论的新发展（上）[J].中国电化教育，2004（3）：1-6.

[7] 刘涛.混合学习方式下提升学习效果的策略研究[J].办公自动化，2022，27（14）：41-43.

[8] 董江丽，周群，何志巍，等.运用"翻转课堂"教学法推动教与学系统性改革[J].中国高等教育，2022（9）：56-58.

[9] EDUCAUSE. 2021 EDUCAUSE Horizon report: Teaching and learning edition[EB/OL].（2021-04-26）[2023-09-21]. https://library.educause.edu/resources/2021/4/2021-educause-horizon-report-teaching-and-learning-edition.

[10] 陈文智，张紫徽，云霞，等.一流大学数字化转型实践与探索——浙江大学的经验和模式[J].中国教育信息化，2022，28（5）：3-12.

[11] 于蕾，齐振国.数字化学习给我国大学英语教师带来的挑战[J].中国远程教育，2011（15）：73-76.

[12] 教育部.教育部关于积极推进中小学评价与考试制度改革的通知[EB/OL].（2002-12-27）[2023-09-21]. http://www.moe.gov.cn/srcsite/A26/s7054/200212/t20021227_166074.html.

[13] 许亚锋，尹晗，张际平.学习空间：概念内涵、研究现状与实践进展[J].现代远程教育研究，2015（3）：82-94，112.

[14] 齐军.教学空间的内涵及与邻近概念的关系摭论[J].上海教育科研，2011（4）：12-14.

[15] 杨鑫，解月光，苟睿，等.智慧教育时代教师G-TPCK框架研究[J].现代教育技术，2021，31（8）：32-41.

[16] 李洪修，丁玉萍.基于虚拟学习共同体的深度学习模型的构建[J].中国电化教育，2018（7）：97-103.

[17] 余新国，夏菁.智能技术变革教育的途径和机理[J].华中师范大学学报（人文社会科学版），2022，61（2）：162–172.

[18] 卢国庆，刘清堂，郑清.智能教室中环境感知及自我效能感对个体认知投入的影响研究[J].远程教育杂志，2021，39（3）：84-93.

[19] 薛惠.基于情境教学模式的智能学习空间的探索[J].价值工程，2017，36（6）：255-256.

[20] 胡国良，黄美初."5G+AI"视域下智慧学习空间的构建研究：基于开放大学的实践探索[J].远程教育杂志，2020，38（3）：95-104.

[21] Selwyn N. Should Robots Replace Teachers? AI and the Future of Education[M]. Cambridge: Polity Press, 2019.

[22] Ideland M. Google and the end of the teacher? How a figuration of the teacher is produced through an ed-tech discourse[J]. Learning，Media and Technology, 2021,46(1):33-46.

[23] 董玉琦，林琳，林卓南，等.学习技术（CTCL）范式下技术促进学习研究进展（2）：技术支持的基于认知发展的个性化学习[J].中国电化教育，2021（10）：17-23.

[24] 基于人工智能的育人助理系[EB/OL]. [2023-09-21]. https://aic-fe.bnu.edu.cn/cpjs/aihlsnew/index.html#one.

[25] 罗强.智能时代教师知识结构的发展框架及其实现路径[J].现代教育技术，2022，32（7）：31-39.

[26] 刘增辉.北京师范大学科学教育研究院院长郑永和：以智能技术推动教育变革任重道远[J].在线学习，2022（5）：23-27，80.

[27] UNESCO ICT competency framework for teachers[EB/OL]. [2023-09-23]. https://www.unesco.org/en/articles/unesco-ict-competency-framework-teachers?TSPD_101_R0=080713870fab2000f353c80032ebad2827189a8a3564dd08311b16c04c89589c22834d1b7f637b03080f261dfb14300089847593839adc2cf24612d610e563d26e32eada46c991b6cf9660941b67a941a5034147a72a86079e6e3d94c6a32701.

[29] ISTE. ISTE standards for educators[EB/OL]. [2023-09-23]. https://iste.org/standards/educators.

[30] 冯仰存，钟薇，任友群.美国国家教师教育技术新标准解读与比较研究[J].现代教育技术，2018，28（28）：19-25.

[31] 教育部.教育部关于印发《中小学教师教育技术能力标准（试行）》的通知[EB/OL].（2004-12-15）[2023-09-23]. http://www.moe.gov.cn/srcsite/A10/s6991/200412/t20041215_145623.html.